数字化供应链
绩效实践指南

辛童 陈聪◎著

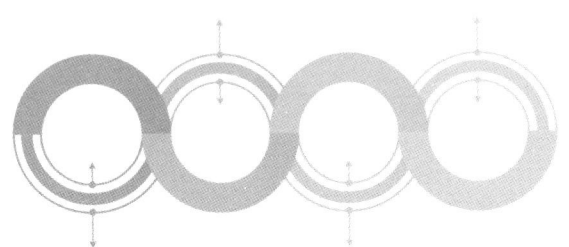

浙江大学出版社
·杭州·

图书在版编目（CIP）数据

　　数字化供应链绩效实践指南 / 辛童，陈聪著.
—— 杭州：浙江大学出版社，2024. 10. -- ISBN 978-7-308
-25370-3

　　Ⅰ．F252.1-62

　　中国国家版本馆CIP数据核字第20244YW117号

数字化供应链绩效实践指南

辛　童　陈　聪　著

策　　　划	杭州蓝狮子文化创意股份有限公司
责任编辑	黄兆宁
责任校对	汪　潇
封面设计	张志凯
出版发行	浙江大学出版社
	（杭州市天目山路148号　邮政编码310007）
	（网址：http://www.zjupress.com）
排　　版	杭州林智广告有限公司
印　　刷	杭州钱江彩色印务有限公司
开　　本	710mm×1000mm　1/16
印　　张	19.5
字　　数	268千
版 印 次	2024年10月第1版　2024年10月第1次印刷
书　　号	ISBN 978-7-308-25370-3
定　　价	78.00元

版权所有　侵权必究　　印装差错　负责调换

浙江大学出版社市场运营中心联系方式：0571-88925591；http://zjdxcbs.tmall.com

推荐序1

在当今全球化的市场环境下,供应链绩效管理已经成为企业获取竞争优势的重要途径。供应链绩效管理涉及供应商选择、采购策略、生产计划、库存控制、物流配送等多个环节,这些环节相互影响、相互制约,共同决定了企业的供应链绩效。因此,企业需要建立一套科学、系统的供应链绩效管理体系,以实现与供应商、分销商、客户等参与方之间的协同优化,提高供应链运作效率与稳定性。

在过去的20年里,研究和实践使我深刻认识到供应链绩效对于企业管理的重要性。供应链绩效不仅影响着企业的成本、交付能力和客户满意度,更直接决定了企业在市场中的竞争地位和竞争优势。在当今瞬息万变的商业环境中,优秀的供应链绩效管理已经成为企业取得成功的关键因素之一。

本书从供应链绩效管理的基本概念入手,详细介绍了数字化供应链管理的框架模型、供应链绩效评价的方法论、指标选取的标准和准则,以及不同行业评价体系的范例和实践。在此基础上，本书深入剖析了供应链绩效管理的关键要素，并创新性地提出了"VSGAI"（威士忌）指标方法论。通过对这些要素的深入分析，本书为企业提供了一套完整的数字化供应链绩效管理解决方案，帮助企业实现高效、高质的供应链运作管理。

本书具有极强的实操性，不仅探讨了供应链绩效管理的核心理论、最佳实践和创新策略，更重要的是在全面分析供应链绩效评估方法的基础上，为读者提供了可行性强和实效性强的数字化落地解决方案。本书汇集了行业内钻研供应链管理的专家辛童博士和数字化转型专家陈聪老师的智慧结晶，通过梳理供应链绩效管理的理论框架和实践经验，帮助读者深入理解供应链绩效管理的本质和关键要素，提升其在实际操作中的绩效管理水平，实现供应链运作的最大效益。

总之，本书为广大供应链管理者、学者和实践者提供了丰富的理论知识和实践经验，是一本具有很高实用价值的参考书。我衷心期待，本书能成为供应链绩效管理领域的权威指南和不可或缺的参考书，为广大读者提供指引和启示，引领他们走向成功的供应链绩效管理之路。愿我们携手共进，共同致力于推动供应链绩效管理领域的不断创新与进步！

暨南大学管理学院院长　黎文靖

推荐序2

供应链需要一个支撑可持续发展的绩效评价模型SPADA

几年前与辛童博士相识,一见如故。对她多年深耕供应链实践、钻研供应链体系并撰写多本著作的成果,我由衷地感到敬佩。"供应链"这个看似平凡的词语,蕴含着企业发展的重大意义,宛如一条无形的纽带,把企业各个环节紧密地连接在一起,为企业提供了动力源泉。鉴于我和辛博士在企业辅导与经营管理方面的经验,我们不约而同将未来的关注重点都放在了可持续发展这个议题上,针对这个议题我们相谈甚欢。几年后的今天,在期待已久的新书中,辛博士将这个理念和她的研究成果和大家分享,真是一件开心的事情。

当今世界,我们所处的环境正在经历着巨变。产业转移、商业变局、环境变化、碳税法案等外部影响一轮又一轮地冲击着企业,很多企业都忧心忡忡,一味追求传统商业模式已经无法满足当下的需求,以往的成功模式在当下已经无法再复制或者延续,新一轮的企业竞争力模式已经成为现在很多企业探索的新方向。企业如何活下去、如何活得好,如何能稳健获利、持续成长这些议题都充斥着企业家的大脑。而优秀的企业更多地将目光锁定在可持续发展，具备可持续发展的企业才能在未来的竞争中有所作为。企业必须从供应链的视角出发，树立起可持续发展的理念，才有机会突破重围，构建可持续竞争力。这点已经被越来越多的企业认同。但是如何构建具备竞争优势的可持续供应链体系呢？目前世界上并没有一个清晰的标准可以作为参考，很多企业都想找到一盏指路灯作为借鉴。辛博士走访了非常多的企业进行探索与研究，并从不同的企业成熟度视角、不同的行业视角，整理归纳出一个具备全方位多维度的评价体系，来协助企业评估和推进可持续发展，这个研究成果就是SPADA模型。SPADA模型不仅引领了行业，同时也对很多先进企业有很好的借鉴作用。

在当下的数字化时代，要想构筑崭新的竞争优势，数字化能力是至关重要的。数字化不仅可以提升企业的效率和灵活性，还可以助推企业开拓新市场、创造全新商机。只有将数字化与企业深度融合，方能在激烈的市场竞争中立于不败之地。正是基于对供应链、可持续发展和数字化的深刻洞察，辛童博士独具创见地提出了SPADA模型。这一独特的模型不仅能帮助企业实现可持续发展，更为其指引了前行的方向。借助SPADA模型，企业能够稳固地站在可持续发展的坐标上，不断超越自我，赢得辉煌。无论是对企业高层还是战略规划者来说，本书都将带你感受一次"头脑风暴"。从供应链的重要性到可持续发展的必要性，从数字化能力的催发到构建新型竞争优势的重要性，从SPADA模型的引领到探寻可持续发展的蓝图，本书以精湛而明晰的笔触淋漓尽致地展现了这些至关重要的议题。在本书的引领下，读者将深刻洞悉企业发展的本质，探求可持续发展的未来之路。让我们共同体验这场思维盛宴，踏上开阔视野之旅。在可持续发展与供应链的交汇处，共同撰写一篇篇辉煌的文化华章，谱写无尽的可能。

友达数位科技服务(苏州)有限公司总经理　赵丽娜

推荐序3

随着科技的迅猛发展，尤其是数字孪生、人工智能、大数据分析和云计算等前沿技术的广泛应用，供应链管理正在经历一场深刻的革命。这些技术为供应链实时监控与智能决策提供了前所未有的可能性，极大地增强了供应链的透明度、灵活性和响应速度。在当今全球化经济环境中，这样的变化显得尤为重要，企业依靠这些技术在复杂的市场环境中精准预测需求、优化库存、降低风险，并提供个性化的客户服务。掌握如何利用这些技术来塑造现代供应链的方法，并在绩效评价和管理中应用它们，已成为企业领导者和专业人士不可或缺的能力。

在今天的时代背景下，供应链管理的重要性愈发凸显，它已经成为企业获取竞争优势的关键。以制造业为例，西门子（中国）作为国内数字化转型成功的实践案例之一，为国内产业的高质量发展提供了强有力的支持和示范作用。我们在服务中国企业的过程中，深刻认识到一个高效、灵活且透明的供应链对于实现商业目标至关重要。供应链不仅串联起原材料供应、生产、分销以至最终客户的每一个环节，更是一条流动的价值增值链。它的健康运转直接关系到企业的成功。因此，构建一套科学而全面的供应链绩效指标评价体系，对于监控和提升供应链的表现、确保战略目标的实现具有不可替代的作用。

构建这样的评价体系绝非易事，它要求我们跳出传统成本和效率指标的框架，从质量、可靠性、灵活性以及可持续性等多个维度进行深入分析。我们需要从多个层面和角度来观察和评估供应链的整体表现，包括供应商绩效、内部流程效率、客户满意度及供应链的战略配合度等关键领域。

本书向读者提供了关于供应链绩效指标评价体系的理论知识和最佳实践，探讨了如何通过量化指标捕捉供应链的关键绩效，并利用这些数据进行有效的决策支持。书中详尽介绍了各类关键的供应链绩效指标（KPIs），并讨论了如何根据不同行业和不同企业的战略制定这些指标。同时，书中分享了一系列业界领先的实践案例，以帮助读者更深入地理解和应用这些概念。

辛童博士和数字化专家陈聪先生结合他们在供应链绩效评价实践中积累的丰富经验和智慧，为大家系统梳理了供应链绩效评价管理中会遇到的各种问题。无论您是寻求优化供应链管理的企业家，还是致力于深化供应链理论知识的学者，抑或是对供应链话题感兴趣的学生，本书都将为您提供宝贵的信息和深刻的见解。

技术进步和市场需求的快速演变使得供应链管理面临前所未有的挑战和机遇。通过本书的阅读和学习，我相信读者能够初步掌握评估和提升供应链绩效的能力，更好地适应不断变化的市场环境。让我们携手进入一个更加智能、高效和可持续的供应链管理新时代。

西门子（中国）有限公司高级副总裁　商慧杰

自序

过去二十多年，我多数时间在世界顶尖的外资企业从事采购与供应链管理工作，参与过多项高科技产品（苹果公司除手机外的全系列产品iPad、MAC、Apple TV、AirPods、HomePod等，ABB公司[①]可再生能源储能产品和模块）的研发、导入、试产和量产上市，后来也在中国顶尖的高科技公司华为做过战略规划的工作。过去五年，我开始从事学术研究工作，对过往的供应链管理实践进行总结，也出版了多本企业供应链实践者案头的畅销书。我发现东西方国家的优秀企业在管理文化、理念、方法和手段等方面差别很大。

中国在改革开放的四十余年里取得了举世瞩目的成就，但与欧、美、日发达国家和成熟市场经济体相比，中国在企

---

① ABB公司，即阿西布朗勃法瑞公司，成立于1988年，是瑞士著名的大型跨国企业之一。

业管理方面尚显肤浅和落后，与工业发展进程不相适应。未来四十年，全球将进入数字经济时代。中国经济发展的目标是实现高质量发展和数字化转型后的可持续发展，实现核心技术的自主创新和企业管理的全面创新，而企业的供应链管理和产业链生态系统，对于企业的降本增效、价值提升和长期可持续发展显得尤为重要。

中国的大型企业正在进行全球化布局和扩张，未来在中小企业身上也会频繁发生这样的情形；高科技企业和数字经济下的新兴企业会越来越快速地迭代甚至跳跃式发展，实现产业升级和突破。不论是从学术层面还是企业实践层面，这些都对供应链的科学管理和绩效评估提出了更高的要求。

作为一名供应链管理的研究者和实践者，我希望将我的研究成果——"高科技企业可持续供应链绩效评价指数模型SPADA"和实践经验向中国的广大企业进行推广，以达到"学以致用"的目的。同时也希望我的研究能继续向前推进，与更多的学者和企业实践者们一起研究具有中国特色、从企业供应链管理视角出发、通过对高科技企业和新兴行业企业的价值链和运营绩效进行科学评价的方法，在供应链产业链和可持续发展的绩效评估领域做一些开创性的工作，为后来者提供一些借鉴和参考，也为世界及共建"一带一路"国家树立一个典范。我也希望更多的供应链管理实践者能够真正掌握数字化供应链绩效评价的精髓。"无衡量莫管理"，绩效评价与经营管理本就是一对孪生兄弟，通过科学客观的供应链绩效评价可以帮助企业改善自身的供应链管理效能和经营绩效，提升企业的供应链管理水平。本书旨在推动企业将数字化供应链绩效评价融入日常的数据运营活动当中，促使企业成为卓越的供应链管理企业和行业典范。

辛　童

2023年11月于深圳

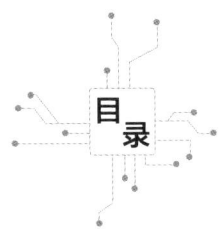

第 1 章 供应链绩效评价的知识世界 / 001

第 1 节 什么是供应链和供应链绩效评价 / 003

第 2 节 为什么要研究供应链绩效评价 / 010

第 3 节 如何对供应链进行绩效评价 / 012

第 4 节 供应链绩效评价的过去、现在与未来 / 015

第 5 节 可持续供应链和可持续供应链绩效评价 / 017

第 6 节 供应链绩效评价的现实意义 / 031

第 7 节 拓展阅读：Gartner 排名的致命缺陷 / 034

第 2 章 走进数字化供应链和绩效评价 / 047

第 1 节 数字化供应链理论基础 / 049

第 2 节 数字化供应链绩效评价的框架模型 / 073

第 3 节 数字化供应链绩效评价指标选取的标准和准则 / 096

第 4 节 数字化供应链绩效评价的权重分配 / 099

第 5 节 数字化供应链管理实践常用的量化指标 / 103

第 6 节 拓展阅读：你了解绿色供应链吗？ / 107

第 3 章　如何打造数字化供应链绩效评价体系　/ 123

第 1 节　数字化供应链绩效评价体系构建的方法论"VSGAI"（威士忌）　/ 125

第 2 节　从愿景、战略到目标　/ 130

第 3 节　从目标到任务　/ 133

第 4 节　从任务到指标　/ 136

第 5 节　选择合适的评价标准、技术和方法　/ 143

第 6 节　绩效评价：从BI到AI　/ 166

第 7 节　从概念设计到落地执行　/ 171

第 8 节　供应链大数据运营和可持续发展　/ 173

第 9 节　拓展阅读：国际视野下的制造业　/ 177

第 4 章　不同行业的供应链绩效评价体系范例　/ 185

第 1 节　高科技制造业可持续供应链绩效评价模型SPADA　/ 187

第 2 节　一般制造业绿色供应链绩效评价　/ 204

第 3 节　纺织行业绿色供应链绩效评价　/ 213

第 4 节　汽车行业绿色供应链绩效评价　/ 220

第 5 章　数字化供应链绩效评价落地方法论 / 229

第 1 节　评估现状 / 231
第 2 节　梳理供应链数字化绩效指标 / 239
第 3 节　绩效方案管理及评价标准 / 246
第 4 节　数据集成及开发 / 251
第 5 节　绩效评价指标发布与可视化 / 260

第 6 章　数字化供应链绩效评价体系的最佳实践 / 265

第 1 节　数字化供应链的关键技术 / 267
第 2 节　案例分享：可视化助力数字化智能生产 / 278

致　谢 / 293

参考文献 / 294

第 1 章
供应链绩效评价的知识世界

张总："疫情三年，我们公司的进出口贸易和营收受到很大影响！海外仓的库存一大堆，现金流吃紧；退货也不少，还要给客户以旧换新；供应商也不愿跟咱们合作了，新项目也接不到……小王啊，你赶紧帮我找一个供应链专家，请他站在供应链的角度，帮我们分析分析，找找原因，让咱们公司改善业绩！"

人力资源王经理："张总，咱们是个贸易公司，为什么要找供应链的人来解决问题？不是应该找销售吗？"

张总："这你就不懂啦！咱们虽然是个贸易公司，但本质上，供应链才是我们的核心，不管是前端供应商的产品供应，还是后端的产品交付、物流运输、海外仓配送、售后服务，靠的全都是供应链能力啊！"

人力资源王经理："张总，您说的供应链跟我理解的供应链不一样哎，我以为的供应链就是跑运输、搞物流，帮咱们送货的呢！"

张总："小王啊，那就请辛老师给你讲一讲，到底什么是供应链，大供应链的内涵是什么！"

…………

第 1 节　什么是供应链和供应链绩效评价

供应链是生态系统，供应链管理是战略管理

当下中国企业家面临的管理困境是：很多企业家和管理者不懂供应链和供应链管理，对供应链的认知常常停留在——"供应链只是一个服务支撑的职能部门，一条直线的链条流程""供应链只是一个成本中心"。他们不知道什么是供应链生态，不知道如何构建自己的供应链生态，更不知道一个健康、循环的供应链生态可以帮助企业提高未来可持续发展的竞争力。有企业将供应链定位为提供物流或仓储服务的部门，也有企业将采购职能定义为企业的供应链管理，还有企业管理者认为进出口报关就是供应链管理。另外，不少企业将采购和生产环节从供应链管理中分割出来，认为采购、生产、供应链毫不相干……其实，从各企业自身的业态考虑，这些观点都有一定的道理，但总体而言，它们对供应链的定位和理解是不够完整、全面和系统的。

在过去服务过的企业里，我们发现很多企业的管理者将供应链问题仅仅视为物流或库存管理的局部问题，而不是将供应链视为一个具有战略和协同价值的综合体系。他们往往过于强调成本并将成本视为供应链最重要的管理要素，而忽略了供应链生态中供应商、客户、内部供应链相关部门在供应链管理系统中各自扮演的角色，没有将供应链生态价值的最大化作为供应链管理的目标；同时，企业内部的组织结构和文化又阻碍了企业建立供应链生态，不同部门之间遵循着传统的分工和职责划分，由此造成企业内部的信息孤岛和保护性竞争，使得企业难以实现供应链的全面协同和整合，阻碍企业价值实现最大化。

供应链专家马克·米勒（Mark Millar）在他的《全球化供应链生态系统》一书中描绘的供应链生态系统如图1.1所示。

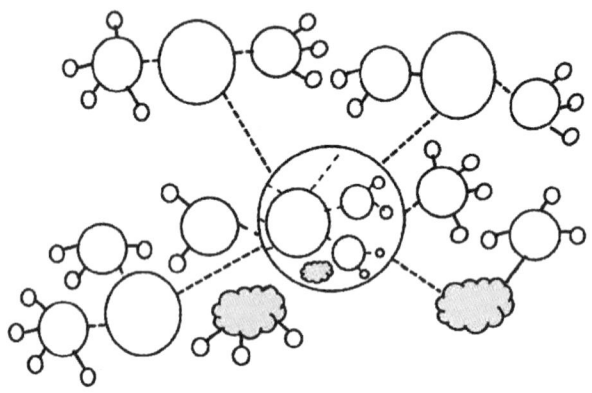

图1.1 供应链生态系统

图片来源：Millar M，2015

这个供应链生态系统是由无数个大小不一的供应链节点交织在一起形成的、错综复杂的全球化供应链网络生态系统。在这个供应链生态圈里，有很多利益相关者，包括核心企业、合作伙伴、供应商、客户、竞争者、互补者，还有外部的政府机构、科研院校、媒体、行业协会等。它们之间天然地构建起一种相互竞争、相互合作、相互依赖，协同共生、正和博弈的生态关系，也是你中有我、我中有你，谁也离不开谁，牵一发而动全身的全网联动、深度融合关系。

从国家层面看，供应链是不同行业产业链的复杂供应链生态系统；从行业层面看，供应链是产业链上下游伙伴形成的供应链生态系统；从企业层面看，供应链就是企业自身的内部供应链运营系统与外部环境形成的供应链生态系统。所以供应链不是单一链条，也不是局域网，而是错综复杂的供应链网络生态系统。

供应链管理是对一个全球化的、庞大而复杂的商业生态的管理，绝不是某个企业采购经理或者供应链负责人就能完成的战略布局和管控。从小处着眼，这是一个企业家高瞻远瞩的战略规划，是关乎企业生死的长期战略和重要部署，它影响到企业未来的生死存亡和可持续发展；从大处着眼，这是一个国家战略层面的规划和布局，关系到国家的工业发展和民生安全问题。在新冠疫情和中美贸易争端期间，供应链的战略意义体现得淋漓尽致。中兴事件、华为事件、福建晋华事件，以及后续美国为遏制中国高科技的发展而采取的一系列打压行动，都让国人一次次地感受到供应链的重要性，以及供应链对国家安全的战略意义。新冠疫情期间，从粮油食品、生活物资到疫苗等医疗物资以及能源等产品的供应，无一不让世界人民为供应链的自主可控、供应的连续性以及供应链的韧性而担忧。从国家到单个独立企业，全球化的商业生态正在发生深刻变化，国家间、企业间的竞争已经上升到供应链、产业链的全面竞争格局，供应链的能力已经成为衡量国家全球经济竞争力的一个重要指标。供应链是企业的战略资产，卓越的供应链管理水平能够帮助企业远远超过竞争对手，并且取得更好的财务绩效。

学者的研究和实践者的经验进一步证实，供应链的绩效不仅会影响企业的"损益表""资产负债表""现金流量表"的经济财务表现，也会对环境和社会产生正面或负面的影响。供应链绩效是企业供应链能力的具体体现，这种能力既是与同行进行竞争的能力，也是企业内生成长的驱动力和原动力。比如：供应链能力会影响客户服务质量和客户满意度，从而影响企业的营收；供应链能力会影响寻源和采购成本、产能的利用率、生产运营效率、库存成本和仓储物流成本，从而影响企业的总成本；供应链的订单处理能力会影响企业的行政管理费用，供应链的库存资产会影响企业的现金流和偿债成本等；

供应链的订单履行率、发货准确性和订单交货时间会影响企业的应收账款和现金资产；供应商关系、供应商管理策略和库存政策会影响资产负债表中的库存和流动资产；供应链的仓储物流网络、自制和外包策略，以及建造、购买或租赁的决策将决定企业的固定资产和投资；订单的数量将影响流动负债；库存、厂房和设备的融资计划将影响企业的长期债务和股东权益。所有这些财务结果都是可以通过卓越的供应链管理来进行调节和改善的。此外，供应链活动中对采购资源和供应商的选择，还会决定企业对环境是保护还是破坏；供应链运营中对劳动力、人才、资源的不同管理或不同使用方式也会决定企业对社会是做出贡献还是带来破坏等。

在一个供应链生态里，卓越的供应链管理者可以通过绩效评价，发现不足之处和待改善点，通过调整业务流程、改变业务活动和工作任务，改善以下财务和非财务绩效指标，增强企业未来可持续发展的核心竞争力。

（1）利润率；

（2）营收增长率；

（3）资产增长率；

（4）现金流增长率；

（5）股东权益回报率；

（6）利益相关者的环保评价；

（7）利益相关者的社会责任评价。

今天，我们身处万物互联的时代，这也是一个数字化的知识经济时代。不久的将来，全社会将快速地向智能化时代进化和发展，数字化供应链的价值和供应链中的数据资产会得到无限放大。所以，我们要反复强调：供应链是战略，不是职能！企业对供应链的管理是对全球化产业链生态的管理，企业对数字化供应链的管理是对数据核心资产的管理和运营。这是一项长期战略，将直接影响企业未来的可持续发展和核心竞争力。

供应链绩效评价的三大核心问题

供应链绩效评价有三大核心问题，分别是——什么是供应链绩效评价，为什么需要对供应链进行绩效评价，以及如何对供应链进行绩效评价。

今天的供应链已经成为全球经济发展引擎，供应链管理也成为企业的核心竞争力之一，企业间的竞争上升到供应链的竞争，这种竞争关系也从过去传统的产品性能、价格和服务的竞争发展成为商业生态系统中的"供应链的竞合关系"，也就是全球供应链网络生态合作伙伴之间"既竞争又合作"的关系。

在2012年，美国政府曾发布过一份名为《全球供应链安全和国家战略》的文件，由此可见全球化供应链对美国经济和国家安全的重要性。在2020年，世界卫生组织将新冠疫情定性为全球大流行之后，中国政府、欧盟及其成员国政府也制定了类似的国家战略，将全球化的供应链安全视为国家安全、民族安全和人民安全的重要战略保障。

那么什么是供应链的绩效评价呢？从企业到行业、产业，各方利益相关者为供应链进行了大量投资，构建了微观层面企业内部的供应链管理系统、宏观层面庞大的产业链供应链生态系统，但是这个供应链管理系统、产业链供应链生态系统从构建到运营再到管理到底好不好？有没有实现预定目标？是否满足了企业商业成功和可持续发展的需要呢？

现代管理大师彼得·德鲁克（Peter F.Drucker）认为，企业的经理、经营负责人的工作任务之一就是绩效评价，"经理负责制定目标和评价标准，并确保每个人都能在他制定的工作职责或任务中进行评估，确保个人目标与公司整体目标一致。经理需要确保公司的每个人了解这些评价指标并获得实现这些指标的工具"，彼得·德鲁克认为，企业的管理和改善应该是能被衡量、能被评价的。

既然企业有内生动力和刚性需求去提高和改善供应链管理绩效，那么就意味着供应链的衡量和绩效评价发挥着至关重要的作用。供应链的绩效评价是指——通过对供应链业务流程和运营过程进行分析，对所产生的结果进行定性或定量的衡量、评估、评测，产生绝对或相对的评价结果。供应链绩效评价是企业自身供应链竞争能力的体现，可以通过与预定目标和指标的比较，产生相关信息，促进目标的实现，同时产生更好的管理实践并确保供应链由内生动力去驱动企业的可持续发展。

供应链绩效评价不仅关注企业内部的绩效，还关注企业与供应商、分销商、客户等利益相关者之间的关系。通过绩效评价，企业能够识别供应链中的瓶颈和管理问题，并采取措施改进，从而提高效率和降低成本。此外，在全球化市场中，供应链绩效评价还可以帮助企业实现全球网络的协调和整合，获得全球竞争优势。除了企业需要供应链的绩效评价，政府作为产业链、供应链的利益相关者，供应链绩效评价对于其制定更好的行业监管政策、产业治理制度，监控和引导行业企业的有序发展也是至关重要的。供应链是其不可或缺的基本分析元素，供应链绩效评价是政府等行业监管机构的重要管理手段。

供应链绩效评价对于供应链、产业链的其他利益相关者来说也很重要，例如供应商、股东、投资者、员工、客户、行业协会、媒体、非政府组织、社区和研究机构等。供应链绩效评价可以使得企业的管理透明化、风险可控化，让其与利益相关者更好地进行信息同步和有效沟通。

供应链绩效评价与企业的可持续发展也存在着紧密的联系。自1987年联合国世界环境与发展委员会（WCED）提出"可持续发展"的概念以来，可持续发展已经得到越来越多人的认同和支持。1997年，英国学者约翰·埃尔金顿（John Elkington）提出了著名的三重底线（triple bottom line，TBL）概念。他指出，组织在实现可持续发展目标时需要从经济、环境和社会这三个维度来评估企业的可持续绩效，此后，学界和业界对供应链的绩效评价也从传统的单一经济维度的评价进化到更多维度，即从财务维度进化和发展到财务维度和非财务维度并重的评价。从财务目标进化到可持续发展的目标，这是一个巨大的进步。过去数十年来，对可持续供应链的绩效评价已引起企业管理者、研究人员和供应链实践者的极大关注和重视。

衡量和评价企业的供应链绩效，通常还需要考虑绩效评价指标。一般来说，用具体的指标进行评估，企业的总体表现较好，因为评价结果往往更客观，并且比其他方法更容易测量和比较。在企业的现实实践中，许多行业领先企业会使用自己的标准来衡量和评价供应链绩效。例如苹果、华为这样的企业，它们逐步适配了自己企业的供应链绩效评价标准，以符合自身商业模式、业务规模、行业生命周期的特点，也能同时满足对供应链上下游利益相关方评价考核的需要。

在现有的理论研究中，还没有形成一套统一的世界标准或工具，使企业的管理者在评价供应链绩效时可以轻松使用。所以，企业的供应链管理者和实践者迫切需要供应链绩效的研究者开发出一种既方便使用又容易理解的管理系统和工具，由此供应链绩效管理工具SPADA模型应运而生。它帮助企业管理者对供应链绩效进行深入的洞察，同时给管理者提供关于运营表现的详细分类信息，以便供应链的管理者和实践者在评估和改进公司当前实践时，更好地进行科学决策，帮助企业增强动态环境下的核心竞争力。

第2节 为什么要研究供应链绩效评价

"无衡量莫管理",绩效评价和经营管理本是一对孪生兄弟。企业若想实现管理的持续优化和改进,就必须持续地进行科学而系统的衡量和评估:评估这个系统是否存在结构性的问题,是否需要重构或优化,是否可以提高这个系统的绩效,以及如何提高系统的绩效。这就是供应链绩效评价的意义所在。

企业进行科学的供应链绩效评价和管理,有以下一些益处。

(1)发现问题和瓶颈:通过供应链绩效评价,企业能够发现供应链中的管理问题和瓶颈。这些问题可能涉及生产过程中的延迟、库存管理的不足、交付准时率低、供应商管理失效等。通过及时识别并解决这些问题,企业可以改善供应链的效率和效益。

(2)降低成本:供应链绩效评价可以帮助企业确定供应链中的成本,并找到降低运营成本的方法。通过评估不同环节的成本和效益,可以优化供应链运营流程和节点控制,减少浪费和不必要的支出。这将帮助企业降低成本,在激烈的市场竞争中保持成本竞争优势。

(3)改善客户满意度:供应链绩效评价不仅关注企业内部的绩效,还关注企业与供应商、顾客之间的关系。通过评估供应链的准时交付率、产品质量等指标,企业可以及时发现并解决可能影响客户满意度的问题。提高客户满意度对于企业建立良好的声誉和保持客户忠诚度至关重要。

（4）提高竞争力：在全球化和竞争激烈的市场环境中，供应链绩效评价可以帮助企业获得竞争优势。通过评估供应链的效率和灵活性，企业可以调整其供应链网络，提高响应速度和定制化能力，从而满足不断变化的市场需求，并取得竞争优势。

（5）实现持续改进：供应链绩效评价是一个持续改进的过程。通过定期评估和跟踪供应链的绩效，企业可以识别改进的机会，并采取相应的改善措施。持续改进可以帮助企业不断提高供应链的效率和质量，以适应快速变化的市场环境。

综上所述，对于企业而言，供应链绩效评价可以帮助管理者监控、跟踪和提高运营效率，改善供应链绩效和组织绩效。通过运用先进的供应链管理工具，从不同维度（包括经济、社会、环境和运营）衡量和评估供应链绩效评价结果，可以告知企业哪些是管理薄弱问题，从而有的放矢地及时解决问题，提高绩效，帮助企业增加公司价值，增强竞争力和核心能力，在竞争激烈的商业环境中取得可持续发展。

政府和银行监管机构也可以利用绩效评价结果和供应链绩效排名更好地了解和掌握整个行业的现状，对重点企业进行关注，对非重点企业进行"拉、帮、扶"。此外，政府还可以根据供应链的发展变化趋势，进行行业洞察，制定产业政策以实现特定行业的可持续发展，鼓励高绩效企业分享其最佳实践，带动全产业链生态伙伴的共同发展。

所以，随着新商业生态系统的出现，学者和供应链管理的实践者都可以从供应链绩效评价中受益，用好绩效评价工具，衡量行业、企业的供应链绩效和可持续发展绩效，并为科学决策提供客观准确的信息，更好地进行可持续发展实践。

第 3 节 如何对供应链进行绩效评价

在对供应链进行绩效评价设计时,需要考虑以下这些因素:由谁来评,评什么,怎么评,用什么方法评,对标对象是什么,痛点、难点和重点分别是什么,还需要考虑行业特点、企业特性、企业发展战略、竞争策略、竞争环境,企业在人、财、物方面的资源有效性,以及选择哪些关键指标项(key performance indicator,KPI)、运用哪些技术方法。供应链绩效评价的完整过程通常包括:设计、构建绩效评价模型,数据采集,数据清洗和整理,数据分析,结果呈现和解读,绩效发布或沟通,收集反馈,修正评价系统,再循环到数据采集等后续过程,如此无限循环反复,持续改进。

关于供应链绩效评价的方法有很多,后文会为大家一一介绍。先介绍几个简单的供应链绩效评价方法。

(1)成本效益分析:成本效益分析是一种用于评估特定活动或项目的经济效益的方法。在供应链绩效评价中,成本效益分析可以帮助企业确定供应链中每个环节的成本和收益,并识别哪些环节可以进行改进以提高绩效。

(2)KPI:KPI是用定量或定性的指标来衡量、评估供应链绩效,如效率、质量、成本、准时交付率等方面的绩效指标。通过设定适当的KPI,并定期跟踪和持续评估,企业可以及时发现问题并采取纠正措施。在数字化供应链管理中,会用到大量的KPI,这也是本书讨论的重点内容之一。

（3）可视化的供应链网络模型：供应链网络模型是一种数学模型，用于模拟和优化供应链网络。比如供应链决策树，可以帮助企业分析不同决策对供应链效率和效益的影响，并找到最佳解决方案；供应链网络运营流程图，可以仿真供应链的运行情况，或者实时监测供应链的动态，发现拥堵点和异常点，实时、迅速地解决供应链管理问题，在数字化供应链实践中运用得比较多。

在当今全球化和竞争激烈的商业环境中，供应链绩效评价是确保企业在市场中获得竞争优势的关键因素之一，也是企业进行供应链管理和优化的重要抓手。通过评估供应链的成本、效率、灵活性和可靠性等指标，评估企业的环境和社会的影响，企业能够识别问题并采取措施改进，提供更好的用户体验，创造更大的商业价值和社会价值，走上可持续发展之路。

实践者说

只有适合自己的才是最好的

小Q是公司的首席数据官，公司给他了一项任务，就是帮助公司在5年内完成供应链的数字化转型，也给了他一大笔预算，随便花。作为技术负责人，他需要从市场上筛选出合适的技术和产品解决方案供应商。那么，到底该怎么选呢？小Q找到某咨询公司的X老师，X老师曾经帮助过多家不同类型、不同规模的企业做供应链数字化转型的顶层设计和战略规划，有丰富的实战经验。

小Q："X老师，您看，我现在有充足的资金预算，公司也给我了充分的决策权，您看我是选择技术最先进的方案，还是选择相对成熟的技术方案呢？"

X老师："如何选型，确实是个技术活，也是要讲究策略的。如果使用特别领先的技术，可能会有未知的风险；如果使用成熟的老技术，后续升级可能会有瓶颈问题。我认为，你们需要对自己企业的数字化供应链做个评估，看看企业现在处于什么样的成熟阶段，供应链绩效处于什么样的管理水平，目前的人才和团队具备什么样的能力。饭要一口一口地吃，人要一点一点地长大，企业也是如此，不可能一步到位，成长也需要一个循序渐进的过程。以我的观察，你们现在的企业规模还比较小，我建议还是做一个行业的追随者吧，市场上有一些成熟的技术方案，你们可以采购，然后逐渐升级和改善。等你们成长为行业巨头或者行业龙头企业时，你们作为行业的引领者，就可以尝试一些创新的、领先的技术，那时企业的抗风险能力也强，可以承担一定的风险和成本，当然也可以获得更高的回报。当下，还是不要盲目追求最新方案，量力而行比较好。只有合适自己的方案，才是最好的方案。"

小Q："X老师，您可真是说到我心坎里去了，我也是这么想的。咱们是英雄所见略同啊！"

第4节　供应链绩效评价的过去、现在与未来

通过对文献的查阅，我们发现学界和业界对绩效评价的研究可以追溯到工业革命时期。到了20世纪50年代，有越来越多的人对绩效评价和绩效评价结果感兴趣，到了20世纪80年代，人们认识到绩效评价扮演了一个重要角色，它可以监控和诊断经济实体的活动，帮助经济实体更好地理解和评估供应商、员工和其他利益相关者的价值和战略执行的有效性，所以人们对绩效管理和绩效评价的研究显著增加。

而对供应链的绩效评价，已经从20世纪80年代侧重于财务维度的评价发展到90年代的财务维度和非财务维度并重的评价，到了21世纪初，又从职能型、流程型发展到战略型、可持续发展的全面系统和多维度的评价。对于20世纪80年代及之前的绩效评价，人们关注企业的财务指标，比如投资回报率、股东权益回报率、生产的投入产出结果、经济增加值、利润率、现金流等指标；到了90年代，人们开始运用BSC（balanced score card，平衡计分卡）法、集成绩效评估系统、业务卓越模型、客户价值分析模型等多领域绩效评价系统，既包括反映经济绩效的指标，又涵盖了反映市场表现、产品和服务质量、客户关系、人力资源、社会责任和道德行为的指标；到了21世纪初，人们开始使用供应链运作参考（supply chain operations reference，SCOR）模型来评价供应链内部运营流程绩效，以及使用多准则决策分析（multiple-criteria decision analysis，MCDA）法、TBL框架模型[①]等更多的工程技术模型，从经济、环境、社会和运营等维度对供应链绩效进行系统全面的综合评价。

实践者说

要发展还是要节能减碳？

企业A孙总："我们企业好难啊！以前订单多的时候，老是卡我们的电，说要节能减碳，我们只好安排夜里加班，为保订单、保交货，我们不得不给工人付加班工资，这样就增加了我们企业的成本；现在订单少了，要我们保就业，但订单没了，员工收入也少了，确实是节能减碳了，但企业无法生存更谈不上发展！"

企业B胡总："节能减碳是为了应对气候变化和环境污染等问题，温室气体排放导致全球变暖和生态系统破坏，对人类和地球造成巨大威胁，节能减碳可以保护环境，实现可持续发展，这是我们企业义不容辞的责任，否则我们全人类都没得生存和发展啊！"

企业A孙总："我哪管得了全人类那么多呀，管好我自己的企业，管好我自己的员工，保证员工有工作做，有工资拿，我们能够按时纳税，就已经不错了，节能减碳还是留给那些大公司去做吧！"

企业B胡总："我们不是要完全抛弃经济发展，而是要在经济发展的同时注重节能减碳。过度追求经济发展可能导致资源过度消耗和环境破坏，最终损害人类的利益。我们需要追求平衡，采用可持续发展的方式，通过技术创新和投资研发，既实现经济的增长，又实现环境的保护，最终能够实现世世代代的可持续发展！"

············

[①] TBL，指经济底线、环境底线和社会底线，意即企业必须履行最基本的经济责任、环境责任和社会责任。

第5节 可持续供应链和可持续供应链绩效评价

什么是可持续供应链

近几年来，伴随"双碳""碳达峰""碳中和"等热词的出现，更多人意识到"可持续发展"的重要性。但什么是"可持续发展"，很多人没有一个清晰而准确的认知。

联合国世界环境与发展委员会（WCED）于1987年发布的《我们共同的未来》中提出"可持续发展"的概念，其中对"可持续发展"的定义是：既要满足当代人的需要，又不能牺牲未来代际发展所需要的能力。《我们共同的未来》这一报告的发布被认为是可持续发展概念的重要里程碑，它强调了经济发展、社会公平公正和环境保护之间的平衡，以确保人类和地球能够长期共存。该报告成为后来全球可持续发展行动的基石。自那时起，可持续发展成为国际社会和全球发展的重要议题，被广泛应用于政策制定、企业经营和社会发展等各个领域。

那么什么是可持续（发展）的供应链管理呢？联合国全球契约组织（UNGC）在2010年提出了可持续供应链的"十项准则"，其中对"供应链的可持续发展"是这样定义的：在产品或服务的生命周期内，对环境、社会和经济的影响进行管理并对良好监管实践进行鼓励。"可持续供应链管理"的目标是：为所有将产品或服务带入市场的利益相关者创造、保护和增加其在环境、社会和经济方面的长期价值。

有学者是这样定义"可持续供应链管理"的:"可持续供应链管理"是关于供应链的运营管理、资源管理、信息管理和资金管理,在使得供应链利益最大化的同时最小化对环境的破坏并且最大化社会福祉。1997年,约翰·埃尔金顿提出的三重底线理论指出,组织在满足经济效益的同时,要同时满足社会效益、环境效益,以实现组织长期、可持续发展的需要。其理论观点受到广泛认同。还有学者对"可持续供应链管理"是这样定义的:对物料/产品流、资金流、信息流进行管理以及对供应链参与者之间的协作进行管理,以实现可持续发展三个维度(经济、环境和社会)共同发展的目标,同时满足客户和利益相关者的需要。

很多人认为"绿色供应链"就是可持续供应链。从以上定义可以看出,"绿色供应链"并非完整全面的可持续供应链,它缺少了三重底线理论所定义的三重维度中另外两个维度,即经济和社会维度,仅仅是从环境维度来关注供应链的绿色、低碳和环境保护问题。

今天,学界和业界已达成共识,对供应链的绩效评价发展为对可持续发展力的绩效评价,就是从经济、环境和社会这三大维度对供应链的可持续发展力进行评价。高科技行业对可持续供应链的绩效评价也是多数遵循三重底线理论,除了从经济、环境、社会维度进行评价外,从运营维度进行绩效评价的也较多。本书第4章第1节的SPADA模型就是分别从经济、环境、社会和运营维度对可持续供应链进行绩效评价的。

可持续供应链的发展和成熟度

数十年来,供应链的可持续发展问题从发生、发展延续至今,已经成为供应链中极为重要的业务问题之一。越来越多的公司开始重新审视它们与供应商的关系,并着手建立一个可持续的供应链。这些公司不仅监测供应商的合规情况，而且还培养供应商妥善应对各种环境和社会挑战的能力。建立可持续发展和负责任的供应链已成为众多行业领导企业的战略目标，然而实现这个目标却是一大挑战，需要企业进行大量的资源投入和系统培训，并学习优秀企业的最佳实践。

可持续发展要求企业既满足当代需求又不损害后代满足自身需求的能力。企业在满足经济效益的同时，也要同时满足社会效益和环境效益，以实现组织长期、可持续发展的需要。近年来，随着经济的发展和商业模式的变迁，可持续供应链管理受到越来越多人的关注。

大家知道，供应链是由所有直接或间接涉及满足客户需求的各种利益相关方组成的，它不仅包括制造商和多级供应商，还包括运输商、仓储服务商、零售商和客户等内外部利益相关群体。供应链的功能，不仅包括供应链运营流程，还包括与新产品开发、市场营销、分销、财务、客户服务和IT技术服务等职能部门的全面协同。当下的供应链越来越复杂，也越来越全球化。长期以来，质量、成本、交付和可靠性一直是供应链人士关注的焦点，在快速变化的世界中，还需要保持供应链的柔性和韧性。过去十多年来，供应链的可持续发展也开始列入许多企业的商业战略中。

员工的健康和安全、劳资纠纷、地缘政治冲突、环境的破坏和自然灾害以及在相关利益冲突领域的各国立法，使得利益相关方日益认识到供应链的风险。通过改善供应链的环境、社会和治理（即ESG）绩效，可以帮助企业稳健业务流程、实现市场差异化，并对社会、环境产生重大影响。

尽管利益相关方管理供应链的压力越来越大，通过供应链管理取得的竞争优势也越来越明显，但仍然有许多公司并不了解自己供应链的绩效、风险和可持续影响。公司在实现供应链可持续发展的方法上也有很大的不同。供应链的可持续发展程度可以分为不同层级或不同发展阶段。

有学者认为，可持续供应链的成熟度模型是关于组织可持续发展的供应链绩效和能力的评价系统,这个系统跟很多要素相关。基于三重底线理论,可持续供应链是包括经济维度、环境维度、社会维度、利益相关者维度、志愿者维度、供应链韧性维度、供应链长期发展战略等多维度的要素活动。巴西学者戴阿迈达·山特（de Almeida Santo）等人开发的可持续供应链成熟度模型,可以帮助管理者进行科学的评估和决策,改善企业可持续供应链的管理实践和管理技术。该可持续供应链成熟度模型分为五个层级,包括四个维度的评价指标,分别是环境维度、社会维度、经济维度和交叉跨维度的多维度成熟度评价标准。

第一个层级:不成熟可持续供应链。在环境方面,企业没有开展过跟环保相关的供应链管理活动；在社会方面,缺乏内外部可持续发展的宣传规划；在经济方面,关于流程再造、绩效分析等活动是无规律、不定期的；在跨维度、多维度整合方面,公司没有采取行动去改善以上三个维度的绩效,缺乏对供应商风险和供应链可持续发展的基本认识,没有任何关于可持续供应链的绩效评价系统。

第二个层级:对可持续供应链有初步的认知。在环境方面,企业对环境保护有初步的意识,知道跟环保相关的供应链管理活动；在社会方面,关于内外部可持续发展的宣传规划处于初级阶段；在经济方面,关于流程再造、绩效分析等活动是无规律、不定期的,但是有可持续发展的管理意愿；在多维度整合方面,公司有意识去改善以上三个维度的绩效,有关于可持续供应链的绩效评价系统。

第三个层级:中等程度的可持续供应链。在环境方面,企业遵从法律法规去减少碳排放,减少浪费以及保护生物多样性,开始对碳足迹进行评估和管理；公司对供应商有明确的期望,并根据这些期望制订寻源、选择和管理供应商的流程；关注高风险供应商的风险和合规性,并对它们进行基本审计或评估。在社会方面,基于法律遵从的要求,企业有被动的响应和规划,去评估员工的健康安全。在经济方面，关于流程再造、绩效分析等活动已经文档化，具备相应的考核指标去评价可持续发展供应链的绩效。在经济、环境、社会多维度整合方面，公司已经做出规划并取得一定的成果，有关于可持续供应链的绩效评价系统。

第四个层级：先进的可持续供应链。在环境方面，企业遵从法律法规，并设定较保守的目标去减少碳排放，减少浪费，保护生物多样性，在碳足迹管理方面（包括供应商管理）有较好的绩效，并采取了持续的精益管理。在社会方面，企业从内外部系统地规划和评估员工的健康安全，系统地规划企业的商业准则和行为规范。在经济方面，企业关于流程再造、绩效分析等活动已经常态化，有先进的优化方法去改进可持续发展的绩效。在经济、环境、社会多维度整合方面，公司的规划和管理技术呈现出先进性，有可持续发展的目标、战略、愿景和策略，并定期检视和改善，对于利益相关者的关系管理处理得较好，对可持续供应链的绩效评价系统有全面而完整的认知。

第五个层级：领先的可持续供应链。在环境方面，企业遵从法律法规，并设定积极的目标去减少碳排放，减少浪费，保护生物多样性，在碳足迹管理方面（包括供应商管理），能够提出优化策略和持续的精益管理办法以最小化碳足迹。在社会方面，企业从战略高度提出培训计划和对可持续发展的绩效评价进行宣导。在经济方面，企业通过流程再造、绩效分析取得较好的投资回报，实现可持续发展的最高绩效目标。在经济、环境、社会多维度整合方面，公司将战略与可持续发展有效融合，可持续供应链的绩效评价系统先进且系统化。

供应链的可持续性达到领先和成熟水平的公司，除了关注审计和监督外，还在培训、能力建设和激励优秀员工方面进行投资。他们与供应商合作，与供应商共创共享价值，并把供应商视为其业务的延伸。他们与供应商进行有意义的双向对话，建立共同的承诺，并清楚理解供应商在实现公司自身的可持续发展目标中扮演着重要的角色，要求供应商在供应链中把相关标准和要求贯彻到更高层级，并寻找识别提高供应商表现的机会。此外，公司将可持续发展的实践和流程与产品的开发和设计相结合，以探索增强可持续性的机会。

公司面临的运营、金融、监管和声誉风险，持续推动着供应链的可持续性发展。法规和标准的大量增加，给公司业务带来了巨大的挑战。例如：处理合规问题的时间和精力大幅增加。此外，供应链项目正从监管合规发展到专注于与利益相关者共享、共创价值。随着公司把可持续性理念应用于其流程、产品和服务中，这些变化以及由此带来的社会和环境影响，受到越来越多人的关注。今天，越来越多的公司都在加强可持续供应链管理，在其产品和服务采购地，改善其业务对劳动力、当地社区和环境的影响。

不过仍然有很多公司对供应链的风险缺乏更深层次的了解。大多数公司采用跨职能方法管理供应链的可持续性，其中对可持续发展的要求、KPI和评估标准，被集成到由采购和采购部门管理的业务流程中，只有少数公司将可持续发展纳入其商业模式，因为这需要高层领导的大力支持。

供应链的透明度和可追溯性，特别是一级供应商及更上层级供应商的透明度和可追溯性，已被视为供应链管理的主要挑战。可持续发展的领导者通常会鼓励自己的供应商对上一级供应商也实施可持续发展策略，从而进一步深化供应链的管理。

先进的监控跟踪技术和云服务技术的解决方案能够很好地解决供应链的透明度问题，更好地了解供应商的表现并做出商业决策，改善其流程。伴随着供应商关系的改善，技术解决方案正在不断进化，不仅包括企业对审计、稽核的投入，还包括来自员工、政府、非政府组织（non-governmental organization，NGO）的数据库和当地媒体的投入，从而能够为供应商创建一个全面的绩效档案。技术将在供应链可持续发展方面发挥越来越重要的作用，提供模块化、基于云的特定行业的解决方案，未来可以帮助行业或企业建立全球化的集群数据库。

此外，越来越多的公司认识到，与多方利益相关者的协作，将降低公司的成本，增加影响力，促进知识交流，并提高可信度。通过对企业可持续发展供应链的研究，我们发现：

（1）可持续发展是一个持续的过程，需要得到企业高层管理人员的重视和承诺，企业高层管理人员必须首先认识到可持续供应链与利益相关者、与业务发展密切相关。

（2）拥有较成熟的可持续供应链管理的公司，通常会将供应商视为公司价值链的延展，他们会与供应商充分接触和交流，并对可持续发展进行定期的报告披露。

（3）企业在可持续发展方面的创新并不总是与公司规模密切相关，中型公司也能拥有创造性的供应链管理模式，大公司可能也只是简单地应用众所周知的技术来管理供应链。

（4）在供应链的运营实践层面，评估风险和建立行为准则是建立可持续供应链的第一步，企业需要明确对供应商的要求，将要求传达给供应商，并确保其接受这些要求，这也是与每个新供应商合作的第一步。在企业内部，企业需要努力将可持续供应链的生态系统（包括目标、行动和KPI）整合进传统的采购流程，并进行培训和知识分享。

基于多维度评价指标体系的风险评估，会促使企业采取更多行动，比如稽核等；企业通过自我评估和对供应商的评估，可以了解自身及供应商的弱点，使其接受改进建议，并及时采取行动进行纠正，发起能力建设项目。与供应商的密切合作是可持续供应链成功的关键之举。

可持续供应链的绩效管理和指标

可持续供应链或可持续发展供应链的绩效管理指标，是指用来衡量并呈现组织为实现可持续发展所做之努力的各种绩效表现，这种绩效管理能够帮助企业或组织的决策者更好地进行决策，并改善企业供应链可持续发展的相关绩效。

可持续供应链绩效管理的准则包括：

（1）在现有政策下，在发展经济的同时减少对环境和社会的负面影响；

（2）绩效评价需要贯穿产品或服务的整个价值链；

（3）在产品全生命周期中考虑多个维度的绩效表现。

有学者通过文献研究发现，目前全球只有三个国际标准组织遵从三重底线理论，对可持续供应链的经济、环境和社会三个维度进行评价并提供相应参考指南。这三个国际组织分别是：

（1）GRI（Global Reporting Initiative）：全球报告倡议组织；

（2）OECD（Organization for Economic Co-operation and Development）：经济合作与发展组织；

（3）IChemE（Institution of Chemical Engineers）：化学工程师协会。

其他的一些国际组织或标准组织只评估了三重底线理论中的两个或一个（如：国际标准化组织ISO26000只评估了社会一个维度的绩效），显然从"可持续发展"的定义来说，这样的标准体系是不完整、不全面的。

这里分享一些对可持续供应链进行绩效评价的国际组织和标准，大家可以根据自己企业的实际情况选择参考。

（1）评价经济维度的组织和标准：ISO9001（QMS）；

（2）评价环境维度的组织和标准：ISO14001（EMS）、EMAS（EMS）、ISO14031：2013、ISO14040（LCA）、ISO14064；

（3）评价社会维度的组织和标准：SA8000（SMS）、OHSAS18001（OHS）、

国际劳工组织（ILO）、ISO26000；

（4）综合评价的组织和标准：GRI编制的报告规范，OECD编制的标准，IChemE编制的标准，联合国全球契约组织十项契约（UNGC's ten principles）的标准。

以上这些评价标准和部分方法会在本书的第3章给大家做详细介绍。

可持续供应链绩效的研究和设计方法

对可持续供应链进行溯源和系统性学习，形成一个清晰而准确的认知，还需要了解针对可持续供应链绩效所采用的研究方法。对于可持续供应链绩效的研究，学者们所采用的研究方法主要分为分析性的方法和实证研究的方法。

第一类是分析性的研究方法，包括概念类、数学模型类和统计分析类。

（1）概念类的方法分为文献综述、理论构建、框架模型等；

（2）数学模型类的方法分为全生命周期评估模型、均衡模型、多准则决策分析法、层次分析法（AHP）、代理模型、系统动态模型、解析方程模型、模糊逻辑模型等；

（3）统计分析类的方法，即用统计学的方法分析和研究供应链绩效。

第二类是实证研究方法，包括实验设计、样本统计、行为研究，以及用现实案例对供应链进行研究、分析和总结等。

从研究到设计，由于研究方法比较复杂、深奥且专业（这本身就是难度所在），所以设计一套可持续供应链绩效评价体系需要受到系统且科学、严谨且细致的思维训练和理论演练，还需要具备丰富的企业实战经验。

在为企业提供供应链管理咨询服务的实际工作中，我发现很多企业，甚至是一些大型上市企业和行业龙头企业也仅仅是采用市场上现成的一些框架模型（如BSC法或SCOR模型）或者几个简单的绩效评价指标（如成本、交付、质量、服务等）。基于管理者的经验和业务流程，这样设计的指标项少且简单，缺乏从系统层面或者战略层面结合全生命周期理论对供应链绩效进行全面而细致的系统化评价体系构建和模型设计。

可持续供应链绩效的评价指标

截至2023年，在全球范围内并没有一个统一且通用的国际标准来指导企业的实践，对可持续供应链的绩效进行科学的评价。学者与企业管理者之间对可持续供应链的绩效评价也没有一个统一的认识。我本人是从事可持续供应链研究的，通过专家调研和实证研究发现，在企业管理实践中，由于各个国家经济发展水平的不同、历史文化的不同，不同行业之间的管理要素差异极大，并且行业有自身的生命周期，同一行业中的企业处于不同的发展阶段，其规模和商业模式不尽相同，每家企业生产的产品也处于不同的产品生命周期，需要有不同的策略安排和战略部署以及不同优先级的资源分配，所以，在快速变化的市场环境下，企业需要根据自身发展的特点选择适合自身发展阶段的绩效指标，并且需要长期跟踪，及时调整管理的关键指标项。

有学者从12个国际标准和规范中整理出环境、社会和经济维度的70个高频使用的可持续供应链的绩效评价域和指标项，这里分享给大家，供企业的实践者参考，如表1.1所示。作为可持续供应链绩效评价的指标词典，它可以帮助企业构建供应链绩效指标分析体系，为供应链领域的BI（business intelligence，商业智能）提供坚实的理论基础。

表1.1 可持续供应链绩效评价域和指标项

项目数	评价维度	评价域	评价指标项
	环境维度	能源效率	
1			年度能源消耗总量
2			年度具体能源消耗量
3			每年可再生能源消耗总量

续 表

项目数	评价维度	评价域	评价指标项
		原物料/材料效率	
4			年度材料消耗总量
5			年度各项具体材料消耗量
6			年度可再生材料消耗总量
7			年度回收或再利用材料消耗总量
8			每年有害物质消耗总量
9			每年不同有害物质具体消耗量
		水的管理	
10			年用水总量
11			不同组织年用水量
12			每年回收或再利用的水总量
13			每年回收或再利用水量的百分比
14			年废水排放总量
15			不同组织具体的年废水排放量
		废物管理	
16			每年产生的废物总量
17			每年产生的具体废物量
18			每年产生的危险废物总量
19			每年产生的危险废物具体数量
20			每年回收或再利用的具体废物量
21			每年回收或再利用的废物百分比
		排放	
22			组织每年直接排放的温室气体（CO_2、CH_4、N_2O、HFCs、PFCs、SF_6、NF_3）总量（范围1）
23			每年温室气体间接排放总量（范围2）
24			每年的其他温室气体排放总量（范围3）
25			年度温室气体具体排放量（范围1和范围2）
26			年消耗臭氧层物质总量
27			年消耗臭氧层物质的具体数量

续表

项目数	评价维度	评价域	评价指标项
28			每年的颗粒物排放总量
29			每年的废气排放总量
		土地使用	
30			运营场所的占地总面积
31			运营场所的具体占地面积
		环保法规的遵循	
32			年度未遵从环保法规的次数
		供应商评价	
33			进行可持续发展绩效评估的供应商比例
34			本地、本省、本国的供应商占比
	社会维度	人权和反腐败	
35			每年发生的歧视事件总数
36			每年违反自由权和违反有效谈判协议的事件数
37			每年强迫劳工的事件数
38			每年滥用童工的事件数
39			每年发生的腐败事件总数
		人力资源	
40			年度员工总数
41			年度女性员工总数
42			每年新增男性员工总数
43			每年新增女性员工总数
44			每年招募的当地男性员工总数
45			每年招募的当地女性员工总数
46			年度男性员工流动人数周转率
47			年度女性员工流动人数周转率
48			每年享有人寿保险、医疗保健、育儿假、股息、退休金、奖金、工伤津贴等的员工总数
49			每年接受年度绩效考核的员工总数

续 表

项目数	评价维度	评价域	评价指标项
		健康和安全	
50			每年发生的非致命职业健康安全工伤事故总数
51			每年因职业健康安全工伤事故损失天数
52			每年因职业健康安全相关事故死亡的总人数
		培训和教育	
53			每位员工的平均培训时数
54			女性员工平均培训时数
55			男性员工平均培训时数
56			员工培训总人数
		消费者问题	
57			每年消费者投诉事件总数
58			每年发生误导、欺骗、欺诈或不公平做法数
59			年度产品退货（投诉产品）总数
		社会规范遵从	
60			不遵守社会准则或法规的总数
	经济维度	稳定和利润	
61			组织的年销售额或收入总额
		收入分布	
62			每年给予雇员的工资和福利总额
63			每年向政府支付的总款项（税款）
64			每年对社区的投资总额
65			年度总运营成本
		市场竞争力	
66			男性雇员起薪与国家或行业最低工资的比率
67			女性雇员起薪与国家或行业最低工资的比率
		可持续发展支出	
68			采购预算花在本地供应商身上的百分比
69			年度可持续发展支出总额
70			年度研发总支出

资料来源：Saeed M A & Kersten W，2017

企业在设计数字化供应链绩效评价解决方案时，通过BI可视化平台，可以增强指标模型的表达效果。通过将指标模型中的数据以图形或动态的形式呈现出来，可以更加直观地展示数据的分布、趋势和变化情况。这有助于人们更好地理解数据和指标，从而更好地评估和分析供应链中存在的问题，发现指标模型中的隐藏信息和模式。也可以通过低代码数据管理平台，以拖、拉、拽的形式对这些可持续供应链的绩效指标进行可视化呈现及动态跟踪，并且根据公司管理目标、业务的变化及时调整指标项，以实现可持续供应链的精细化、精准化管理和风险防控。

第 6 节　供应链绩效评价的现实意义

前面第 2 节为大家解答了为什么要研究供应链绩效评价，这里再重点阐述一下供应链绩效评价对企业的现实意义。

科学且快速地决策

科技的进步使企业能够快速准确地收集、存储、使用海量的信息和数据，进行高效决策，这也开创了供应链绩效评价的新时代。

计算机、服务器在算能和存储方面的巨大进步，物联网和大数据的引入，人工智能在各行业的迅猛发展，使得今天的供应链管理越来越智能化。人工智能通过弥合经验丰富和缺乏经验的决策者之间的差距来帮助人们制定决策，并基于历史和当前数据分析提供实时建议，因此，今天的决策不仅是"信息驱动"，而且是"数据驱动"，数据驱动的供应链使得供应链的绩效评价和决策精度越来越高。

基于实时数据，快速、准确地决策对于确保供应链的更高灵活性和更快交付至关重要。管理即决策，供应链的管理者必须在决策网的每个层级、每个节点做出许多决策。不管是短期决策还是长期决策，决策者都必须了解现有的决策关系、决策标准和供应链不同绩效之间的关系。供应链绩效评价系统可以实时评估作战策略，帮助供应链的管理者快速决策和准确评估战略、战术和策略对供应链绩效的影响。这些能力在当下的复杂动态环境中尤其重要，对供应链的成功起了关键的作用。

判断和预测经营成果

从宏观、中观到微观，从投资到运营，从监管到内控，从产业链到供应链，再到供应商、客户、股东、员工等各种利益相关者，有供应链管理的地方都离不开供应链的绩效评价。通过绩效评价指标可以丰富和强化目标监测机制，使监测与目标协调一致；评估目标的进展状况，加强目标导向的管理机制；为所有的利益相关者提供决策依据，促进企业的管理行为改善和过程优化。

企业的实际指标可以反映其在目标达成上的表现，为进一步改善提供动力。从供应链绩效评价的财务指标来说，透过供应链绩效的财务指标，可以反映出企业的供应链能力，预测公司绩效和股东价值。

在现实生活中，我们发现不少供应链实践者，包括来自超大型、大中型、中小型企业的供应链从业者、主管、总监，甚至是公司的最高领导层，他们对供应链缺乏正确的认知，严重低估了供应链的"能力"和"能量"。尽管中国政府官方已经将供应链上升到国家战略层面，但仍然有很多人没有认识到供应链的重大战略意义，以及供应链能力在企业微观层面的意义和价值。

在我的《华为供应链管理》一书中，我花了不少时间梳理出来的"华为与业界竞争对手的供应链绩效比较表（2018年）"（第213页），非常清楚地列出了跟供应链绩效相关的各种营运能力指标，比如企业的营收、成本、利润，企业的现金流、资产负债率、库存周转率、现金周转天数等，这些指标都是从公司年报中直接或间接地获取的，不管是投资人还是债权人以及企业的当家人、所有者，都需要关注这些重要的财务指标，这是评估企业供应链运营能力的重要考核项。

其底层逻辑在于：增强供应链能力（比如：更好的供应商合作关系、客户关系、信息共享等）可以帮助企业增强竞争优势，体现在更具竞争优势的价格和成本、更优的质量、交付的独立性、产品的创新性，以及快速上市、更高的营运效率、更短的现金周转周期，进而可以帮助企业提高公司绩效（比如：提高市场份额、销售利润率和资产回报率），最终创造出更多的股东价值（比如：营收的增长、每股盈利的增加、固定资产利用率的提高、营运成本的降低）。

所以，通过供应链的绩效评价，可以发现企业供应链的真实能力，预测股东的长期价值，预判公司未来的生存能力和可持续发展能力。

持续改善经营，降低风险，实现可持续发展

毫无疑问，通过供应链的绩效评价，可以提高企业内部管理和运营的效率，满足内外部利益相关者的诉求（即投资回报和规避风险），降低企业内外部的风险，最终实现企业的长期生存和永续发展。通过绩效评价可以帮助管理者发现问题；在问题出现后，有助于管理者对问题做出归因分析，提出改善方案并落地实施，对管理问题实现闭环和持续改善的循环迭代，比如提高内部运营效率以提升供应链整体绩效，对供应商采取相应的奖惩举措以提高供应商的绩效等。

第 7 节　拓展阅读：Gartner 排名的致命缺陷

Gartner 是谁？为什么说它的绩效评价排名有致命的缺陷？

Gartner（高德纳）公司，成立于1979年，是美国一家市场研究和咨询公司，是标准普尔500成员、美国纽约交易所上市公司。Gartner 为企业提供行业洞察报告、顾问建议和分析工具等，其服务对象包括供应商、生产商、系统集成商、咨询公司、银行、金融机构、交通能源、政府部门等众多机构和组织。

Gartner 从2005年开始发布全球供应链排行榜，截至2023年已经是第19年。通过每年对《财富》世界500强和福布斯全球2000强中年收入大于120亿美元的企业进行调查，Gartner 评选出供应链排名前25名，推出全球供应链管理领袖企业，并分析和展示它们的最优策略。2023年 Gartner 全球供应链排行前25名中，中国的联想集团的排名上升到第8位，保持了亚太第一。

此外，Gartner 自2015年起设立"供应链大师"（Master）的称号，要求入围公司必须在过去10年中至少有7年综合得分在前5名。亚马逊、苹果、宝洁和联合利华已经连续多年入围该榜单。Gartner 评出的优秀供应链管理企业，可以被业界看作供应链管理中各行业优秀企业的典范。

这里不对 Gartner 的排名和前25强做过多的分析和评价，我想评价一下 Gartner 本身的评价标准。Gartner 2022年的供应链绩效评价标准经过调整，修改为：

（1）同行投票意见，权重为25%；

（2）Gartner的研究专家投票意见，权重为25%；

（3）ESG（environmental，social and governance，即环境、社会责任和公司治理）得分，权重为20%；

（4）连续3年的加权有形资产回报率，权重为15%；

（5）营收增长率，权重为10%；

（6）库存周转率，权重为5%。

Gartner对参选企业的要求：一是要评价企业过去3年的财务数据以及环境、社会责任和公司治理的表现数据；二是在评价和评选前25强时，要考虑这些企业未来的发展潜力和它们在供应链领域的领导力和影响力；三是参评企业是从《财富》世界500强或《福布斯》全球2000强中年营收超过120亿美元（2022年）的300家大型企业[①]当中挑选出来的优秀企业。

我们来看一下Gartner评分分值的计算逻辑。首先是同行投票意见，占了25%的权重；其次是Gartner研究专家的投票意见，它的权重也是25%；接下来是ESG，权重是20%；还有3年加权的有形资产回报率，占了15%的权重；营收增长率占10%的权重；最后是库存周转率，占了5%的权重。我们注意到国内很多企业非常关注库存周转率，将库存周转率作为供应链中最重要的评价指标，但在Gartner的评价体系中，库存周转率的权重却是最小的，只有5%，换句话说，在Gartner的评价体系中，库存周转率是最不重要的。

这里我想跟大家分享的就是Gartner供应链绩效评价体系中的缺陷。

一、一拳打天下

我们做企业管理的都知道，不同行业、不同规模、不同发展阶段的企业

---

① 2024年已改为年营收超过150亿美元的300家大型企业。具体链接为：https://www.gartner.com/en/supply-chain/trends/supply-chain-top-25-methodology。

有不一样的企业战略、供应链战略和供应链实践，而Gartner的供应链绩效评价体系却用了一套标准来评价所有企业，包括所有不同行业、不同规模、不同发展阶段的企业，这显然是不恰当的。用一个形象的比喻来说，就是拿一张考卷去考幼儿园小朋友、考大学生、考企业高管、考退休的人，甚至去考耄耋之年的老人，这样评价得出的分数，对于不同层次、不同能力的人而言是有失公平的。由于先天性差异或缺陷，每个人的能力都不一样，而评分标准却是相同的，这样的评价显然是不合适的。同样的道理，Gartner的供应链绩效评价体系对于不同的企业也是有失公允的。举例来说，在Gartner的评分榜里，有食品行业，有快消行业，有医疗医药行业，有高科技行业，还有重工业行业、互联网行业、软件行业，而这些企业都有不同的商业模式、不同的行业特点。以麦当劳为例，它的库存周转率是非常快的，可能以小时计；而对于一些工业工程企业而言，它的库存周转率可能是3、4，甚至是2。在Gartner评价体系中，用同样5%的权重计算就会得出不同的得分，很显然对于麦当劳，这个评价指标就非常有利，而对于工程行业来说，却非常不利，这也是不合理的。此外，我们知道，不同的企业都有不同的行业生命周期，以PC行业（个人计算机相关行业）为例，像联想、戴尔这样的企业，它们已经经历过行业发展的高速成长期，现在行业已经处于饱和期、衰退期，所以拿10%权重的营收增长率来评价PC行业，跟那些快速增长的新兴行业相比，很显然也是不公平、不恰当的。我们再看另外一个指标"有形资产回报率"。我们知道在众多行业中，有的行业是重资产行业，有的行业是轻资产行业。比如说互联网行业、软件行业，它们的有形资产很少，无形资产很多。对于这些轻资产的企业而言，占15%权重的3年加权有形资产回报率就非常有利；而对于重资产行业，比如装备制造业来说，却是非常不利的，这样的评价标准也是有失公允的。所以我说Gartner评价体系最致命的缺陷就是"一拳打天下"。

二、主观评价的权重分值过高

Gartner供应链绩效评价体系的第二个缺陷是主观评价分值过高。我们可以看到，在6个评价指标项目中，主观评价占了50%的权重，一个是同行的意见，还有一个是Gartner的专家意见，各占25%的权重。既然是意见，就会带有主观性或个人的情感色彩，就不是一个客观的评价。举例来说，同样一瓶酒，有人说它好喝，有人说它不好喝；同样一件衣服，有人说它好看，有人说它不好看；同样一家公司，有人说它好，有人说它不好，都是仁者见仁、智者见智。这些主观评价，本身就缺乏客观依据，而在Gartner的绩效评价体系中，这样的主观评价却占了50%的权重，我认为也是有失公允的，会使得整个评价体系不够客观、不够科学，也不够准确。

三、评价指标项过少

Gartner供应链绩效评价体系的第三个缺陷是评价指标项过少，不足以评价企业供应链的全面绩效。在Gartner的整个评价体系中，只有6个一级指标项，当然在第一项和第二项专家意见的指标项下，也有一些二级指标项，但可持续发展的绩效只有一个ESG指标，另外3个是关于资产、营收和库存的指标。总体而言，指标项还是太少了，不足以完整、全面地评价特定行业、特定公司的长期可持续发展的供应链绩效。

四、权重的设计和配置不合理

Gartner供应链绩效评价体系的第四个缺陷是权重的配置分值不合理。我们注意到在评价体系中，Gartner对不同的指标项分配了25%、25%、20%、15%、10%、5%等数值的不同权重，对于这些权重，Gartner并没有给出合理的解释和理由。大家知道，管理即决策，这些权重不应该也不可能是拍脑袋得出的，不同行业、不同商业模式、不同发展阶段的公司，在安排各项管理活动时，一定是有优先级的，一定会对这些与管理指标相关的活动事项按照优先级进行排序，不可能眉毛胡子一把抓，也不可能得到以上这些精确求整的数值。所以我对Gartner供应链绩效评价体系的权重设置也持有保留意见。

所以，综上，我认为Gartner的供应链排名对于全行业的供应链绩效评价是不具备参考价值的，但是对于某特定细分行业是有一定的参考价值的。相较之下，由联合国发布的关于可持续发展目标实现的评价指标体系或许更具有启发性。

联合国关于可持续发展目标实现的评价指标体系

今天，可持续发展的理念已经深入人心，成为世界主流的发展理念，得到全球大多数国家、政府和人民的认同。在经济、环境和社会三者中取得均衡发展已经是全球范围内大势所趋的商业模式，也是企业重生的竞争优势，在未来取得商业成功的公司必定是将可持续发展完美融入日常商业运营的公司。

2019年7月25日，联合国贸易和发展会议（以下简称"联合国贸发会议"）发布了《关于实体报告为实现可持续发展目标所作贡献的核心指标指南》（以下简称《核心指标指南》），具体如下。

一、可持续发展目标实现的核心指标指南的发布目标

联合国贸发会议发布《可持续发展目标实现程度的核心指标框架》，其目的是给各国政府、资金提供方等利益相关者提供一个工具，评估公司对可持续发展产生的经济、环境和社会影响，监测联合国《2030年可持续发展议程》确定的目标实现情况，协助各国政府评估实体组织为落实可持续发展目标做出的贡献，并就可持续发展目标的核心指标实现情况进行报告；同时也是为了帮助各实体组织以一致和可比的方式就可持续性问题提供基线数据，满足可持续发展目标议程诸多不同利益相关方的共同需要；在全球范围内提供一个基本准绳，在国家和公司层面促进成员国在可持续发展目标报告方面的能力建设，并按照各国监测可持续发展目标实现情况的需要，对这些指标进行

衡量和报告披露。

二、可持续发展目标实现的评价指标体系使用者

哪些用户需要这个评价标准呢？这个评价体系又是为谁而制定的呢？

联合国"可持续发展目标实现程度的核心指标"体系的用户，包括政府、投资者、社会大众和其他利益相关方，这些指标需要同时满足这些利益相关方的共同诉求（见图1.2）。比如需要考虑投资者的诉求，包括公司的财务绩效、公司的成长和发展、业绩和地位，同时，还需要考虑公司经营活动对社会、环境的影响，考虑员工、消费者、社会大众、政府、民间社会组织等其他利益相关者的诉求，包括环境和社会的绩效。

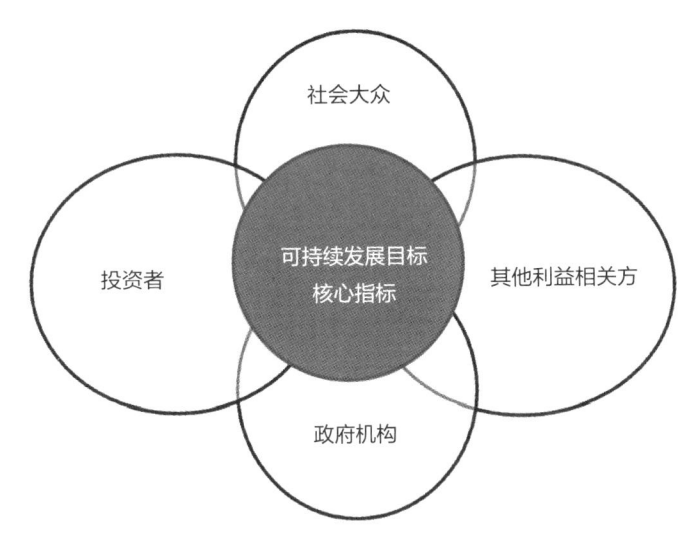

图1.2 按实体类型划分的可持续发展目标核心指标主要用户

图片来源：联合国贸发会议

三、评价可持续发展目标实现的核心指标选择原则

（1）简便性：核心指标指南旨在为信息编制者（法律实体层面和综合层面）以及公共和私营部门的不同使用者提供一个方便易用的工具，帮助他们了解各实体在可持续性或可持续发展核心指标方面的绩效和影响。

（2）基础性：选定的核心指标重点关注资源的合理利用（如水、能源、空气、废物减少），与人力资本发展和性别平等相关的社会议题，以及公司治理和透明度（这是常规业务运营的一部分），因此对任何企业都是适用的。

（3）通用性：为选定的核心指标提供了计量方法，并对收集数据的核算来源给出建议。

（4）强调定量指标：《核心指标指南》未涉及叙述性披露，而是侧重于定量指标。

（5）微观指标和宏观指标的一致性：每项报告指标（微观层面）都参考了最相关的可持续发展目标指标（宏观层面）及其微观层面的源数据，以促进微观层面和宏观层面指标之间的一致性，方便两种数据之间的衔接。

四、评价可持续发展目标实现的核心指标选择标准

KPI的选择基于以下标准：

（1）与至少一项可持续发展目标监测指标相关；

（2）基于现有的关键倡议或报告框架，可以在公司披露的报告中找到；

（3）普遍性（适用于所有报告实体）；

（4）跨行业可比性；

（5）能够解决实体跟踪监控和数据采集的问题（增量方法）；

（6）能够促进财务和非财务报告原则、数据的统一；

（7）能够统一计量；

（8）适用于合并报告和法律实体报告。

五、关于可持续发展目标实现的绩效评价体系的评价维度和指标项

核心指标涵盖经济、环境、社会和公司治理4个方面的表现。针对每项指标，《核心指标指南》均提供了定义、计量方法和信息来源，以及与宏观层面可持续发展目标指标之间的联系和一致性。具体的四大评价维度和33个核心评价指标项如下所述。

经济维度的关键绩效指标包括：

（1）收入；

（2）增加值；

（3）净增加值；

（4）税费和向政府支付的其他款项；

（5）绿色投资；

（6）社区投资；

（7）研发总支出；

（8）当地采购的百分比。

环境维度的关键绩效指标包括：

（1）水的循环利用和再利用；

（2）用水效率；

（3）用水紧张程度；

（4）减少废物产生；

（5）废物的再利用、再生产和再循环；

（6）危险废物；

（7）温室气体排放量（范围1）；

（8）温室气体排放量（范围2）；

（9）消耗臭氧层物质和化学品；

（10）可再生能源；

（11）能效。

社会维度的关键绩效指标包括：

（1）妇女在管理岗位任职的比例；

（2）每年每名雇员的平均培训小时数；

（3）每年每名雇员的培训支出；

（4）按雇佣类型和性别划分的雇员工资和福利占收入的比例；

（5）雇员健康和安全支出占收入的比例；

（6）工伤的频率/发生率；

（7）集体协议所覆盖的雇员百分比。

公司治理维度的关键绩效指标包括：

（1）董事会会议的次数和出席率；

（2）女性董事的人数和百分比；

（3）按年龄段划分的董事人数；

（4）审计委员会会议的次数和出席率；

（5）董事和高管的总薪酬等信息；

（6）因和解而产生的已付或应付的罚款金额；

（7）每年每名雇员接受反腐败问题培训的平均小时数。

具体的评价维度、评价域和评价指标，以及指标定义和数据统计方法详见表1.2。

表1.2 联合国关于可持续发展目标实现的绩效评价指标体系

评价项数	评价维度	评价域	评价指标项	统计方法
一	经济方面			
		收入和/或（净）增加值		
1			收入	《国际财务报告准则第15号》
2			增加值	收入减去买入材料、商品和服务的成本（总增加值，GVA）
3			净增加值	收入减去买入材料、商品和服务的成本，再减去有形资产的折旧（净增加值，NVA）
		向政府支付的款项		
4			税费和向政府支付的其他款项	一段给定时间内总计已付和应付税费（不仅包括所得税，也包括其他税赋和税费，例如财产税或增值税），加上有关已付罚金，再加上向政府支付的所有版权费、许可费和其他款项

续 表

评价项数	评价维度	评价域	评价指标项	统计方法
		新投资/支出		
5			绿色投资	主要目的在于预防、减少和消除污染及其他形式环境退化的投资总额的绝对值和相对值
6			社区投资	报告期内在企业以外的目标受益人所在的更广泛社区所做的慈善或自愿捐款和投资（既包括资本支出，也包括业务支出）总额的绝对值和相对值
7			研发总支出	报告期内报告实体研发总支出的绝对值和相对值
8		当地供应商/采购方案总数	当地采购的百分比	报告实体从当地供应商采购的支出（基于报告期内的发票和承付款）所占比例的绝对值和相对值
二	环境方面			
		可持续用水		
1			水的循环利用和再利用	报告实体在报告期内循环利用或再利用的水总量的绝对值和相对值
2			用水效率	报告期内每净增加值的用水量以及两个报告期之间每净增加值的用水量（用水量的定义是取水量加上从第三方获得的水的总量）变化情况的相对值、变化值及绝对值
3			用水紧张程度	按源头（地表、地下、雨水、废水）分类并列出用水紧张或缺水地区（以占总取水量的百分比计算）的取水量的绝对值和相对值
		废物管理		
4			减少废物产生	实体每净增加值所产生废物的变化情况的相对值、变化值及绝对值
5			废物的再利用、再生产和再循环	再利用、再生产和再循环的废物总量的相对值、变化值和绝对值
6			危险废物	危险废物总量的绝对值，以及接受处理的危险废物占报告实体所报告的废物总量的比例的相对值、变化值和绝对值
		温室气体排放量		
7			温室气体排放量（范围1）	范围1温室气体排放量的相对值和变化值

续 表

评价项数	评价维度	评价域	评价指标项	统计方法
8			温室气体排放量（范围2）	范围2温室气体排放量的相对值和变化值
		消耗臭氧层物质和化学品		
9			消耗臭氧层物质和化学品	每净增加值所使用的消耗臭氧层物质（作为纯物质或作为混合物存在的大宗化学品/物质）的总量
		能耗		
10			可再生能源	报告期内可再生能源消耗量占总能耗的百分比
11			能效	每净增加值的能耗
三		社会方面		
		性别平等		
1			妇女在管理岗位任职的比例	在管理岗位任职的妇女人数除以雇员总数（人数或全职人力工时）
		人力资本		
2			每年每名雇员的平均培训小时数	每年每名雇员的平均培训小时数（每年培训总小时数除以雇员总数），如可能应按雇员类别分类
3			每年每名雇员的培训支出	每年每名雇员的直接和间接培训费用，包括培训师、培训场所、培训设备费用和相关差旅费，如可能应按雇员类别分类
4			按雇佣类型和性别划分的雇员工资和福利占收入的比例	全部雇员的总成本（工资和福利）除以该报告期内的总收入
		雇员健康和安全		
5			雇员健康和安全支出占收入的比例	报告期内产生的职业安全和健康有关保险方案、由实体直接资助的医疗活动的总支出，以及为解决与职业安全和健康有关的工作环境问题而持续产生的所有支出相加，再除以该报告期的总收入
6			工伤的频率/发生率	频率：报告期内新受伤事件的数量除以工人工作的总小时数；发生率：报告期内以小时计算的因受伤而损失的总天数除以工人工作的总小时数

续 表

评价项数	评价维度	评价域	评价指标项	统计方法
		集体协议覆盖		
7			集体协议所覆盖的雇员百分比	集体协议所覆盖的雇员人数除以雇员总数（人数或全职人力工时）
四	公司治理方面			
		公司治理披露		
1			董事会会议的次数和出席率	报告期内举行的董事会会议的次数，以及参加报告期内举行的每次董事会会议的董事人数除以董事总人数，再乘以报告期内举行的董事会会议的次数
2			女性董事的人数和百分比	女性董事占董事总人数的比例
3			按年龄段划分的董事人数	按年龄段（例如：30 岁以下，30 岁至 50 岁，50 岁以上）划分的董事人数
4			审计委员会会议的次数和出席率	报告期内举行的审计委员会会议的次数，以及参加报告期内举行的每次审计委员会会议的审计委员会委员人数除以审计委员会委员总人数，再乘以报告期内举行的审计委员会会议的次数
5			薪酬：每个董事（包括执行和非执行董事）的总薪酬	每位执行董事和非执行董事的总年薪（包括基本工资和浮动报酬）
		反腐败做法		
6			因和解而产生的已付或应付罚款金额	报告期内监管机构和法院因腐败行为而处以的已付或应付的罚款总金额
7			每年每名雇员接受反腐败问题培训的平均小时数	每年开展的反腐败问题培训总小时数除以雇员总数

资料来源：联合国贸易和发展会议（UNCTAD），《关于实体报告为实现可持续发展目标所作贡献的核心指标指南》，https://unctad.org/system/files/official-document/diae2019d1_ch.pdf，2019 年

第 2 章
走进数字化供应链和绩效评价

李总:"小赵,明天市政府工信局和商务局的领导过来检查工作,你带领导们参观一下咱们花了上千万元搞的智能工厂和无人车间,再给领导们宣讲一下咱们工厂的自动化设备和先进的生产力!"

IT赵经理:"李总,最近咱们工厂的订单不足,自动化线没开,产品还在咱们原来的老生产线上跑着呢!"

李总:"这样啊,要不你带领导们看看那个总裁室的驾驶舱大屏也行,看看我们工厂的智慧大脑和决策中心!"

IT赵经理:"李总,这个……"

李总:"小赵,这个不是很简单?怎么又搞不定了?!"

IT赵经理:"李总,我们的自动化车间和生产线没开,没有实时数据,数字孪生车间看不到啊,驾驶舱的可视化看板得有实时数据才能看,所以我没法弄啊!"

李总:"领导来的时候,自动化车间打开不就行了吗?其他的,你想办法搞定!"

IT赵经理:"李总,不是这样的!要不,您听辛老师讲讲什么是数字化供应链,这些数字化看板和数据指标是什么含义。"

…………

第 1 节　数字化供应链理论基础

供应链和供应链管理

由第 1 章可知供应链是以客户需求为导向，以提高质量和效率、降低运营成本为目标，以整合资源为手段，实现产品设计、采购、生产、销售、服务等全过程高效协同的供应网络形态。供应链网络包括从产品送达到消费者手中之前所涉及的由材料供应商、生产商、批发商、零售商以及最终消费者组成的供需网络，即由物料获取、物料加工，并将成品送到消费者手中这一过程所涉及的企业和部门组成的一个网络系统。供应链网络由所有参与活动的节点企业和利益相关者组成，其中有一个核心企业（比如产品制造企业或大型零售企业），其与节点企业在需求信息的驱动下，通过供应链的职能分工与合作（寻源，采购、生产、分销、零售等），以资金流、物流、信息流（数据流）为媒介实现整个供应链的不断增值。

供应链管理是一种集成的管理思想和方法，它执行供应链中从供应商到最终消费者的物料流程的计划和控制等职能。从单一的企业角度来看，是指企业通过改善上、下游供应链关系，整合和优化供应链中的信息流（数据流）、物流、资金流，以获得竞争优势。供应链通过资源整合和流程优化，促进产业跨界和协同发展，加强从生产到消费等各环节的有效对接，降低企业经营和交易成本，促进供需精准匹配和产业转型升级，全面提高产品和服务质量。

数字化的供应链管理

随着信息技术的发展，数字经济已经成为中国经济增长的新引擎，数字经济为数字化供应链提供了广阔的发展空间。随着数字经济的快速发展，企业对于数字化转型的需求日益增加，数字化供应链成为企业数字化转型的重要环节之一。通过数字化供应链的升级和优化，企业可以实现更高效、更透明和更可持续的供应链管理，进一步提升企业的竞争力和市场地位。数字化供应链通过运用物联网、大数据、人工智能等新兴技术，实现了全链条的信息共享和实时监控，提高了供应链的可见性和可控性。这不仅有助于降低企业的运营成本、提高生产效率，还可以帮助企业制定更加优化的产业发展战略，推动数字经济的持续发展。与此同时，数字化供应链通过运用新兴技术和创新思维，促进了供应链的高效性、透明度和可持续性，也进一步推动了数字经济的创新发展。

过去数十年间，供应链管理经历了信息基础设施建设、信息化和网络化，现如今已发展到与互联网、物联网、人工智能、大数据深度融合的数字化、智能化供应链网络生态新阶段，各类组织通过特定的数字化管理系统和管理平台对供应链进行全面管理，未来将形成万物互联、数据互通、资源共享和业务协同的数字化网络系统。

数字化的供应链管理是指，在信息化和工业化融合环境下，应用新一代信息技术和现代化管理理念、方法，以价值创造为导向、以数据驱动管理，对供应链中从原材料到最终产品和服务的全生命周期的完整业务流程进行计划、执行、控制和优化，并对供应链中涉及的跨部门、跨企业、跨产业、跨地域运作的物流、信息流（数据流）、资金流进行整体规划设计与运作管理的活动和过程。它改变了过往孤岛式的信息系统架构。区块链技术的应用为数字化供应链提供了更加安全、可追溯的解决方案，人工智能的应用则可以帮助企业实现更加智能化的决策和预测。通过数字化供应链，企业可以实现业务、数据和技术的一体化设计，以打造共创、共利、共赢、共享的供应链开放生态为目标，构建由供应商、制造商、运输商、经销商以及客户（消费者）等不同主体组成的生态体系，深化内外部多主体间资源、能力和业务的协同，使得数据在内外部系统中快速流动起来，实现多方共享共赢、机会共生和价值共创，促进供应链生态体系整体价值的最大化。数字化供应链的转型架构如图2.1所示。

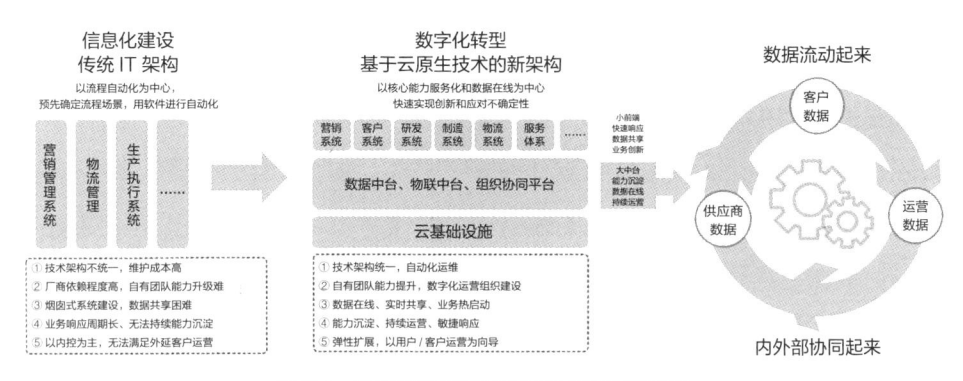

图2.1 传统信息化架构向数字化架构的转换

传统供应链向数字化供应链的转型，本质上是一个从战略到业务模式、流程、人员、组织文化、技术和系统的全面转型、再造和整合过程，以实现数据在内外部系统的流通和协同。在这个数字化转型的过程中，企业需要做好顶层设计，实现业务与技术的双轮迭代，并且还要持续进行投资、优化和改进。

战略先行，战术跟随。企业的数字化战略，是指企业决策层为实现数字化转型目标而进行的方案策划、组织优化和管理制度的建立。数字化战略的制定需要结合企业自有的资源能力、市场发展趋势、外部的竞争合作以及公司的风险分析，并与企业发展战略相匹配。供应链的战略规划是企业整体战略规划的重要组成部分，包含相应的技术战略，通过技术赋能保障战略规划的前瞻性。

实践者说

一场数字化变革咨询师与企业高管的对话

王总负责公司的数字化变革项目。在了解了王总公司的项目背景后，咨询顾问赵老师问："王总，按照我们咨询服务的惯例，我想跟您了解一下，你们公司有什么样的痛点和难点。"

王总："我们确实碰到不少问题，你所说的痛点是不是说我们公司现在面临的主要管理问题、管理困境？"

咨询顾问赵老师："正是。"

王总："问题还挺多，我们公司也有20多年的发展历史了，这么多年来一直向前发展，在发展过程中既积累了经验，也累积了问题。经济好的时候，一直抓机会、抓发展，不少问题都被掩盖了；一旦经济下行，就暴露出了一大堆的管理问题。这一次请你们专家过来，就是想请你们帮助我们公司做数字化转型，使我们公司跟上数字化时代的步伐。目前我们碰到的主要问题有：

- 缺乏整体规划和布局，重复建设，资源浪费；
- 信息孤岛，数据无法共享，流程不畅；
- 缺乏数据的统一规划和规范的数据管理；
- 信息保密问题；
- 组织内缺少协同；
- 团队不明确自己的需求；
- 不会做绩效评价和对标管理；
- 有报表、有数据但不会分析；
- 无法与外部利益相关者实现数据共享和协同……"

咨询顾问赵老师："其实吧，您说的这些问题，与很多公司遇到的问题都很类似,甚至相同。正是基于这些管理问题,我们才需要'望闻问切,对症下药',为贵公司提供最适合你们的解决方案。此外,我们还想了解一下,你们现在面临哪些阻力、困难和挑战,也就是'难点'。"

王总:"难点啊,你看,我说的这些是不是难点?比如:
- 缺资金、缺预算;
- 缺乏对数字化供应链的正确认知和专业培训;
- 缺少战略规划的系统观和全局观;
- 缺少一把手和高管团队的支持;
- 缺少同行业和跨行业对标的洞察;
- 缺少交叉学科背景、懂管理、懂技术的复合型人才;
- 缺少合适、靠谱的供应商;
- 缺少创新和变革的组织文化和员工团队;
- 缺乏关系信任和信息共享的理念……"

咨询顾问赵老师:"王总,您真是非常了解你们公司啊,根据您提供的这些信息,我们会采用一系列的科学方法,比如,用'VSGAI'(威士忌)指标构建方法为您进行业务梳理,再采取系统规划、分步实施的策略,一步一步地落地,最后在实施过程中,还需要您有'削足适履、先固化再优化'的思想[①],为最终数字化转型的成功做准备!"

数字化供应链管理平台

通常企业会根据自身的中长期发展战略,结合业务需求,建设并应用自

---

① "削足适履、先固化再优化"是华为任正非先生总结的管理理念之一。华为在1997年前后为解决企业生产经营中存在的问题,在全球拜访了诸多领先企业,借鉴了当时IBM的IPD(集成产品开发)变革模式,在这一过程中逐步摸索出适合华为的管理模式和经验。意指企业先使用"正规军"的模式和经验,在学习的过程中结合自身情况再调整优化。这一管理理念真实反映了大部分中国企业的成长历程,这也是华为的标杆示范效应。——编者注

己的数字化供应链管理平台，采集数字化供应链管理所需的相关数据，对数据进行标准化处理，提供数据基础管理和建模分析服务，开发并部署企业的供应链数据模型库，并与企业内外部业务系统互联互通，有效计划、执行、控制和优化供应链业务活动。

企业的数字化供应链管理平台分为三层架构，分别是数据层、平台层和应用层，其基本的功能架构如图2.2所示。

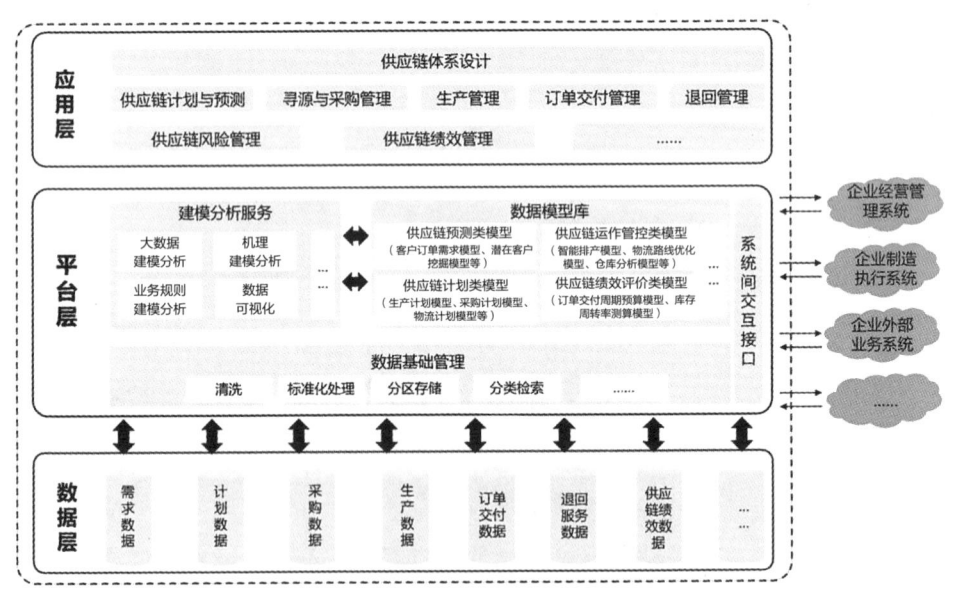

图 2.2　数字化供应链管理平台参考功能架构

图片来源：GB/T 23050—2022

一、数据层

数字化供应链管理平台的数据层是根基，是数字化供应链管理平台中基础数据的源头，主要负责采集、汇聚、传输供应链的相关数据资源，包括来自原供应链网络系统中的需求数据、计划数据、采购数据、供应商数据、生产数据、质量数据、订单交付数据、退返和售后服务数据、公司基础设施和设备的能耗数据、供应链绩效数据等。

二、平台层

数字化供应链管理的平台层是数字化供应链管理的核心，也可称之为数据中台，主要提供数字化供应链的数据管理、建模分析，并部署供应链模型库，提供系统间交互接口等。

常见的数据中台包括：

（1）数据集成平台。用于将来自不同数据源的数据进行集成、清洗和标准化转换，分区存储、分类检索，以便于统一管理和分析。

（2）数据湖和数据仓库。用于存储和管理企业的结构化或非结构化数据，对数据进行标签化和维度化处理，以支持数据分析和挖掘。

（3）数据治理平台。用于规范和管理数据的质量、安全性和合规性，确保数据的可靠性和可信度。

（4）数据分析和BI平台。用于对供应链大数据进行分析、建模和可视化，以支持企业的决策和业务优化。供应链数据模型库包括统计类、预测类、仿真类、计划类、优化类和评价类等数据模型，比如常用的有：需求预测模型、库存预测和优化模型、采购计划模型、智能排产模型、物流路径优化模型、风险预警模型和绩效评价等数据模型。

（5）数据安全和隐私平台。用于保护数据的安全和隐私，确保数据不被未经授权地访问和泄露。

（6）数据服务平台。用于提供数据的共享和服务化，以便不同业务部门和应用程序能够共享和访问数据资源，支持与企业经营管理、制造执行以及企业外部系统的集成互联。

数据中台的各大子平台之间相互衔接、相互支持，共同构建起企业数据中台的完整生态系统，为企业提供可靠的数据基础设施，推动数据驱动业务的发展和创新。这些平台共同促进数据的集成、治理、安全和服务，实现数据资产的最大化利用和价值释放。

三、应用层

数字化供应链管理平台的应用层是与用户交互的界面，主要提供供应链整体的规划、流程设计和优化、业务管理（包括供应链计划与预测、寻源与采购、供应商管理、生产制造、订单管理、仓储与物流管理等功能模块）、质量管理、设备与能耗管理、风险管控、供应链绩效管理等功能服务，提供供应链全流程的可视化呈现和数字孪生等新型技术服务。

数字化供应链管理系统是企业生态系统管理的核心系统，运用AI（artificial intelligence，人工智能）、云平台、大数据分析等技术建立的覆盖全价值链的供应链智能平台，除了实现企业自身的需求预测、寻源采购、智能排产和制造、质量、物流等多维度管理，合作伙伴也能够从该平台获得实时数据和准确的信息以支持自身运营。

四、集成与交互

供应链数字化管理平台需实现与企业内外部相关业务系统的交互集成。企业运营的数字化系统包括企业内部的各种经营管理系统，如BI系统、企业资源计划系统（ERP）、采购管理系统、生产执行系统（MES）、产品生命周期研发系统（PLD）、财务管理系统、人力资源管理系统、销售管理系统、设备管理系统、碳排放管理系统、合规管理系统等信息系统。集成与交互可以实现供应链数字化管理与企业决策管理、财务管理、员工绩效管理、固定资产管理、销售管理的业务集成，还可以与企业外部相关业务系统对接，包括与供应链上下游合作伙伴的供应链管理、ERP、MES等系统，或者与相关工业电子商务平台、工业品超市等外部系统互联互通。

由于不同云产品的服务厂商在产品和能力上的差异化，不同国家的适用条件和应用场景的差异化，企业的IT部门或技术支持部门还需要解决"多云"背景下的一致性问题，为全球业务提供"任何时候、任何地方"的数字化支持。所以企业的数字化转型，实现全球数据的整合，统一的数据平台和经营管理系统不可或缺。统一平台可以打破数据孤岛，为全球管理决策提供准确及时的数据支持。ERP系统的全球升级改造和大数据云平台建设是大型集团企业重新梳理全球业务流程和顶层架构的重要抓手。

集成化的数字化管理系统或平台除了能够用数据驱动管理和辅助决策，还能够帮助业务创造新价值、打造新能力，并且随着数据量和应用场景的增多，不断衍生出新的服务方式和商业模式。数字化转型的目标是打造一条数据驱动的价值链，形成新的生产力要素，实现数据资产的快速周转和流动，用数据创造价值。

数字化供应链系统的集成与交互架构，如图2.3所示。

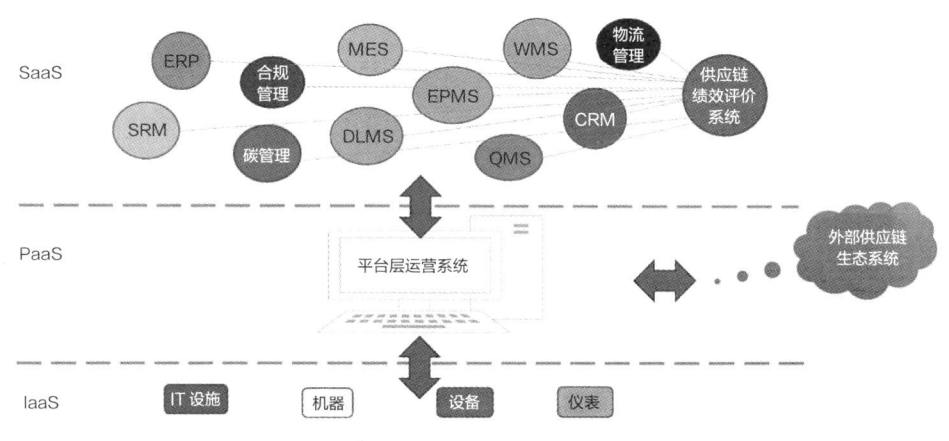

图2.3 数字化供应链系统的集成与交互架构

在这个架构图中，底层为基础架构层（IaaS[①]层），包括IT设施、机器、设备、仪表等，通过各种传感器完成数据的采集（前文将此称为数据层）；中间为平台层（PaaS[②]层），前文也称之为数据中台，将企业内部的所有数据资源进行集中管理和统一调度，通过数据集成、数据标准化、数据治理等手段，实现数据的统一管理和共享，为企业提供可靠的数据基础；最上层为应用服

---

① IaaS（infrastructure as a service）：基础设施即服务。
② PaaS（platform as a service）：平台即服务。

务层（SaaS[①]层），前文已对数据层、平台层和应用层分别做出介绍和说明，这里不再赘述。通过对软件、硬件和系统的交互和集成，形成完整的数字化供应链运营管理系统。

数字化供应链管理活动

数字化供应链的管理活动包括业务流程管理、业务协同管理、生态运营管理、风险管理和绩效管理等。此小节将对这些管理活动进行系统的梳理和概括。

一、业务流程管理

企业依托数字化供应链管理平台，通过系统中运行的数据开展计划、采购、生产、交付和退返等业务活动的数字化管理，主要包括：

（1）供应链的计划与预测以及策略优化。通过数据分析科学地制订采购计划、生产计划、库存计划、交付计划、物流计划等，实施跟踪和反馈并监控计划的实施，根据市场需求和资源的变化对现有计划和目标进行动态调整和策略优化；运用模拟仿真、数字孪生等手段，构建需求预测模型、原料消耗模型、生产调度模型、库存预测模型等供应链数据模型，模拟并预测供应链计划的执行过程和结果，动态优化供应链的计划。

（2）多元化寻源与采购管理以及策略优化。通过数字化供应链管理平台和供应商协同管理系统，开展供应商寻源、认证、招投标等活动，通过数据分析、比较和策略权衡选择最佳或最适配供应商，构建动态供应商池；通过供应商绩效评价系统，持续跟踪和监控供应商绩效表现，对供应商进行分级分类管理；综合考虑供应资源的战略重要性、供应稀缺性、地理分布和运输距离等因素，建立科学合理的供应网络布局，及时识别和备份供应链关键节点，用仿真技术和数字孪生技术动态优化供应网络结构、货源分布与供应线

[①] SaaS（software as a service）：软件即服务。

路、确保供应链的安全和可持续性；实时获取采购需求信息、交易、配送、交付等实时数据，对采购申请、采购订货、进货入库、退换货等采购执行过程进行全流程跟踪和可视化展示，确保采购过程的透明、合规、安全和有效。

（3）柔性生产管理和资源策略优化。通过数字化供应链管理平台，开展柔性作业、智能算法排产；基于动态变化的客户需求、设备可用性、制造进程、人工计划等约束条件，合理调度企业内外部人员、设备、物料、能源等制造资源，并根据制造任务和生产环境的变化动态优化制造资源配置；利用人机交互软件和可视化软件等工具，对生产环境、生产进度、资源消耗、库存情况等进行全方位监测，开展生产运行过程的实时跟踪与可视化展示；利用大数据、模拟仿真、数字孪生等手段，模拟、分析、预测生产执行过程和运行波动情况，动态优化生产调度决策，并可按需开展跨企业、跨行业产能共享和协同生产。

（4）订单精准交付和实时监控。依托数字化供应链管理平台，全面收集客户订单的序列号、型号、数量、金额、交期等基本信息，对订单状态、订单执行、订单交付、订单变更等进行全生命周期全流程的数据跟踪和管理；在线采集入库、出库、盘点等业务数据，依据产品重要程度、储存要求等进行仓储分级、分类、分库管理与实时监控，实现原料、配件、产品等的快速出入库与动态盘点；建立完善的供应物流网络，包括与第三方物流服务商协同管理，开展仓储物流全程信息追溯和透明化管控，基于模型算法设计规划并动态优化物流运输路线和运输方式，实现产品精准配送和订单快速交付。

（5）退返售后服务的数字化管理。依托数字化供应链管理平台，整合线上线下的多渠道资源，建立全链路的数字化售后服务体系，与经销商、零售商、第三方服务团队实现在线协同运营；通过对客户、产品、物流等数据的采集和分析，预测客户退货需求，核实产品缺陷情况，设计优化逆向物流网络，开展产品分类回收或快速置换，实现退换货全流程的可视化、可跟踪、可追溯；基于客户和产品数据监控与分析，快速响应客户售后服务需求，动态调度服务资源，开展产品运维保养、更新升级和检修维修等质保服务，为用户提供标准化、透明化的售后服务体验，提升产品售后服务能力。

实践者说

传统与现代的管理

李总是一家制造业企业的创始人兼负责人，自己从20多岁就开始创业，干了几乎一辈子的制造业。公司在自己多年的精心耕耘下，已成为几家大型核心企业的供应商，现正面临交接班的问题。儿子小李从国外留学回来，正在自家公司实习。

小李："老爸，咱们的客户A公司的需求变化实在是太大了，一下子拉那么多货，一下子又不要了。你们过去都是怎么管的啊？"

老李："还能怎么管？！你看，为了伺候好、服务好我们的客户，首先就是提高安全库存，备多一点的货；也让我们的供应商准备充足物料；生产线开足马力，提前生产；每一次都准备得多多的，生怕不够货，断了生意。"

小李："可是，客户一下子又不要货了，这些多备的、多生产出来的，又该怎么办？"

老李："唉，儿子，这是老生常谈的问题啊，库存一直很高，所以这么多年，我们公司也没赚到什么钱，只能勉强活着。你看，我们是做电子产品的，这一个月一个价，产品放久了，贬值就更厉害！客户还在不停地下新订单，逼得我们下新料，我们常常是老的还没消化掉，新的库存压力又来了！资金都压在货上了。儿子啊，我是没啥辙了，未来要靠你们年轻人了，看看你们有什么办法破局！"

小李："你看，客户需求都是少量多样化，变化又那么快，再这么搞下去，我们公司就完蛋了！现在都已经是数字化时代了，我们需要用先进的数字技术对传统产业进行改造。公司过去的那些系统必须升级了，不然就跟不上现在的快速沟通、可视化、透明化管理，产供销协同和实时决策的需求了。所以，老爸，我想跟您商量商量，我们向银行贷点款，对咱们公司进行数字化和智能化升级改造，我在国外学的那些知识也可以派上用场了，我要用科学的、先进的方法和技术管理我们的企业！我在德国B公司实习过，我想让咱们的公司像它们那样高效运转，高效赚钱！用科技创造生产力……"

二、业务协同管理

依托数字化供应链管理平台，与供应链合作伙伴整体规划、协调运作供应链的业务流、资金流、物资流、信息流（数据流），实现供应链、产业链上下游的高效协同，包括供应链计划协同、财务协同、资源协同和数据系统互通互联。

（1）供应链计划协同是指企业依托数字化供应链管理平台，在企业内部实现采购计划、生产计划、物流计划之间的协调统一，并与供应链合作伙伴开展计划的协同联动，整合订单情况、市场需求、供应能力、生产能力等信息，依据生产计划的能源、物料、配件需求协同制订采购计划，基于数据分析在生产能力限制和制造需求的基础上确定采购品类需求、入库批次和发放安排，实现企业采购进度与排产计划、生产节拍的协调统一；整合生产能力、库存水平、物流运力和销售需求等信息，依据生产计划和销售情况协同制订物流计划，基于数据分析规划厂内物流和厂外物流，合理安排仓储设施、物流载具、人员等资源，实现企业物流调度与排产计划、生产节拍、销售进度的协调统一；基于采购、生产、物流、销售等业务数据的集成与共享，开展采购计划、生产计划、物流计划的协作执行和联动调整，实现企业原料供给、生产调度、库存周转、销售交付的端到端协同；与供应链合作伙伴共享需求、产能、物流、销售等信息，基于数据分析协同制订并优化供应链上下游相关方的生产计划、物流计划和采购计划，统一协调供应链上下游相关方的采购进度、排产计划、生产节拍、物流调度和销售进度，实现供应链计划的跨企业协同联动。

（2）供应链财务协同是指企业依托供应链数字化管理平台，与供应链合作伙伴构建供应链财务一体化管理体系，开展财务协同管理，创新供应链金融合作模式，综合分析供应链所处的外部市场环境和企业战略定位，协同制定与市场环境相适应、与供应链战略协调一致的财务管理体系与运行机制；基于供应链业务与财务数据的共享和整合，协同制订资金使用计划，监控分析供应链资金使用情况，精准评价资金使用绩效；创新与供应链金融合作模式，按需引入金融机构、平台服务商等供应链合作伙伴，基于供应链全链条业务实时运营数据，优化供应链资金使用与管理，实现供应链价值增值。

（3）供应链资源协同是指企业依托供应链数字化管理平台，与供应链合作伙伴建立供应链资源库，开展供应链上下游资源精准匹配、全流程追溯和协同优化，构建供应链资源库，整合供应链上下游原料、能源、零配件、设备、工具、仓储、物流车辆、人员等各类资源，开展供应链资源分级分类管理；基于供应链数据库，依据供应链计划为供应链上下游业务活动精准匹配相应的资源要素，实现供应链上下游资源供给与排产计划、生产节拍、物流调度等的协调一致；利用物联网、区块链等技术，构建覆盖供应链上下游的全流程追溯体系，动态跟踪原料、能源、零配件、设备工具、物流车辆、产成品等在供应链全链条的流向和动态，实现供应链资源来源可查询、去向可追踪；综合分析市场需求变化、供应情况、生产进度、库存状态等信息，基于对供应链上下游运作状态的监测、模拟和预测，灵活调整并优化供应链上下游资源配置，确保供应链上下游业务连续运转，实现供应链整体资源利用效率最优化。

（4）供应链数据系统互通互联是指企业依托数字化供应链管理平台，与供应链合作伙伴打通相关业务系统，建立数据资源标准体系，基于数据开展供应链业务场景虚拟化和业务动态优化，确保供应链数据资源安全，打通供应链合作伙伴相关业务系统，获取供应链合作伙伴必要的需求、计划、采购、生产、物流、销售等业务数据；建立供应链数据资源标准体系，构建格式统一、内容完整、可计算、可分析的数据链，实现供应链上下游各业务活动和关键节点数据端到端集成；基于数据构建供应链上下游业务全过程的数字孪生体，开展供应链上下游业务活动全场景数字化、虚拟化，实现供应链上下游业务场景在物理空间和虚拟空间内的实时映射；通过智能数据建模和大数据分析挖掘，开展供应链上下游产、供、销等业务活动的联动预测和协同优化，以数据为驱动提升供应链决策和管控水平；确立供应链合作伙伴之间的数据访问规则，规避供应链数据丢失、窃取和损坏风险，确保供应链数据安全。

三、供应链生态运营管理

企业依托数字化供应链管理平台，与供应合作伙伴开展战略协同，并整合社会资源、重构运营机制、创新服务模式，构建并运营开放共享、价值共创的供应链生态系统，包括：

（1）开展供应链战略的协同制定和评价改进工作，在业务部门、节点企业、供应链等层面进行战略匹配与协调，消除战略差异和运作冲突，形成以价值共创为导向的一致统一的供应链战略。

（2）对接外部工业电子商务平台、工业互联网平台，引入平台服务商、金融机构、数据服务商、咨询服务机构、第三方开发者等外部主体，在实现供应链上下游资源协同的基础上，整合金融、知识产权、技术开发、管理咨询等社会化资源。

（3）在供应链上下游业务集成的基础上，与外部参与主体围绕供应链业务行为规范、权责确认、利润分配等达成共识，开展供应链业务重构和机制创新，实现供应链业务模式由链主企业主导的封闭式供应链管理向多元主体共同参与的无边界社会化供应链网络生态的运营管理模式转变；基于数据全面采集和深度分析，开展产能共享、供应链金融、资产融资租赁等供应链服务模式创新。

四、供应链风险预测与管理

企业依托供应链数字化管理平台开展供应链风险动态感知、超前预警、评估诊断和联动处置，包括：

（1）实时跟踪并获取供应链外部环境信息及业务运营数据，全面感知市场环境波动、供应商能力不足、生产质量下降、物流线路中断等潜在供应链风险因素。

（2）开发部署供应链风险预测分析模型，实现基于模型对供应链风险发生概率、时间和潜在影响的精准预测。

（3）构建供应链风险评估体系和供应链风险识别模型，结合供应链风险监测结果对供应链风险的种类、根源等进行精准识别、评估分析和科学诊断。

（4）依据供应链评估诊断结果智能化生成风险处置方案，合理调用企业及供应链合作伙伴资源，开展供应链风险的应急防控和高效处置，根据风险防控情况按需调整优化供应链任务计划，确保供应链的安全、连续、稳定运行。

五、供应链绩效管理

企业依托数字化供应链管理平台开展供应链绩效的监测、评价、考核和优化等工作，包括：

（1）依据供应链关键绩效种类与指标，结合企业实际需求构建供应链绩效指标体系，在线采集并测算供应链绩效指标数据，并对绩效指标进行实时监测和可视化展示，监测的绩效指标覆盖企业内部供应链管理部门和人员、供应链合作伙伴以及供应链整体运营状况。

（2）依据供应链运行情况、投入产出、协同水平、价值创造等构建供应链绩效分析模型，基于模型对供应链综合绩效进行量化评价和对比分析。

（3）依据供应链绩效监测和评价结果，对企业供应链管理相关部门和人员，外部供应商、经销商、服务商、客户等供应链合作伙伴，以及供应链整体运营状况等进行量化考核。

（4）依据供应链绩效监测、评价和考核结果，制定供应链绩效改进优化措施，持续优化供应链业务活动、协同机制和生态体系。

实践者说

关于管人还是管事的讨论

企业A吴总说："数字化转型？——在我看来，要不要无所谓，我只要找对人、管好人，再不行，人海战术也能实现企业的经营目标！"

企业B徐总说："数字化转型嘛——我将一切管理要素标准化、系统化、流程化，做成透明、可视化的数据指标和图表，辅助我决策，我还要人干吗？人越多越坏事，决策环节和决策人越少越好！"

…………

吴总和徐总，到底谁对谁错？

数字化供应链管理人才和能力

数字化转型不仅仅是企业硬件系统的转型，更是企业软实力中组织、文化、员工和人才的转型。

人才战略已成为数字化转型、价值重构的发力点。埃森哲的一项研究报告显示，通过激发数据、技术、人才的增长合力，企业有望实现提升11%的额外生产力。其中，人才的作用最为关键，如果企业采用的数据和技术解决方案无法做到以人为本，上述增长便会缩减至4%。两者之间7个百分点的差距凸显出人才在打造差异化竞争优势、实现持续增长方面起到了举足轻重的作用。

业界领先企业已从追求新技术应用转向数字化组织的构建和对数字化人才的渴求。数字化组织需要的是专业知识和IT技术兼备的复合型数字化人才，业界领先企业尤其重视人才的力量，将人才战略视为转型成功的核心驱动力；数字化转型成功的企业通常具有强大的变革管理能力，即拥有掌舵未来的转型领导团队；拥有企业上下积极参与的变革文化；关注员工体验，通过技术赋能打造未来员工团队。人才的能力决定了企业能走多远：高层需要具备数字化运营思维，以便定义企业的数字化方向；中层需要具备数字化战术能力；基层需要具备数字化执行能力。以下几个要点需要特别强调：

（1）数字化转型是"一把手"工程，这不仅意味着高层领导要主抓数字化项目，更意味着他们要对数字化转型能力的培养负责，包括围绕能力模型的知识体系、能力培养的实施体系、能力提升的保障体系推动关键能力的养成。在数字化转型过程中，优先聚焦在公司高层以及二、三级企业领导，然后再自上而下、全员布局，最终形成数字化生态体系。

（2）战略需要文化的支撑才能成功。企业培育变革文化的关键在于与员工达成对数字化理解的共识。成功的举措，可以是成立专门的数字化转型组织或利用创新机制去激励变革和文化建设，通过数字化敏捷项目培育变革文化等。这些实践能促进员工看问题、想问题、做事情的思维模式的转变，使越来越多的员工成为企业变革的主力军和倡导者。

（3）通过关注员工体验、激发员工潜力来培育变革主力军。埃森哲研究显示，员工对工作有一些基本需求，比如：工作能够维持身心健康，提供良好的经济支撑；能让员工拥有紧密的团队关系，拥有信任感、归属感，有明确的工作目标，掌握所需技能并追求事业发展。通过满足员工的基本需求，企业可释放员工2/3的工作潜力，即使是在经济不稳定时期，仍能带来超过5%的收入增长。所以，企业需要关注员工体验，增强员工接受变革、拥抱变革的文化。

（4）通过数字化工具和数字化技能赋能员工，推动人机协同、提升效率，释放人才的创造力，以应对未来越来越紧迫的数字化技能缺口的难题。通过对员工的持续培训，确保组织的每个成员都能够了解新技术，包括技术的应用方式、技术的重要性以及技术如何与其他技术配合使用，增强员工的技能水平，并为熟练掌握数字化新技能的人才预留岗位和发展空间。

"数字化人才是数字化转型的最终驱动力"，数字化文化和基因的培育以及人才的培养是企业数字化转型重塑的决胜要素。信息化时代强调的是员工遵循系统标准化作业流程和作业规则，而数字化时代需要员工善用数字工具，应对灵活多变的市场需求和客户体验。

数字化转型引入了"敏捷创新"的数字化思维，这里有三层含义。一是决策敏捷，即制定合理的、风险可控的快速立项决策机制是敏捷模式的关键。二是过程敏捷，在数字化转型中长期项目建设的同时，利用低代码、机器人流程自动化（Robotic Process Automation，RPA）、数据平台智能报表等新型技术，寻找业务改进机会点，快速推进建设。三是创新敏捷，支持业务创新和想法的快速实验，在时间、成本受控的前提下快速验证创新想法的可行性，通过敏捷开发构建最小化可行产品（Minimum Viable Product，MVP）交付，在行动中逐步优化、持续迭代推进，不断反馈和验证。

数字化供应链管理的协同

为了实现统一的数据采集标准、顺畅的系统数据共享、交叉融合的业财一体、高效的经营管理，企业可以利用物联网、大数据、人工智能等技术实施综合性的工业大脑平台，借助基础设施平台实现敏捷安全的技术服务架构；用统一的生产运行监管平台实现生产能耗、质量、效率的协同优化；用数字化的敏捷运营管理平台，打破公司内部不同业务间的壁垒，优化资源配置，创造产供销的新商业模式。比如，某企业在实施企业级工业大脑的数字化供应链管理平台后，大幅降低了生产及管理成本，提高了企业抗风险能力，显著减少了能源消耗及二氧化碳排放，提高了企业精细化管理水平，实现了生产与经营的全面协同。

通过数字化供应链管理系统和管理平台的信息共享、端到端信息和数据的透明可视、数据实时传输和业务的高度协同，通过数字化工具实现面向客户和协同运作的业务流程再造，突破传统企业管理的组织边界，实现供应链的价值传递和增值，企业可以获得竞争优势，最终实现长期可持续发展，具体体现在：

（1）因信息和资源共享而降低成本，比如：无须高额投资即可进入新市场、新业务领域，与合作伙伴共同分摊研发、市场和运营成本，以更少的资金成本使得协同企业的财务更加稳健，增强市场竞争的能力。

（2）因风险分担而降低了协同企业与合作伙伴之间的风险，比如：中小企业与合作伙伴共享知识和技术，从而减少不确定性、共同分担责任，也使得合作伙伴之间更团结，关系更紧密，并能形成合力与大型企业竞争。

（3）减少对第三方的依赖，比如：通过与合作伙伴更紧密的联盟合作减少交易成本，减少第三方公司的服务成本。

（4）增强创新能力和产品上市效率，比如：不同企业之间的技术融合和差异化更容易产生创新，创造新价值，缩短产品开发进度和技术迭代周期；也可以根据客户的期望联合开发出更强大的产品。

（5）增强市场地位，比如：资源和渠道的共享可以实现大规模的市场经济效益，建立针对竞争对手和新市场参与者的战略防御联盟，增强谈判能力。

（6）提高灵活性，比如：与合作伙伴共享资源、优势互补，灵活应对市场需求的变化，获得合作伙伴的核心技术，增强对多业务环境的适应能力，提供更广泛的产品和服务。

（7）提高敏捷性和响应能力，比如：建立更敏捷的流程，对新市场机会做出更快的响应。

（8）提高专业化程度，将多方资源集中在关键活动和核心技术上。

（9）建立合作规范和市场规则，避免利益冲突和其他机会主义行为，增强信任的文化。

（10）发展并分担社会责任，比如：共担社会责任、获得社会的认可、发展和支持利他主义并从中获益，强化共同的价值观等。

数字化供应链管理的新趋势和技术应用

2023年美国供应链管理协会（Association for Supply Chain Management，ASCM）发布的供应链发展趋势显示，数字化转型是核心主题，数字化供应链是重要趋势。

（1）数据采集、数据分析和自动化处理是未来供应链的支柱。

（2）基于物联网和下一代机器人技术，使用智慧供应链解决方案，是未来供应链设计的焦点。

（3）人工智能和机器学习对供应链产生更大的影响，可以帮助人们实时处理海量供应链大数据。

（4）由于数据量的增加，将供应链数据作为资产并且确保安全是至关重要的。

（5）未来的供应链中，风险管理和供应链韧性始终是至关重要的。

（6）可循环、可持续发展的供应链以及战略必需品的供应链需要放置在更高优先级处理。

（7）物流中断驱动供应链大数据的持续维护，包括物流参数和库存水平。

快速迭代和层出不穷的新兴技术将会带来管理的剧变，从日常运营活动到商业模式，从运营过程到结果，人类社会将进入生产力大跨越的新阶段，如同工业时代的厂房和机器取代农业时代的土地和劳力，数字时代的数据和算法取代厂房和机器也是历史的必然。

实践中的数字化供应链已经开始尝试并应用很多先进技术，比如：

（1）智慧物流和物联网。事实证明，洞察力和敏捷性是供应链中的关键竞争优势。物联网提供近乎实时的透明度以及有关产品位置、移动速度、预计到达时间和当地天气条件的信息。这是智慧物流的基础，因为它揭示了延误、中断和潜在的服务质量下降等信息，由此获得的洞察可以帮助企业削减成本、提高服务水平并优化网络。

（2）机器人技术。劳动力短缺、供应中断和需求激增迫使企业利用机器人技术，因此，智能机器人正在改变供应链。在快速的技术进步和更大可购买性的推动下，移动和固定机器人协助工人完成仓储、运输和"最后一公里"的交付任务。更安全、更高效、人员更少的仓库将降低成本，虽然初期资本投入较高，但长期来看还是节省成本的。

（3）大数据分析。数字化转型带来的大数据分析和自动化使企业能够通过数字化、敏捷的供应链管理来减少干扰。预测性和规范性分析的实施以及大数据、算法和机器人技术的进步将产生广泛的影响。这些解决方案的组织，将使企业从以下这些方面受益：更大程度的可视化以及同步规划和执行能力；数据驱动的决策能力；风险和计划的可预测性；供应链的敏捷性和企业的盈利能力；整合的生产数据、传感器数据和社交媒体数据减少了需求的不确定性并仿真预测供应链的运行；组织间的大数据共享与整合；促进IT与现实进行组合（例如增强现实、虚拟现实和混合现实）。

（4）人工智能和机器学习。由于跨领域的互操作性，人工智能正在成为行业应用系统的驱动力。人工智能和机器学习是集成人员、流程和系统的自动化基础。技术驱动工业向5.0演进（即采用更具协作性的方法以及建立人与机器之间的伙伴关系），将对众多供应链功能产生重大影响。

（5）其他技术。包括自动驾驶、自动补给供应链、区块链、实时可穿戴设备、3D打印等都是数字化供应链中的技术应用，企业可以利用新兴技术实现数据共享，促进虚拟与现实的组合（例如增强现实、虚拟现实和混合现实），还有关于绿色产品开发、生产、测试、物流或回收，实现绿色、可持续发展；通过图像识别或计算机视觉技术识别有缺陷的产品模式、增强创新能力，更好地进行新产品开发与验证；通过物联网部署大规模传感器，用数字孪生技术实现物理状态的虚拟化和数字化；通过数据云共享内部和外部接口，实现过程的自动化和安全验证等技术应用。

企业在使用新技术发展数字化供应链的同时，还应关注数据和网络安全。全面的数字化带来了更高的效率，而对来自互联网的攻击也需多加防范。这种相互关联性意味着供应链合作伙伴可能会无意中造成彼此及其客户的隐私泄露、身份泄露甚至更糟的情况。更多企业期望在保护网络、设备、人员和程序时加强协作，他们也选择投资先进的反黑客技术并重视员工培训。

麦肯锡发布的2023年技术趋势展望显示：生成式人工智能、Web3技术、下一代软件开发技术、电力和可再生能源领域的技术、工业化的机器学习技术是目前增长最快的五大技术领域，也是目前全球最需要的技术人才领域。在工业场景下，供应链应用较多的技术领域有：下一代软件开发技术、信任架构和数字身份技术、云计算和边缘计算技术、安全和风险管理技术、电力和可再生能源技术、跟气候变化相关的技术、新能源汽车技术、合规管理和利益相关者管理等领域的技术，年轻的供应链从业者可以多学习这方面的技术和知识，在未来也可以获得更好的就业机会。未来一流的企业必将采用数字化供应链的强大功能，否则就会被更灵活、更高效的竞争对手远远地甩到后面。

AI技术、尖端工程学、计算和连接技术、数字安全技术等会越来越多地应用于数字化供应链、可持续供应链。"顺势者昌，逆势者亡"，数字化、智能化的供应链管理越来越趋向于科学管理，需要用自然科学和工程技术管理供应链。未来的数字化、智能化供应链从业者的就业方向，需要遵从技术发展趋势，以获得个人与时代的共同发展。

实践者说

什么是数字化时代的"五懂"人才？

小张刚从M国留学回来，想去S公司就职。S公司人力资源高管老李是小张爸爸的朋友，小张问："李叔叔，我想去你们公司入职，不知道你们公司对新人有什么要求啊？"

老李说："你看现在是数字化时代，未来是智能化时代，我们现在招人有个要求，只招'五懂'人才。"

小张好奇地问："什么是'五懂'人才？"

老李说："你知道数据价值的三要素吗？"

小张说："是不是场景、数据和技术？"

老李说："看来你这小子在国外还是学了不少东西啊！这数据价值三要素，就对未来数字化人才提出了要求，要懂业务、懂管理、懂分析、懂工具、懂设计。这就是'五懂'人才啊！你对照一下自己，是不是能够匹配得上？"

小张说："我对业务和管理不太懂，其他都还行，不知道公司给不给我机会去学习业务和管理呢？"

老李说："这个嘛……我要跟大家商量商量。"

第 2 节　数字化供应链绩效评价的框架模型

绩效评价的系统观

出于不同的供应链管理目标，不同的供应链学者、研究者和实践者对供应链的绩效评价采用了不同的方法：有的会参照某种国际标准或国内官方标准进行评价，有的会遵从三重底线的理论和方法进行评价，有的会采用BSC法进行评价，还有的会采用SCOR模型进行评价；有的会按照供应链的功能类别进行评价，有的会罗列出一系列指标项来进行评价，有的会按照决策层级（如战略、战术和运营三个层级）列出不同的指标项进行评价，有的会按供应链业务流程节点和活动，如计划、寻源采购、生产、交付、退返等进行绩效评价，有的会按照财务和非财务维度的指标进行评价，有的会用定性评价或定量评价，有的按照供应链内部运营的绩效元素，如交期、成本、质量、柔性、资产、响应等进行评价，有的从宏观、中观和微观不同视角对供应链进行评价，也有的从内外部的利益相关者视角来进行评价等。

我们认为管理的本质就是决策，是为实现企业的战略目标而进行的频繁决策，数字化供应链很重要的一个作用就是通过信息的共享和实时数据的跟踪，监测运营流程和结果，通过数据驱动管理和辅助决策，更好地帮助管理者基于数据和客观事实以及动态趋势进行科学判断、选择和决策，实现企业的战略目标。所以本书将侧重于企业的微观层面，按照企业的决策层级对供应链的绩效体系分层、分类进行绩效评价。从战略、战术和运营层面设计供应链绩效评价体系。这也符合企业的数字化供应链管理实践，通过绩效管理改善运营活动，提升供应链管理（比如成本、质量、效率、效益等）能力，最终实现企业长期可持续发展的战略目标。上文描述的各种方法在第三章中也会做详细介绍。

在设计供应链绩效评价体系时，需要有个全局系统观，综合考虑整个供应链生态圈的各项元素，如图2.4所示。

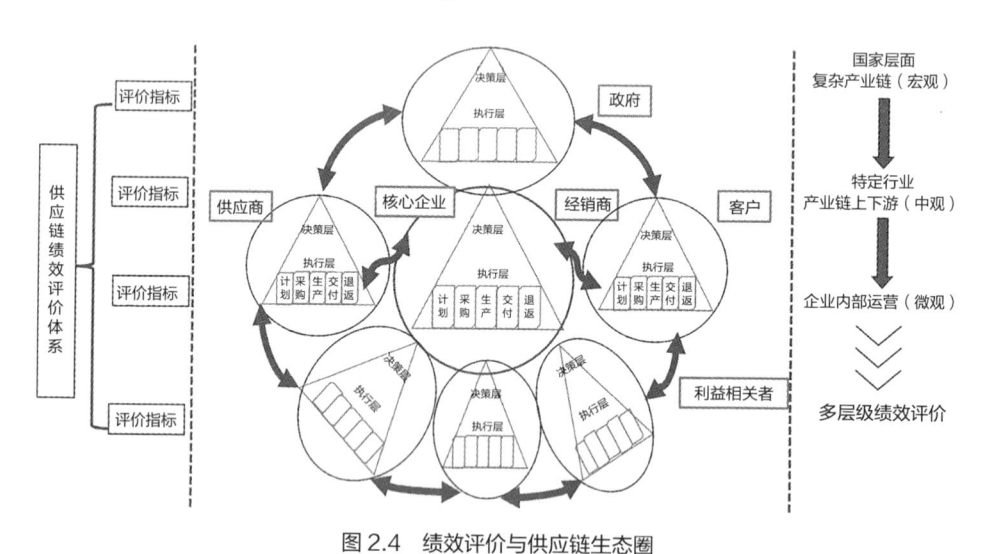

图 2.4 绩效评价与供应链生态圈

数字化供应链管理平台能够借助先进的数字化技术和手段，使企业以最快的速度最大限度地找到并有效利用外部供应商、合作伙伴、客户、政府等利益相关者的资源和能力，与外部无缝地协作和协同，改善自身的绩效。

在设计供应链绩效评价体系时，还需要考虑用全生命周期理论和PDCA（plan, do, check, act, 即计划、行动、检验和纠偏）技术对绩效体系进行管理，覆盖从供应链绩效评价体系的设计、执行、使用、回顾、反馈到修正的完整流程，有选择地参考各种国际国内标准和体系。在本书第1章中，我们曾经给大家介绍了不少国际组织和它们的标准，这里不再赘述。在设计供应链绩效评价体系时，还会用到不少理论模型、分析工具、技术和统计方法以及数据、指标的采集方法，如德尔菲（Delphi）专家问卷、专家小组、访谈、问卷调查、大数据文本聚类；还会用到权重的设计方法，如模拟仿真、模糊理论、DEA[①]、AHP[②]/ANP[③]等多准则决策分析方法等。

构建供应链绩效评价体系的理论框架需要满足以下这些要点：

（1）抓住供应链绩效的本质问题；

（2）以公司的战略和目标为基础；

（3）设定或设计目标下的使能任务；

（4）指标项既有财务绩效又有非财务绩效；

（5）涉及不同层次的决策和管控；

（6）需要经过相关方讨论确定；

（7）绩效能够快速反馈和持续改进；

（8）绩效评价侧重于主动预防的方式；

（9）绩效指标体系能够清晰地定义目标和方法；

（10）绩效指标体系是有效、可靠的；

（11）能够与竞争对手或同行的绩效评价标准进行横向比较；

（12）能够实现绩效的累积加总和优先级排序；

（13）能够实现数据整合和集成；

（14）简单易用；

（15）指标相互独立、不交叉重复；

（16）采用相对值而不是绝对数值等。

---

① DEA（data envelopment analysis，数据包络分析）法是运筹学和研究经济生产边界的一种方法。该方法一般被用来测量一些决策部门的生产效率。
② AHP（analytic hierarchy process，层次分析）法是指将与决策总量有关的元素分解成目标、准则、方案等层次，在此基础之上进行定性和定量分析的决策方法。
③ ANP（analytic network process，网络分析）法是一种多准则决策分析方法，由美国学者Thomas L. Saaty提出。

目前全世界并没有一个统一的标准和评价体系去评价供应链。在不同的场景，企业的决策者需要选择适合自己企业的标准、方法或技术去设计和开发供应链绩效评价体系，执行并评估供应链绩效，识别需要改进的流程，将相应的措施、活动任务与供应链管理目标联系起来，确定改进措施的优先级，持续执行、反馈和修正，实现螺旋式上升的优化、进化和改善过程。

绩效评价的不同层级

设计和规划一套供应链绩效评价系统，通常不能孤立地只看单个企业，如上文图2.4所示，今天的企业处在一个错综复杂的商业生态环境中，需要从宏观、中观和微观的不同层级来评价供应链：对供应链的管理，有从宏观层面国家层级的产业链视角，有从中观层面特定行业层级的视角，还有从微观层面企业层级的视角。企业层级也分为集团公司层级、工厂和分公司层级、内部供应链运营流程层级、产品层级、物料层级的供应链管理。如图2.5所示的供应链管理层级、价值和复杂度关系，从物料到产品，到运营流程，到小型企业，再到大型企业，最后到行业／产业链层面，价值链向上流动，价值创造从小到大，供应链的复杂程度也逐层升级。在倒金字塔结构中，左边从上往下看复杂度越来越低，右边随着价值链向上，价值越来越高。

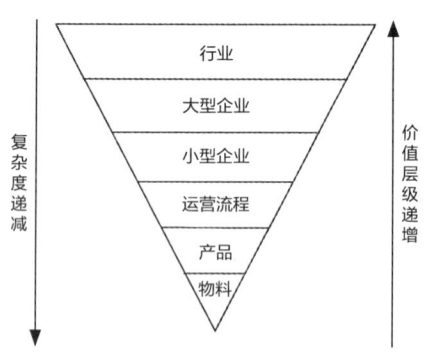

图2.5 供应链管理层级、价值和复杂度关系

图片来源：Acquaye A, et al. 2016

"供应链复杂度与价值层级模型"用倒金字塔结构很好地诠释了供应链层级、供应链价值与供应链复杂程度之间的关系。

管理好企业内部物料层级的"小供应链"是根基，没有这个基础，是无法管理好"大供应链"的。基础不扎实，管理不细化，是不可能长成坚实的供应链大树的。所谓"不积跬步无以至千里，不积小流无以成江海"。

国内不少企业热衷于有套利机会的供应链金融，但管理供应链金融已经是行业层面、产业链层面的供应链管理，也是复杂程度较高的供应链管理，很多供应链金融的从业者却连最基本的供应链管理内核和底层逻辑都讲不明白，让人不免"一声叹息"！

政府监管是管理难度最高的产业链层面的供应链管理，偏宏观经济。搞好宏观经济需要多掌握一些微观经济的实践，才能更好地制定产业政策和施政方针，不然的话，那些空中楼阁的政策、规划、战略和战术也是无法落地，无法使企业获得收益和效果的！

所以，按照供应链层级对供应链进行管理和绩效评价，从浅到深，从易到难，可以分为：

（1）对供应链的局部职能进行管理和评价；

（2）对企业内部的供应链运营流程进行评价；

（3）对核心企业和上下游伙伴（供应商和客户）的供应链进行管理和评价；

（4）对细分行业的供应链进行管理和评价；

（5）对国家宏观经济的大供应链产业链进行管理和评价；

（6）对全球化供应链产业链的网络生态系统进行管理和评价。

在对供应链绩效进行评价时，宏观层面和微观层面的评价指标有时候会不完全一致，顶层、战略层面的评价指标与执行层面、战术层面、运营层面的指标也不完全一致。因为着眼点不同，战略层面的评价指标常常偏长期规划，更看重长远的目标，战术层面的评价指标常常偏短期，强调速赢，快速获得回报，所以短期的评价指标和长期的评价指标有时会出现差异，甚至是矛盾。这一点是需要注意的。在企业内部，也有不同的决策层级，从董事会的战略决策层到决策传递的中间管理层，再到一线的执行层，供应链的绩效评价指标也是不完全一致的。企业的供应链绩效评价体系跟其组织架构设计、权责分配和业务流程有很大的关系，具体会在后文进行阐述。

绩效评价的不同维度

正如前文所述，由于企业有不同的供应链战略和目标，企业会从不同维度对供应链进行绩效评价；即便面临同样的供应链目标——满足客户需求、降本增效，提质增速，企业也会从不同维度对供应链进行评价。比如：有从财务和非财务维度；有定量评价、定性评价或二者兼具；有从运营、经济、环境和社会等维度；有从不同的业务场景；有从不同的价值链流程、不同的职能部门；有从不同层次的决策维度（战略、战术和运营）；有从不同的目标，如可持续性、质量、盈利能力、效率、现金流；有从不同的方向，如面向客户或面向供应商；有从不同的管理范畴，从组织绩效或供应链绩效等。下面给大家介绍比较常见的几种维度。

一、从供应链的业务流程维度进行管理和评价

具体包括以下几个方面：

（1）计划；

（2）寻源/采购；

（3）生产制造；

（4）交付；

（5）退返（售后服务）。

从以上供应链业务流程维度，对供应链进行评价的指标项，如表2.1所示。

第 2 章 走进数字化供应链和绩效评价

表 2.1 从供应链业务流程维度进行评价的指标

项目数	评价维度	评价指标
	计划	
1		预测的准确性
2		资产回报率
3		准时交付率（客户需求日）
4		准时交付率（客户承诺日）
5		产能利用率
6		从寻源到生产的周期（周）
7		内部生产计划的周期
8		主生产计划的变化率
	寻源/采购	
9		寻源（供应商资源）的柔韧性
10		供应商准时交付率
11		寻源开发周期
12		供应商产品来料质量合格率
13		采购成本的降低率
14		不同品类产品的 MOQ（minimum order quantity，最小订单量）
15		供应商的降本机会点
16		供应商响应时间
17		供应商技术支持能力
	生产/制造	
18		生产周期
19		生产计划的遵循率
20		生产良率
21		原料库存数
22		半成品库存数
23		成品库存数
24		产能利用率
25		生产效率
26		生产设备的柔性

续 表

项目数	评价维度	评价指标
27		换线时间
28		设备停机时间
29		加班小时数
	交付	
30		客户满意度
31		订单完成率
32		订单准时交付率（向客户承诺日）
33		应收账款完成率
34		从报价到交付的周期（交期）
35		准时发货率
36		产品的备货率
37		破损率
38		事故率
	退返（售后服务）	
39		退货率
40		二次出货率
41		退返交付周期
42		退返成本（运费、维修、测试、人工）
43		投诉次数

二、从供应链任务活动的结果维度来管理和评价

常用的绩效指标如表2.2所示。

表2.2 从供应链活动结果维度进行评价的指标

项目数	评价指标
1	准时交付率
2	产品良率
3	成本毛利率
4	交付周期
5	供应链的柔性
6	供应链的韧性

续 表

项目数	评价指标
7	库存周转率
8	资产回报率
9	风险和合规控制

三、从关注企业长期价值或短期价值维度对供应链流程活动进行管理和评价

常用的绩效指标如表2.3所示。

表2.3 从关注企业长期价值或短期价值维度进行评价的指标

项目数		长期价值的选择指标	短期价值的选择指标
	供应商选择		
1		货物价值	准时交付率
2		供应商交付绩效	价格
3		地理位置	不良品的退返率
4		环境友好的供应商	废水、废气、废渣的排放
5			交付的柔性
	制造		
6		库存水平	生产力
7		环境友好的生产运营	单位小时的运营成本
8		产能利用率	不良率
9		运营效率	废水、废气、废渣的排放
10			准时交付率
11			可再生物料的使用占比
	仓储		
12		订单履行率	订单准确率
13		库存水平	订单履行率
14		仓储利用率	单位订单成本
15		库存盘点准确率	准时交付率
16			库存周转率
17			损坏的库存

续 表

项目数	长期价值的选择指标	短期价值的选择指标
	物流	
18	柔性	交付的质量
19	交付可靠性	错误交付率
20	运输成本	准时交付率
21	环境友好的运输	单位交付成本
22		单位退货成本
23		废水、废气、废渣的排放

四、国家市场监督管理总局、国家标准化管理委员会发布的制造业供应链关键绩效指标

国家市场监督管理总局、国家标准化管理委员会也发布过《GB/T 42026—2022自动化系统与集成　制造供应链关键绩效指标》体系，大家可以根据自己企业的需要构建指标库或指标字典，从中选择并参考使用。对于每个指标的定义和计算方法，读者可以去查询国标文档获得更加详细的信息，这里不做赘述。

（1）供应链投资回报率；

（2）供应链总运营成本；

（3）成本利润率；

（4）供应链产品生产周期；

（5）订单完成率；

（6）订单延迟率；

（7）订单处理准确率；

（8）按订单生产比率；

（9）准时交货率；

（10）质量合格率；

（11）退货率；

（12）顾客抱怨率；

（13）供应商准时交货率；

（14）采购计划完成率；

（15）供应商产品质量合格率；

（16）产能利用率；

（17）流程时间效率；

（18）产品次品率；

（19）产销率；

（20）平均产销绝对偏差；

（21）产需率；

（22）销量预测准确率；

（23）库存周转率；

（24）脱销率；

（25）订单按时发货率；

（26）计划发货准确率；

（27）生产订单按时发货率；

（28）逾期长尾订单比例；

（29）初期市场不良率；

（30）确认后的客户在线不良率；

（31）存销比；

（32）应收账款周转率；

（33）应付账款周转率；

（34）样品首次通过率；

（35）供应链可视化水平；

（36）供应链协同水平；

（37）生产计划达成率；

（38）生产达成率；

（39）库存周转天数；

（40）产品成品率；

（41）一次性合格率；

（42）产品直通率；

（43）毛利率；

（44）销售增长率；

（45）物料齐套率；

（46）独家供货产品率；

（47）部件通用率；

（48）全局设备效率；

（49）不良质量成本；

（50）单位产品能耗；

（51）供应提前期；

（52）供应提前期波动率；

（53）现金周转期。

五、美国供应链管理协会发布的SCOR模型及对应的绩效指标

美国供应链管理协会发布的SCOR模型，分别从可靠性、响应能力、敏捷性、成本控制和资产管理能力这几个维度对供应链绩效进行评价，其一级指标和二级指标如表2.4所示，大家可以参考使用。

表2.4 SCOR模型的供应链绩效评价维度和部分指标项

项目数	评价维度	一级评价指标项	二级评价指标项（部分）
	可靠性		
1		完美订单履行率	对客户订单的准时交付率（基于承诺的交期和数量）

续 表

项目数	评价维度	一级评价指标项	二级评价指标项（部分）
2			客户订单准确率
3			客户订单产品的不良率
4			满足环保合规的供应商占比
	响应能力		
5		订单履行周期	对客户需求和交期时间的响应度（基于客户需求）
6			寻源周期
7			产品的交付周期
8			对供应商的付款周期
	敏捷性		
9		订单上浮时的适应性	订单上浮时的交期变化率
10		订单下浮时的适应性	订单下浮时的交期变化率
11		抗风险能力	战略物料供应商的占比
12			瓶颈物料供应商的占比
	成本控制		
13		供应链管理成本	毛利润率
14		采购成本	净利润率
15			销管营收比
16			研发营收比
17			人均营收
18			品质控制成本（产品全生命周期的成本）
	资产管理能力		
19		资金周转天数	产能利用率
20		固定资产回报率	库存周转率
21		营运资金回报率	资产回报率
22			资产周转率
23			应付账款天数（天）
24			应收账款天数（天）
25			资金周转天数（天）

六、从公司计划实现的目标维度对供应链进行管理和评价

还有公司从在某段时间内欲实现的目标维度进行管理和评价。比如有公司希望实现的目标有：提高供应链的效率目标、实现可持续供应链的目标、实现韧性供应链的目标、实现绿色供应链的目标，然后从这些维度来设计供应链的绩效评价体系。具体的评价指标，大家可以参考本书第1章第5节以及第4章介绍的可持续供应链管理目标、绿色供应链管理目标及相应的供应链绩效指标。

七、从组织绩效的维度对供应链进行管理和评价

从组织绩效的维度对供应链进行管理和评价的典型方法是BSC法。BSC法侧重于从财务、客户、内部流程、学习和成长这4个维度对绩效进行评价，具体的评价指标如表2.5所示。

表2.5 BSC法评价维度和供应链绩效指标

项目数	评价维度	评价指标项
	财务	
1		净利润率
2		资产回报率
3		投资回报率
4		净利润与生产成本的比率
5		库存成本（仓储成本、原物料成本、半成品成本、运输中和仓库中物料或成品的成本、报废成本、返工成本、破损和遗失成本等）
6		供应商的节约成本
7		单位小时的运营成本
8		生产成本
9		信息提取成本
10		实际成本与预算的差异比率
	客户	
11		对客户问询时间的响应
12		客户对产品价值认可的程度
13		产品和服务的范围广度

续 表

项目数	评价维度	评价指标项
14		下订单的周期
15		交付的周期
16		产品交付的质量
17		产品交付的速度
18		客户对成本的满意度
19		服务的柔性和韧性
20		与客户的伙伴关系
21		商务票据、单证交付的有效性
22		交付的可靠性
23		紧急订单的响应能力
24		需求计划发布的有效性
25		信息提取的成本
26		文档交付的质量
27		物流运输的可靠性
28		对不良品的处理效率和效果
	内部流程	
29		全供应链流程的完整周期
30		现金流的周期
31		管理系统的柔韧性
32		供应商交期在行业中的领先性
33		供应商对不良品处置的效率和效果
34		需求计划的准确度
35		产品开发周期
36		计划流程周期
37		主生产计划的有效性
38		产能的利用率
39		库存的管控能力（来料、制程中、报废、成品）
40		供应商产品的不良率
41		采购订单周期的效率
42		产品交付的频次控制

续 表

项目数	评价维度	评价指标项
	学习和成长	
43		供应商对技术问题协助解决的能力
44		供应商对质量问题的处理和响应能力
45		供应商降本增效的能力
46		对产能的利用能力
47		订单处理的方法是否先进
48		需求计划的精准能力
49		新产品开发的能力和速度
50		采购对供应商伙伴关系的处理能力
51		对系统持续改进的能力
52		产品和服务的广度和深度以及持续发展的能力
53		客户对产品价值认可的能力和认知水平的提高

企业通过BSC法构建这些指标时，需要与利益相关者（股东、经营者、员工、业务负责人、供应商、客户等）达成共识，以便能更好地有效执行这些指标。案例研究显示，企业在使用BSC法时，常常会忽视公司的长期发展战略，过于注重短期绩效。

八、从财务、客户满意度和内部运营维度对供应链进行管理和评价

还有不少企业分别从财务维度、外部客户满意度以及内部运营维度对供应链和组织绩效进行评价，与以上BSC法类似。具体的指标项如表2.6所示。

表2.6 从财务、客户满意度和内部运营维度进行评价的指标

项目数	评价维度	指标项
	运营绩效	
1		对客户的响应时间
2		产品质量
3		交付的可靠性
4		生产力
5		交付周期

续 表

项目数	评价维度	指标项
6		库存周转率
7		产品开发周期
8		资源的效用
9		供应商的不良率
10		员工的离职率
11		浪费的减少
	客户满意度绩效	
12		客户问询回复时间
13		客户投诉率
14		产品的质量和可靠性
15		响应时间
16		客户满意度指数
17		准时交付率
	财务绩效	
18		运营成本
19		利润率
20		投资回报率
21		市场份额
22		营收增长
23		销售增长率

综上，不同的企业可以根据自己的需要选择合适的评价维度和相应的绩效指标。以上列举的不同分类方法范例，企业可以用来参考，对自己企业供应链的绩效评价体系进行设计，并运用供应链全生命周期管理的理念系统规划、设计和梳理。

绩效评价的不同角色和参与者

企业供应链管理活动中涉及的角色比较多，我们将这些角色统称为利益相关者，可以分为：

（1）股东；

（2）员工；

（3）供应商，包括一级供应商及多级供应商；

（4）核心企业，其内部组织和角色有采购部门、需求计划部门、生产部门、仓储物流部门、客户服务部门、研发部门、IT部门、财务部门、合规管理、战略管理等；

（5）分销商；

（6）零售商；

（7）第三方物流服务商；

（8）其他服务商等；

（9）客户或最终用户；

（10）政府监管部门；

（11）银行或金融贷款机构；

（12）学校、科研单位；

（13）社区；

（14）社会媒体；

（15）其他利益相关者等。

在设计供应链绩效评价体系时，还需要考虑来自这些不同领域、不同职能部门的利益相关者的利益和诉求。俗话说"屁股决定脑袋"，这也使得设计供应链绩效评价体系变得十分复杂，并且具有挑战性，需要兼顾多方的目标和利益，稍有不慎，可能导致对企业的危害，产生不同程度的负面影响。

绩效评价的不同决策视角

上文我们提到不同的利益相关者有不同的诉求，投资人和其他利益相关者主要关注的是投资回报和风险，经营者主要关注的是实现投资人和利益相关者的目标，既要考虑风险指标，也要考虑经营指标，既要考虑对外部环境的效应和影响，又要考虑经济效益和效率。

从公司决策层级的视角来看，供应链的绩效评价体系分为三个层面，分别是战略层面（决策层）、战术层面（管理层）和运营层面（执行层）。下面分别从这几个层面来介绍相应的供应链目标和绩效评价指标。

（1）在顶层设计的战略层面，决策者会从公司的愿景和使命出发，设计规划供应链发展战略。供应链发展战略需要与愿景、使命和长期发展战略相匹配，没有无中生有、孤立的供应链战略。从愿景和使命推导出供应链的战略管理目标，可以实现长期价值，即用最低的成本创造出最大的客户价值，并将战略目标转化为财务指标和非财务指标，其对应的供应链绩效评价指标可以是：客户价值、全面成本管理（total cost of ownership，TCO）。

（2）公司战术层面的供应链目标和绩效使能方案就是提高客户满意度，增强供应链的柔性，降低公司成本，提高公司的生产力。其对应的绩效评价指标可以是：客户满意度、市场占有率、利润率、投资回报率、供应链的柔性、成本、生产力。

（3）在公司运营层面需要实现的供应链绩效目标和评价指标有：提高质量、提高技术、提高交付能力（客户服务水平）、提升交付周期、加强对浪费的管理。

（4）在数字化供应链管理活动中，绩效评价体系的数据底座就是企业构建的信息和数据共享系统。设计有效的供应链绩效评价系统需要有良好的数字化基础、健全的数据库、标准化的数据编码和格式、有效的数据采集。只有数据清晰、完整、规范，才能做到有效准确的数据分析和建模以及数据解读。效度和信度是科学研究的基本要求，而数据的有效性是数据科学的基本要求。最后做成改善的行动方案。安全、有效的可信数据既可以在核心企业的上下游、合作伙伴之间流动和共享，也可以在企业的各层级、各价值链职能部门中共享，从而产生协同效应。相关的绩效指标可以从共享的数字化中台抓取，也可以从外部生态合作伙伴的数字化系统获取，还可以从企业内部运行的数字化监控系统和实时跟踪系统中产生或获得。

所以，从不同的决策视角，设计一套与企业适配的绩效评价体系，需要从供应链战略出发，按照决策层级从上向下分解，其从战略到战术和运营的供应链绩效评价体系框架如图2.6所示。

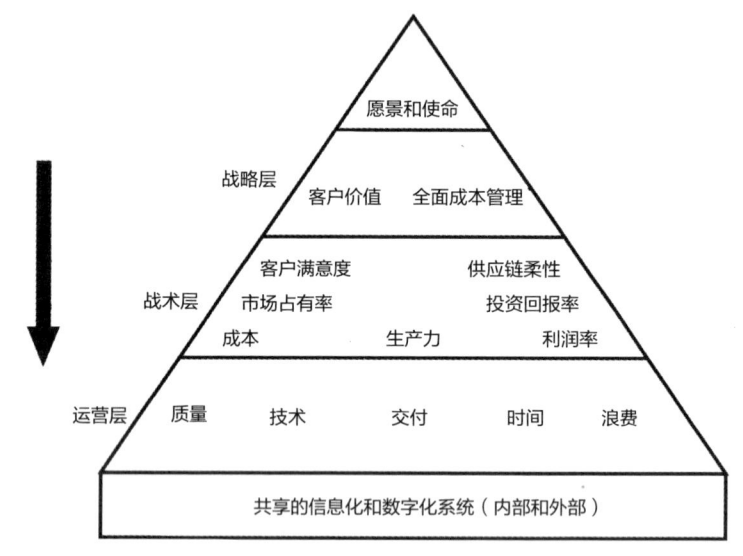

图2.6　某企业从不同决策层级设计的供应链绩效评价体系框架

企业在参考该模型时，可以将这里的指标细化到更小的颗粒度，将绩效指标细化到具体的价值链流程活动和相应的管理目标上，将全生命周期的理论穿插在整个供应链的绩效评价体系中。采用定性分析和定量分析相结合的绩效评价体系会更加科学合理。

这里举一个案例来解读以上评价体系的层级架构。某企业从战略到战术和运营，从集团公司最高决策层到一线运营组织的供应链绩效评价体系，如图2.7所示。

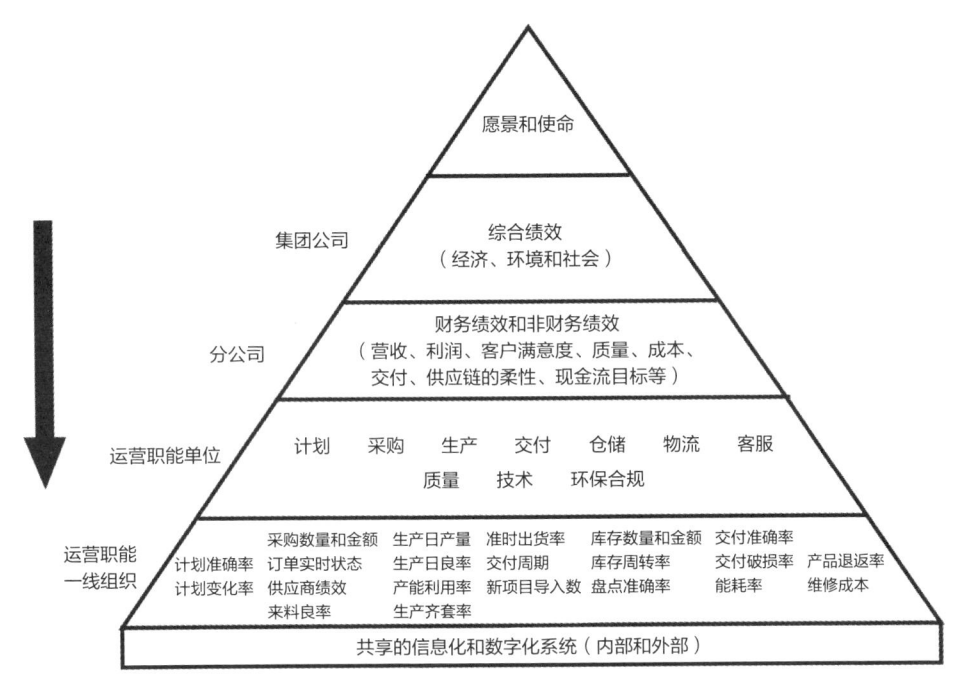

图 2.7 某集团公司不同层级的绩效评价指标

某集团公司基于公司的长期愿景和使命，制定出可持续发展的大战略，包括经济、环境和社会的综合绩效；通过战略解码，分解目标，将集团的战略目标分解为下属分公司的目标，包括财务和非财务维度的目标，如营收、利润、客户满意度、质量、成本、交付、供应链的柔性、现金流目标等；进一步分解目标，将分类目标和指标转化为各职能单位的工作任务，分解到各职能单位，包括计划、采购、生产、交付、仓储、物流、客服、质量、技术和环保合规等；最后，一线的运营单位需要就本部门的工作任务承担相应的责任和考核指标。比如：

（1）计划部门的评价考核目标为计划的准确率、计划的变化率；

（2）采购部门的考核目标为采购数量和金额、订单实时状态的跟踪、供应商的绩效、来料良率；

（3）生产部门的考核目标为每日、周、月、季、年的产量、良率、产能利用率、生产齐套率；

（4）供应交付部门的考核目标为准时出货率、交付周期、新项目导入的数量；

（5）仓储部门的考核目标为库存数量和金额、库存周转率、盘点准确率；

（6）物流部门的考核目标为交付准确率、交付破损率、能耗率；

（7）质量部门的考核目标为产品的退返率、维修成本；

（8）技术部门的考核指标为新产品开发的周期、成功率和导入的数量；

（9）环保合规部门的考核目标为法规遵从完成率、恶性事故率等。

区分层级与维度的评价域和具体指标

在前文已经列举过不同决策视角、不同层级、不同维度的企业供应链绩效评价指标的案例之后，我们将继续深入阐述和解读可持续供应链绩效评价体系和企业内部供应链运营系统的绩效评价体系。

一、可持续供应链生态系统

图2.8呈现的是可持续供应链生态系统中不同层级、不同维度的评价域和评价指标理论框架。

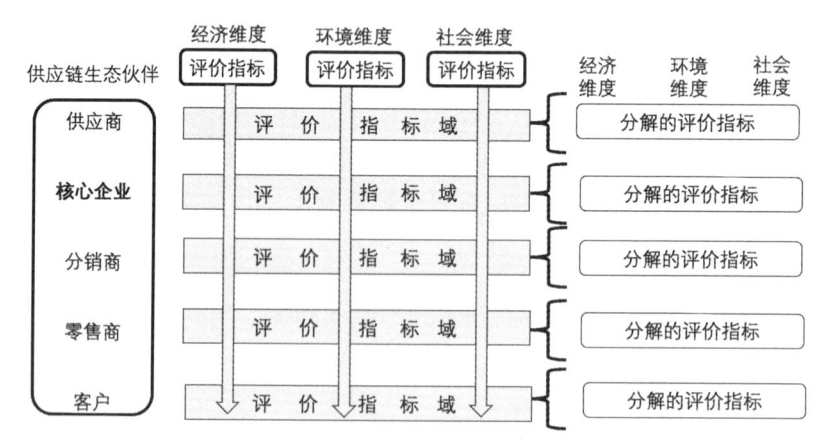

图2.8 可持续供应链绩效评价体系中不同层级、不同维度的评价域和评价指标理论框架

图片来源：Hassini，et al.2012

在图2.8可持续供应链绩效评价体系中，供应链生态系统中有不同的生态伙伴即利益相关者，包括供应链的核心企业、供应商、分销商、零售商和客户等。遵循可持续发展的三重底线理论，该评价体系从不同视角，同时兼顾经济维度、环境维度和社会维度的绩效评价指标，在不同的利益相关者中取得平衡，同时满足多方利益相关者在经济效益、环境保护和社会福祉方面的诉求。

二、制造业企业内部供应链

图2.9呈现的是某制造企业不同管理层级所负责的数字化供应链绩效评价指标。

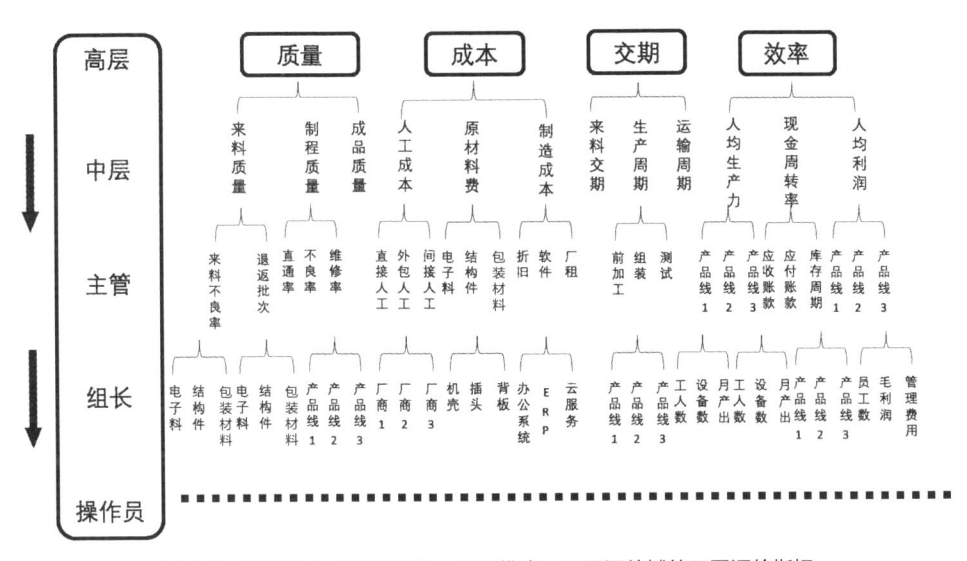

图2.9 某制造企业不同层级、不同维度、不同评价域的不同评价指标

图2.9从制造企业内部不同层级的管理维度，包括高层、中层、主管、组长和一线作业员，综合考虑供应链需要实现的质量、成本、交期和效率等管理目标，在不同层级向下分解总目标和子目标、孙目标，设计相应的供应链绩效评价指标。

第3节　数字化供应链绩效评价指标选取的标准和准则

选择什么样的KPI有一定的标准和准则，这里面大有学问。通常需要考虑以下这些准则。

（1）目标性，即与管理目标相一致。供应链绩效评价是为目标而服务的，绩效评价体系是实现管理目标的工具和手段。比如：评价绿色供应链，强调实现"绿色、低碳、环保"的目标；评价可持续供应链，强调实现"可持续发展"，兼顾经济、环境和社会等维度共同的效益和目标。

（2）原则性，即有参考依据和理论基础，基于某绩效评价管理框架或概念模型，或者参考普遍认可的国际、国家或行业标准。

（3）普遍性，如有可能，尽量按照同一行业的特性来制定行业标准。在做宏观经济评价体系时，由于企业在行业分布、规模、商业模式等方面存在现实差异，需要分类、分层次说明，尽可能客观、全面、系统地评价企业的供应链管理水平，使不同行业和规模的企业通过努力均能优化自身的供应链管理水平。

（4）可比性，即在制定宏观经济的指标体系时，尽可能使得跨行业或同行业具有可比性；尽量选用可比性较强和共性特征较强的指标，同时明确并统一每一项指标的含义、口径和统计范围，以确保评价结果横向和纵向的可比性。指标应该有一个目标水平或基线，并且可以支持分析与其他组织相关绩效指标的比较结果。

（5）可得性，即尽量使得数据采集成本低，做到可采集、可控制、可追溯。采集的数据可以用增量、相对值，而非绝对值。尽量简化指标体系，减少评价工作的负荷。

（6）可衡量，即选取的评价指标应具有较强的可计量性和可操作性，指标评价结果可进行定量描述和定量分析。指标跨越时间应可衡量，无论是质量还是数量。

（7）统一性，即财务数据与非财务数据的统一性。统一计量，数据可以合并和报告。即便是不同分支机构，数据也能够统计汇总。财务数据可参考国际财务报告准则。

（8）独立性，即每一个指标都有完全独立的定义，相互之间无相关性或重叠性。

（9）动态性，即评价指标应具有一定的弹性，可以动态调整、增删和替换。随着时间的推移，指标体系可以被动态修正和调整，以反映企业的现实情况。

（10）重要性。对于选取的绩效评价指标，投资人、消费者、社会团体、员工等内部和外部利益相关者都认为是重要且有用可行的，能反映供应链管理的核心特征。

（11）透明性，即评估过程公开透明，评估方法和评价结果公开披露，数据可核实、可验证。

（12）时效性，即跨越的时间，比如以年度、季度、月度等为同一报告期；指标应提供生成和测量一段时间内数据的可能性。

（13）可靠性，即数据质量有保证，数据准确可靠，能够被交叉验证。独立第三方和内部各自评价的结果应该是一致或近似的。指标应该是可验证、可重复、透明和无偏见的。

（14）平衡性，即指标既要反映积极的表现，也要反映消极的表现，有正面和负面，从强到弱，从大到小。

（15）清晰性，即指标应该简单易懂，方便操作和使用。

切记：不同行业，侧重点不一样，应避免一刀切。正如我在上一章节的拓展阅读中对Gartner绩效评价体系的点评，不同行业、不同规模、处于不同生命发展周期、不同商业模式，甚至不同组织架构的企业，其供应链绩效评价体系都是不一样的。

第 4 节　数字化供应链绩效评价的权重分配

在绩效评价指标确定后，通常会采用问卷调查、专家问卷、专家小组或访谈等方式，对指标进行权重设计，并对这些采集回来的数据做数据统计和分析，以确定不同指标在整个指标体系中的权重，即指标的重要性。也有的供应链评价体系并没有设计权重，只有参考框架，确定了一系列的指标族，这样的绩效评价相对比较简单，在数字化供应链中也是可以生成可视化图表的，比如数据跟踪和趋势图，还可以做成雷达图等进行可视化管理。

指标权重的确定方法是绩效评价中的重中之重，也是技术难点，不同的方法对应的计算原理并不相同。现在市场上有一些现成的工具和平台，如Excel、SPSS、SAS、Stata、Minitab等，可以帮助大家解决这些专业的数学统计分析的难题，大家只要会用这些工具即可。本书参考SPSS分析平台（www.spssau.com），介绍几种常见的权重统计分析方法，其中多准则决策分析法将在第3章做详细阐述。

SPSSAU是一个在线的SPSS数据统计分析的平台系统，SPSS是英文statistical package for the social sciences首字母的缩写，意思是社会科学统计软件包，是由IBM公司开发的一款统计工具软件，可以用来进行统计学分析运算、数据挖掘、预测分析和决策支持，针对经济、管理、医学、农学、教育、市场研究、社会调查等多个行业与领域，是目前市场上应用最广泛的专业数据分析软件之一，也非常适合于数字化供应链管理的应用场景。SPSSAU将SPSS的产品平台化，用户只需要在网页端用拖、拉、拽的方式就可以完成数据分析的过程。

本书介绍9种常见的权重计算方法，如图2.10所示。

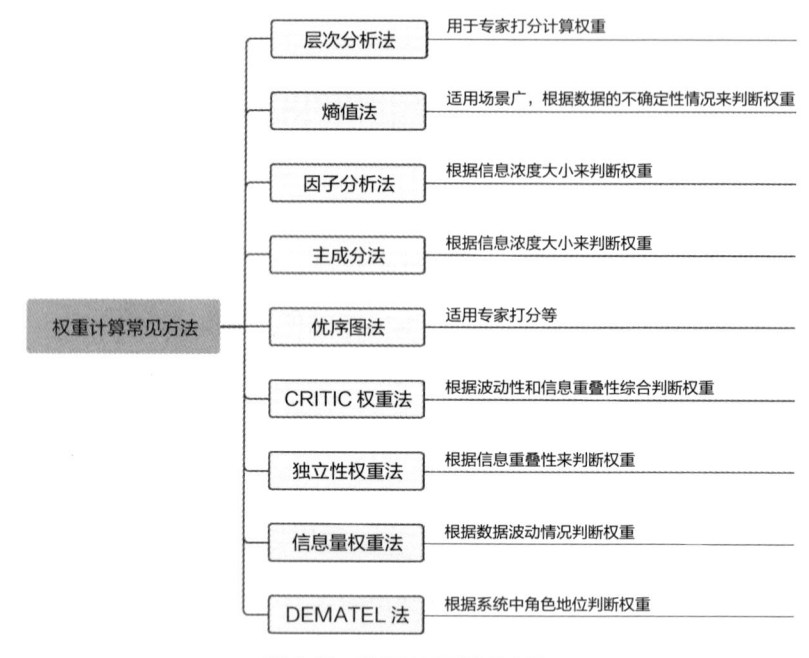

图 2.10　常见的权重计算方法

图片来源：SPSSAU

权重计算常见方法：
- 层次分析法：用于专家打分计算权重
- 熵值法：适用场景广，根据数据的不确定性情况来判断权重
- 因子分析法：根据信息浓度大小来判断权重
- 主成分法：根据信息浓度大小来判断权重
- 优序图法：适用专家打分等
- CRITIC权重法：根据波动性和信息重叠性综合判断权重
- 独立性权重法：根据信息重叠性来判断权重
- 信息量权重法：根据数据波动情况判断权重
- DEMATEL法：根据系统中角色地位判断权重

这些计算权重的方法，其相应的数据特征如表2.7所示。

表 2.7　权重计算方法的数据特征

综合评价法	数据波动性	数据间相关关系	数字大小信息	其他
层次分析法			√	根据数字大小，数字越大，权重越大
优序图法			√	根据数字大小，数字越大，权重越大
熵值法				根据信息量熵值计算权重，即根据数据的有序性情况进行权重计算
因子分析法		√		信息浓缩度越大，权重越大
主成分分析法		√		信息浓缩度越大，权重越大

续 表

综合评价法	数据波动性	数据间相关关系	数字大小信息	其他
CRITIC 权重法	√	√		波动性越大，权重越大；信息重叠越大，权重越小
独立性权重法		√		数学原理中即用共线性强弱来作为依据
信息量权重法	√			变异系数 CV 值越大，权重越大
DEMATEL 法			√	根据影响重要性和被影响重要性，来判断某要素的权重

资料来源：SPSSAU, https://mp.weixin.qq.com/s/V0DpKGyDY1Mqg0liweK_vg

以上权重计算方法又可以归为以下五类：

第一类为层次分析法和优序图法。此为主观赋值法，通常需要由专家打分或通过问卷调研的方式，得到各指标重要性的打分情况，得分越高，指标权重越大。层次分析法是一种定性和定量相结合的计算权重的研究方法，通过采用两两比较的方法建立矩阵，利用数字大小的相对性，数字越大、越重要，权重会越大的原理，最终计算得到每个因素的重要性。比如，想构建一个员工绩效评价体系，指标包括工作态度、学习能力、工作能力、团队协作。通过专家打分计算权重，得到每个指标的权重，并代入员工数据，即可得到每个员工的综合得分情况。

第二类为熵值法。此方法利用数据熵值即信息量的大小进行权重计算。熵值法属于一种客观赋值法，利用数据携带的信息量大小计算权重，得到较为客观的指标权重。熵值是不确定性的一种度量：熵越小，数据携带的信息量越大，权重越大；相反，熵越大，信息量越小，权重越小。比如，收集各地区某年份的经济指标数据，包括产品销售率、资金利润率、成本费用利润率、劳动生产率、流动资金周转次数，用熵值法计算出各指标权重，再对各地区经济效益进行比较。在实际研究中，熵值法通常会与其他权重计算方法配合使用，如先进行因子或主成分分析得到因子或主成分的权重，即得到高维度的权重，然后再使用熵值法进行计算，得到具体各项的权重。

第三类为因子分析和主成分分析法。此类方法利用了数据的信息浓缩原理，利用方差解释率进行权重计算。主成分分析是对数据进行浓缩，将多个指标浓缩成为几个彼此不相关的概括性指标（主成分），从而达到降维的目的。主成分分析可同时计算主成分权重及指标权重。因子分析与主成分分析计算权重的原理基本一致，区别在于因子分析加带了"旋转"的功能。旋转功能可以让因子更具有解释意义，如果希望提取出的因子具有可解释性，一般更多地使用因子分析法。比如对30个地区的经济发展情况的8项指标做主成分分析，主成分分析法可以将8个指标浓缩为几个综合指标（主成分），用这些指标（主成分）反映原来指标的信息，同时利用方差解释率得出各个主成分的权重。

第四类为CRITIC权重法、独立性权重法、信息量权重法。CRITIC权重法、独立性权重法、信息量权重法都是客观赋权法，CRITIC权重法的思想主要围绕两个方面，分别是对比度和冲突性。对比度使用标准差来表示，如果数据标准差越大，说明波动越大，权重会越高；冲突性使用相关系数来表示，如果指标之间的相关系数值越大，说明冲突性越小，那么其权重也就越低。比如，对某医院某年度的5个科室进行评价，采集5个科室的6个指标数据，用CRITIC权重法进行权重计算，最终可得到出院人数、入出院诊断符合率、治疗有效率、平均床位使用率、病床周转次数、出院者平均住院日这6个指标的权重。如果希望针对各个科室进行计算综合得分，那么可以直接将权重与自身的数据相乘再累加，分值越高代表该科室评价越高。

第五类为DEMATEL法。它是多准则决策分析方法的一种，通过对决策因素之间的因果关系进行评估，计算每个因素的中心度和原因度，来评估决策因素的重要性和相互影响程度。

在实际分析过程中，应结合数据特征及专业知识选择适合的权重计算方法。感兴趣的读者可以找数据分析相关的书籍学习、理解和使用。

第 5 节　数字化供应链管理实践常用的量化指标

这里给大家介绍一些跟供应链内部运营管理相关的量化指标，从评价域到评价指标供读者参考。本书前文已经向大家介绍了一些在供应链管理实践中常用的各种评价指标，大家可以按照自己的需要选择相应的指标，构建自己的数字化供应链指标库。

一、关于营收的指标

（1）总销售（总采购）收入；

（2）出货与需求的差异额；

（3）出货与承诺的差异额。

二、关于成本的指标

（1）产品成本；

（2）物料采购成本；

（3）人工成本；

（4）制造费用。

三、关于利润的指标

（1）工厂财务毛利润；

（2）生产的有效利用率；

（3）生产效率；

（4）生产良率；

（5）生产报废率。

四、关于交付的指标

（1）对承诺的准时交付达成率；

（2）对需求的准时交付达成率；

（3）各产品的交付周期；

（4）各产品的交付频次。

五、关于库存的指标

（1）库存总金额；

（2）财务预提的呆滞或报废库存金额；

（3）原材料的库存金额；

（4）半成品的库存金额；

（5）成品的库存金额；

（6）库存周转率（inventory turnover，ITO）；

（7）库存月盘点准确率；

（8）平均每周/月的缺料数；

（9）供应商每周/月准时交付率。

六、关于物流的指标

（1）物料加急费；

（2）货运加急费；

（3）来料运费占销售比；

（4）出货运费占销售比。

七、关于生产计划的指标

（1）每天的投入、产出和出货数；

（2）每天的实际产能；

（3）主生产计划达成率；

（4）工单关闭周期；

（5）工单延误比例；

（6）工单生产周期。

八、关于人力的指标

（1）所有人工数；

（2）直接人工数；

（3）间接人工数；

（4）临时直接人工数；

（5）临时间接人工数；

（6）离职人工数；

（7）离职率；

（8）直接人工离职率；

（9）间接人工离职率；

（10）加班总人数；

（11）加班总工时数；

（12）加班费。

九、关于品质的指标

（1）不良品返工维修成本；

（2）月度报废成本；

（3）供应商来料DPPM（defective parts per million，百万分比的缺陷率）；

（4）生产各流程阶段的DPPM；

（5）生产全流程的DPPM；

（6）OBA（out of box audit，出货前的开箱审核检验）的DPPM；

（7）保修期内的RMA（return merchandise authorization，退货授权）不良

品数；

（8）保修期内的不良品维修时间；

（9）过保修期的RMA不良品；

（10）过保修期的不良品维修时间。

十、关于新产品导入NPI（new product introduction，新产品导入）的指标

（1）新产品项目数；

（2）失败或异常的新项目数；

（3）新产品准时导入达成率；

（4）新产品项目导入周期。

十一、关于项目收尾EOL（end-of-life，产品生命周期末端）的指标

（1）未来三个月待结束的项目数；

（2）总呆滞料金额；

（3）各EOL项目的呆滞料金额。

十二、关于环境的指标

（1）ISO14001认证；

（2）温室气体排放的减少；

（3）固定废物排放的减少；

（4）水使用量的减少；

（5）单位营收能耗使用量的减少；

（6）可再生能源的使用比例；

（7）可循环物料的使用比例；

（8）能源效率的提高。

以上十二大类数据指标有其标准定义和计算方法，有一定管理实践的读者基本可以识别、判断和理解哪些供应链数据是需要每天、每周、每月、每季或每年来维护和跟踪管理的，这里不再赘述。

第 6 节　拓展阅读：你了解绿色供应链吗？

绿色供应链指数绩效评价体系和标准

广东省绿色供应链协会于 2019 年 1 月发布了一份《绿色供应链管理评价导则——绿色供应链指数》（以下简称《绿色供应链指数》），以指导企业将绿色制造、产品生命周期和生产者责任延伸理念融入企业的供应链管理体系，识别产品及其生命周期各个阶段的绿色属性，协同供应链上供应商、制造商、物流商、销售商、用户、回收商等实体，实现对产品整个生命周期内绿色属性的有效管理，减少在产品制造、运输、储存及使用等过程中的资源消耗（包括能源消耗、二氧化碳排放等）、环境污染和对人体的健康危害，促进资源的回收和循环利用，实现企业绿色制造和可持续发展。

《绿色供应链指数》表征企业在供应链各环节中环保、节能以及低碳三方面的综合表现。

一、实施绿色供应链指数评价标准的目标

政府部门通过该标准可以深入了解各行业整体绿色化程度，发现企业可持续发展的优秀案例，探索可推广、可复制的绿色供应链管理模式。通过评价，为制定城市发展战略，编制产业规划，调整产业布局，推进生态文明建设提供量化的工作依据。

企业在实施《绿色供应链指数》评价过程中，可以有效识别和分析自身在环保、节能以及低碳三方面存在的问题和风险，帮助自身有效规避相关风险，保障自身正常运作，并通过与同行业其他企业的比较，明确自身行业定位，找到进一步提升的空间。

监管机构可利用该指数了解和掌握各企业绿色化水平，发现其在环境合规、遵法贯标、淘汰落后产能等方面存在的问题，加强对环境合规、环境风险管理的针对性指导和推进，发挥监管导向作用。《绿色供应链指数》可作为政府补贴和税收减免的重要依据。

大型采购商可将《绿色供应链指数》作为评估供应商的依据，鼓励企业在采购活动中优先考虑指数评分高的供应商。采购商可以利用本标准推动问题供应商做出整改，并由直接供应商向更上游的供应商逐级传递，促进企业绿色采购。

金融机构可将《绿色供应链指数》作为企业融资信用评价的重要组成部分，通过开展企业绿色供应链指数评价，推动绿色信贷、绿色保险等绿色金融政策的应用。

二、评价指标体系

《绿色供应链指数》基于环境绩效、能源绩效和低碳发展三大方面，对企业管理指标、绿色设计、绿色采购、绿色生产、绿色物流和绿色回收利用六大要素进行综合评价，并设置六大要素为一级指标。

一级指标下设二级指标，包括基础类指标、特征类指标和提高类指标三类。

（1）基础类指标：企业在环境管理、能源管理和碳排放管理方面的守法合规情况。

（2）特征类指标：行业企业特有的、有利于企业实现节能减排等目标的情况。

（3）提高类指标：企业通过自愿参加国家和地方节能环保项目，或企业主动实施节能改造、污染物减排和碳交易等活动来改善环境行为和能效的情况。

二级指标下设34项三级指标。一级指标、二级指标和三级指标共同构成《绿色供应链指数》评价指标体系，以反映企业供应链管理的绿色、可持续发展水平。评价要求和标准如表2.8所示。

表2.8 《绿色供应链指数》绩效评价

一级指标	二级指标	三级指标评价项的内容	满分值
管理指标（100分）	基础类指标（80分）	1.建立绿色供应链管理制度，对与绿色供应链有关运行和活动进行监测和控制，以确保其在规定的条件下进行。	30
		2.环境管理（排污申报与排污许可、行政处罚、内部环境管理、污染治理设施运行）。	50
	特征类指标（20分）	1.环境风险评估及应急预案。	10
		2.环境信息公开。	10
绿色设计（100分）	基础类指标（40分）	1.产品设计原则包含了节能、低碳和环保的要求，并且符合国家、行业和地方相关法律法规。	40
	特征类指标（60分）	2.依据行业特点，制定实施企业绿色设计指标。	60
绿色采购（300分）	基础类指标（160分）	1.建立绿色供应商管理制度。	80
		2.绿色供应商管理制度实施情况。	80
	提高类指标（75分）	1.供应商节能改造和节能技术应用情况。	15
		2.供应商开展清洁生产审核情况。	15
		3.供应商开展能源审计情况。	15
		4.供应商开展碳核查情况。	15
		5.通过质量管理体系、环境管理体系、能源管理体系及职业健康管理体系等体系认证的供应商比例。	15
	特征类指标（65分）	依据行业特点，制定实施企业绿色采购指标。	65
绿色生产（300分）	基础类指标（210分）	1.生产过程的环境行为符合国家和地方相关法律法规要求。	30
		2.淘汰落后产能和落后工艺设备情况。	20

续 表

一级指标	二级指标	三级指标评价项的内容	满分值
		3. 实际单位产值排污量水平。	60
		4. 实际单位产值水耗水平。	20
		5. 实际单位产值能耗水平。	20
		6. 实际单位产值碳排放水平。	20
		7. 开展清洁生产工作情况。	20
		8. 开展能源审计工作情况。	20
	提高类指标（30分）	通过环境、能源、低碳类管理体系及产品认证情况。	30
	特征类指标（60分）	依据行业特点，制定实施企业绿色生产指标。	60
绿色物流（100分）	基础类指标（35分）	1. 企业制定绿色物流管理制度。	15
		2. 企业实施绿色物流管理制度情况。	20
	提高类指标（15分）	物流过程中清洁能源使用情况。	15
	特征类指标（50分）	依据行业特点，制定实施企业绿色物流指标。	50
绿色回收利用（100）	基础类指标（25分）	1. 原辅材料回收处理情况。	10
		2. 落实生产者责任延伸制度，产品制造商应承担产品主要回收处理责任。	15
	提高类指标（10分）	在产品上标识绿色环保消费回收标示。	10
	特征类指标（65分）	1. 产品制造商应通过适当的方式发布产品拆解技术指导信息，信息应便于相关组织获取。	10
		2. 企业设计逆向物流业务流程，建立逆向物流体系，保证产品回收利用渠道的畅通。	15
		3. 依据行业特点，制定实施企业绿色消费与回收指标。	40

三、评分计算方法及等级评定

《绿色供应链指数》采用多层次综合评价法建立评价模型，计分公式如下所示。

$$A = \sum_{i=1}^{6} B_i$$

式中：

A：绿色供应链管理综合分值；

B_i：各一级指标（准则层），$i=1\sim6$。

四、绩效得分与评级依据

绩效得分与相应的评价标准如表2.9所示。

表2.9 《绿色供应链指数》等级评价依据

序号	综合得分	等级
1	200 ≤ 得分 <400	一星级
2	400 ≤ 得分 <600	二星级
3	600 ≤ 得分 <700	三星级
4	700 ≤ 得分 <800	四星级
5	800 ≤ 得分 ≤ 1000	五星级

绿色供应商绩效评价体系

这里给大家分享一个绿色供应商绩效评价体系的案例。对绿色供应商进行科学的综合评价，可以帮助企业识别并挑选出合格的绿色供应商作为供应链合作伙伴，为企业的可持续发展做出贡献。此外，通过对绿色供应商的科学评价还可以规避企业的环保成本和供应商被关停并转的风险，进一步增强企业的核心竞争力。

在分享这个绿色供应商评价体系之前，我们先对这家公司的行业背景做一下介绍：这家公司是电气设备行业的龙头企业，早在2013年就率先提出绿色能效和可持续发展的管理理念，发布了超过行业标准的绿色产品认证标志，坚持绿色设计和绿色环保产品。该公司在实施绿色优先的管理举措时，其面临的最大挑战就是绿色供应商的管理问题。

该公司将供应商分为五大类：第一类是电子元器件类的供应商；第二类是金属及塑料加工件供应商；第三类是原材料供应商；第四类是PCBA电路板及组装供应商；第五类是非生产性供应商。

该公司原先的供应商评价流程包括供应商开发、供应商选择和供应商绩效考核三个环节。在寻源开发环节有相应的审核标准，经过评审合格的供应商会录入公司的SAP ERP系统,由相对应的采购负责人进行管理。

供应商在进入公司的供应商池后,来自采购、质量、供应链和技术团队的专家经由采购部牵头,组织每月一次的考评,其评价指标分为质量、物流、价格和其他4个维度的8个指标,这8个指标分别是:质量绩效、准时交货率、交期、最小订单量、产品价格、技术竞争力、付款周期、解决问题的响应力。这8个指标被分别赋予不同的权重,比如产品价格的权重为30%,质量绩效的权重为25%,准时交货率、技术竞争力和解决问题的响应力分别被赋予10%的权重,其余3个指标的权重为5%。来自不同职能部门的负责人对供应商绩效评分表中的不同指标,以100分为满分的评价标准,对不同的供应商进行绩效比较后得出相应的分值,经过加权汇总得出不同供应商的绩效得分。

企业当下面临的问题是挑选出合格的绿色供应商,显然,原先的供应商评价指标过于简单了,并且缺乏绿色管理指标,忽视了供应商环境绩效要素。此外,原先供应商选择的评价标准主观性较大,评价标准容易受到决策者的主观影响,决策团队用同一份表进行打分,容易造成盲目顺从和跟随的现象,影响决策的客观性和公平性。

于是,该企业参照公司的绿色产品认证标准、行业相关环保标准,如ISO14001、同行业的绿色供应商评价标准以及现有的学术研究成果,在供应链专家的帮助下构建了绿色供应商评价指标体系。

一、绿色供应商评价指标体系的设计

绿色供应商评价指标体系分为7个维度、27个指标。这7个维度分别是:质量、服务、交付、成本、供应商能力、组织管理和绿色产品认证。

(1)在质量维度下的指标项有:来料不合格率、产线不合格率、客户退返率、产品通过质量认证率、生产过程控制、可追溯性体系指标;

(2)在服务维度下的指标项有:处理订单的准确率、解决问题的响应能力、信息现代化的水平、售后服务态度、库存管理水平;

（3）在交付维度下的指标项有：准时交货率、交期、最小订单量；

（4）在成本维度下的指标项有：报废回收处理成本、采购价格；

（5）在供应商能力维度下的指标项有：供应能力、技术竞争能力、产品研发能力、企业生产率、产品绿色设计；

（6）在组织管理维度下的指标项有：环境管理系统、绿色供应链管理承诺；

（7）在绿色产品认证维度下的指标项有：RoHS/China ROHS、REACH、PEP/ISO14001标准/ISO14025标准、EOLI。

二、权重设计

供应链专家通过专家访谈和问卷调查，综合考虑不同决策者，如采购经理、质量经理、技术经理、供应链交付经理等在评价指标中的决策重要性和他们对指标项的不同评价水平，对所有指标项按照GRA灰色关联分析算法进行权重赋值，同时对指标项做出清晰定义，并结合行业最佳实践定义出绿色供应商的评分标准，最后构建出完整的，包括评价权重和评价指标项、指标项的定义、评分标准的全面一体的绿色供应商评价体系，如表2.10所示。

表2.10 绿色供应商评价体系和权重分值

项目数	一级指标	二级指标项	满分值	灰数权重值
1	质量	来料不合格率	10	（0.515，0.7575）
2		产线不合格率	10	（0.515，0.7575）
3		客户退返率	10	（0.49，0.74）
4		产品通过质量认证率	10	（0.4775，0.705）
5		生产过程控制	10	（0.4775，0.705）
6		可追溯性体系指标	10	（0.3725，0.5775）
7	服务	处理订单的准确率	10	（0.49，0.74）
8		解决问题的响应能力	10	（0.49，0.74）
9		信息现代化的水平	10	（0.42，0.5225）
10		售后服务态度	10	（0.42，0.6975）

续 表

项目数	一级指标	二级指标项	满分值	灰数权重值
11		库存管理水平	10	（0.42，0.665）
12	交付	准时交货率	10	（0.47，0.7325）
13		交期	10	（0.4075，0.6625）
14		最小订单量	10	（0.265，0.4825）
15	成本	报废回收处理成本	10	（0.3025，0.535）
16		采购价格	10	（0.5475，0.6175）
17	供应商能力	供应能力	10	（0.37，0.61）
18		技术竞争能力	10	（0.415，0.635）
19		产品研发能力	10	（0.39，0.6175）
20		企业生产率	10	（0.3325，0.5525）
21		产品绿色设计	10	（0.415，0.635）
22	组织管理	环境管理系统	10	（0.4525，0.6875）
23		绿色供应链管理承诺	10	（0.36，0.595）
24	绿色产品认证	RoHS/China ROHS	10	（0.49，0.74）
25		REACH	10	（0.465，0.7225）
26		PEP/ISO14001 标准 /ISO14025 标准	10	（0.3825，0.645）
27		EOLI	10	（0.3325，0.5575）

三、绿色供应商选择

在实际应用中，不同角色的决策者，如采购经理、质量经理、技术经理、供应链交付经理各自分别参考此绩效评价表对不同的供应商进行打分。取大家的评价均分作为某供应商在某一指标上的得分，与绿色供应商评价体系中指标的权重相乘，就得出不同供应商的绩效分数。然后对同一品类的不同供应商进行排名，在排名接近时，更加关注供应商的绿色绩效和长期绿色可持续发展战略，最终得出绿色供应商的最佳选项。

举例来说，公司对电机品类的供应商进行评价，想要在现有的三家供应商A、B、C中挑选出最具备绿色可持续发展能力和规划的供应商，于是由采购部牵头，邀请了来自质量部、技术部、供应链交付部的专家分别对这三家供应商进行打分。依据公司的绿色供应商绩效评价表，采购部、质量部、技术部、供应链交付部对三家供应商按照绩效表中设定的27个指标分别打分。供应链专家对每一指标项选取了来自各部门专家评分的均值作为供应商的实际得分。比如，对于指标项"解决问题的响应能力"，以每项指标10分为满分计，对供应商A，采购部给出的分数是6分，技术部给出的分数是8分，供应链交付部给出的分数是9，质量部给出的分数是7分；实际给分时，供应链专家对这些分数加总求均值，得出供应商A在指标项"解决问题的响应能力"上的实际得分为（6+8+9+7）/4=7.5（分），这是对定性指标的评分。对于定量指标、可量化的指标，评价起来相对简单一些。比如对于交期这个指标项，供应商A的交期是3.5周，评价标准清晰定义了交期3周为满分10分，3.5周为8分，所以，来自不同职能部门的专家们给出的分数都是8分。所有的评价指标都按照前面列举的定量和定性标准进行打分，将供应商A的27个指标项的得分汇总在评价表里，将每一项的得分乘上绿色供应商绩效评价表中设定的权重系数，最终得出供应商A的总得分是230分，供应商B是250分，供应商C是220分，最终供应商B得分最高胜出。公司每个季度考核一次，最后以一年四个季度的平均得分为该年度的评价得分，如果供应商A和供应商B得分相似，则比较绿色指标项，绿色绩效优秀的供应商胜出。这样公司就可以选择胜出的供应商作为最佳绿色供应商，并促使其发展成公司的长期战略合作伙伴。

所以，设计出一个科学的绿色供应商绩效评价体系，可以帮助企业的采购部门更好地进行采购决策，识别并筛选出满足企业绿色采购所需要的合格供应商，执行企业的长期可持续发展战略，同时还可以规避并预测供应商的潜在风险以及未来有可能发生的环境成本，以此来增强企业的绿色可持续发展的竞争力。

企业在实际应用中，也需要根据企业自身的行业特点、商业模式等对指标项、评价标准做动态的修正，以便及时反映业务发展的现状。

与供应链管理相关的岗位

中外企业在供应链管理的组织架构和岗位分配上有所不同，其实是由于对供应链管理的认知差异形成的。以制造业为例。

外企有管公司运营的副总裁或首席运营官（chief operating officer，COO），下属有负责采购的副总裁及总监，也有公司安排了首席供应链官（chief supply chain officer，CSCO）的职位。外企管运营的总裁，基本上就是管理跟生产制造相关的运营工作，除了研发、市场、销售、人资和财务等支持部门不管以外，其他都管，包括计划管理、采购管理、生产管理、物流管理、仓储管理、产品质量管理等，归根到底就是将公司生产的产品保质、保量、按时交付给营销部门去销售，交到B端（商业端）、G端（政府端）客户或C端（消费端）的手上，完成运营的任务。

中国的很多公司将运营职能分权到几个副总裁身上，有制造副总裁、采购副总裁、交付副总裁、供应链（只管物流和仓储）副总裁。一个总裁下设无数个副总裁，看上去名头很大，其实是很小的一个职能岗位，这样各大总裁之间需要协同的工作会很多，会牵扯很多错综复杂的关系。如果公司是按照集团/事业部形式分配权责的，就会在总部与事业部重复设置以上相关职能，总部负责总协调，事业部负责各自事业部的运营管理，各种职能的总裁岗位也很多。

通常来说，企业会根据自己的业务模式设计自己的业务流程，以此来设置所需要的岗位，安排人手完成流程所需要的工作。

制造业企业，不外乎有以上供应链管理活动各职能产生的岗位，还有就是这些职能部门之间的协同岗位，公司会根据业务管理的需要增加一些与相关部门窗口协调的岗位。

考虑到近年来国内迅猛增加的电商平台公司，物流运输公司，货仓服务、进出口贸易服务、进出口报关服务、供应链金融服务等公司，我们通常看到的各种岗位包括以下几类。

（1）跟采购相关的有：采购经理（工程师）、策略寻源经理、采购跟单员（buyer）、供应商质量管理工程师；

（2）跟需求计划相关的有：生产物料控制员（production material control，PMC）、销售计划／生产计划专员；

（3）跟生产测试相关的有：制造经理、运营经理、新产品导入专员、产品工程师、制程工程师、精益生产工程师、模具工程师、设备管理工程师；

（4）跟物流仓储相关的有：供应链专员、供应链运营中心经理、物流经理、供应链总监、仓库管理员；

（5）跟成本核算控制有关的有：成本管理专员；

（6）跟业务审计相关的有：审计员、合规管理员；

（7）跟项目和产品相关的有：项目经理（project manager，PM）；

（8）跟客户接口协同的有：商务经理、售后服务专员，还有其他一些如负责企业社会责任（corporate social responsibility，CSR），对供应商进行管理和审核的专业人员。

虽然行业千差万别，岗位多种多样，头衔也是五花八门，无法穷尽，但都不外乎满足供应链管理的职能需求。

面向未来网络化、生态化的供应链平台管理，预计会增加一些新的岗位，比如供应链网络的数据架构师、业务架构师，供应链业务的数据分析师、智能决策算法工程师，供应链战略分析师等技术性和专业性都更强的专家岗位。

附录：《苹果公司跟供应链运营管理相关的工作》[①]

商业情报与分析

苹果公司的商业情报与分析团队负责提供各种翔实的市场报告与数据分析结论，并提供各种切实可行的建议和观点，帮助苹果公司解决各个运营领域遇到的复杂商业问题。采用的方法包括：紧急报告、即时分析，以及高级分析／机器学习。工作范围包括：与顾客互动、供应链优化、产品质量提升、运营执行与欺诈检测，以及销售渠道项目分析。

业务流程管理

苹果公司的业务流程管理团队负责确保苹果公司生产出的产品顺利输送到供应链和销售渠道的终端，并营造出色的客户体验。与苹果公司其他团队开展跨部门合作，优化各项业务流程，比如让顾客轻松在线订购产品，然后前往零售店取货，工作领域包括项目管理。

供需管理与新产品导入筹备

供需管理与新产品导入筹备团队，主要是帮助苹果公司预测需求和保障供应。团队成员需要协助完成苹果公司的财务和销售目标，同时确保顾客体验不受影响。他们提供的需求预测用于支持苹果公司内部的重要行动，包括公司的利润和损失预测及计划、工厂每日产量，甚至细化到顾客的产品分配等。他们制订的供应计划用于确定产能和原料采购需求，近至一周以内，远至下一年。此外，在筹备新产品导入时，这支团队还帮助确保从各销售渠道订购的顾客能及时收到产品，工作范围包括供需管理、经销商运营管理，以及新产品筹备。

零售与电子商务产品交付

零售与电子商务产品交付团队的主要职责是帮助苹果公司为顾客提供流

[①] 根据苹果官网资料整理，https://www.apple.com/careers/cn/teams/operations-and-supply-chain.html。

畅、优质的购物体验，最大限度地吸引顾客关注和提升产品销量，确保产品库存按时按量准确就位，并为顾客提供快捷的产品交付解决方案。此外，这支团队还需要与其他团队开展跨部门合作，共同制订产品交付路线图，并优化供应链的管理体系、工具和流程。工作范围包括库存控制、零售产品交付规划，以及项目管理。

物流与供应链

物流与供应链团队的主要职责是：以尽可能快速高效的方式，将苹果公司的产品送到顾客手中。通过有效管理全球系统和流程，并参与谈判和磋商，构建高效率、低成本的供应链，同时确保提供出色的客户体验。工作范围包括采购、物流运营、防损，以及供应链分析。

销售规划与运营

销售规划与运营团队的职责是：与销售团队和合作伙伴并肩作战，在策略、规划、执行和运营各方面追求卓越，确保每一次与顾客的互动都发挥最大的价值。苹果公司的渠道项目包括实体店和在线商店陈列、人员安排、销售培训以及店内技术。工作范围包括渠道项目管理、销售点运营、销售培训和支持、合同管理、渠道共享服务、销售项目分析，以及苹果公司的高管简报计划，确保苹果公司在全球多元化销售渠道为消费者、企业、教育机构和政府提供出色的产品和服务。

采购与供应链

苹果公司的采购团队，负责协同研制创新性模组产品，协调全球供应链，并与苹果公司的技术团队和制造合作伙伴密切协作。团队成员需要在整个产品生命周期内管理原材料，推动合作策略的执行，组织商业谈判，达成满足苹果公司的产品性能的协议，并确保供应链的长期可持续性发展。工作范围包括：全球供应管理、原材料的项目管理、战略许可、OEM（original equipment manufacturer，原始设备制造商）业务运营、新产品开发管理以及渠道制造流程管理。

制造与运营工程

制造与运营工程团队，负责将工业设计师手里的图纸，变成一款款出色产品；开发有效的制造工程解决方案，打造出色的顶尖产品。协助设计和定制设备，开发制造工艺，优化模具，寻找供应商，并在严格标准得到保障的前提下，与运营合作伙伴优化产能和成本。工作范围包括：机构设计工程、工艺工程、模具工程、DFM/DFX[①] 工程、自动化、信息系统，以及技术项目管理。

质量工程

质量工程团队负责确保苹果公司的产品在交到顾客手中时，每一处细节都与设计师当初的设想一样惊艳、美妙。质量工程团队的职责不仅限于衡量制造结果，还包括辨识关键风险，设计测试方案，搜集和分析数据，以此推动产品创新。工作范围包括：结构质量工程、产品质量工程，以及供应商质量工程。

供应商责任

供应商责任团队制定了业界最为严格的标准，确保苹果公司的整个供应链体系都能充分保障人权、公平就业和工作安全。不仅如此，还需要帮助供应商达到这些标准。供应商责任团队成员需要与供应商的工厂经理合作，监督环境政策合规情况，同时监测劳动条件和安全措施，保障每一位工人的权利，使其得到合理的对待和尊重。

项目管理

项目管理团队，负责协作管理苹果公司的各种大型项目，从创意的诞生到产品的发售。在整个过程中，项目管理团队负责对制造的合作伙伴实施所

[①] DFM 是 design for manufacturing 的缩写，即面向制造的设计。DFX 是 design for X（为 X 设计）的缩写，是一种产品设计方法论。

有层面的管理，同时担负着与高管团队、工程团队和运营团队沟通协作的重任，以制定符合苹果公司目标和顾客需求的关键决策。工作范围包括：运营项目管理、资本支出管理、技术项目管理、产品质量项目管理、运营生命周期管理，以及技术许可项目管理。协作是苹果公司的灵魂，而项目管理团队就是协作过程的纽带，将不同团队紧密联结在一起，共创佳绩。

常见的供应链类型及其应用场景

在实际供应链管理实践中，根据需求和产品特性的不同，我们通常将供应链的类型分为四类，如图2.11所示。

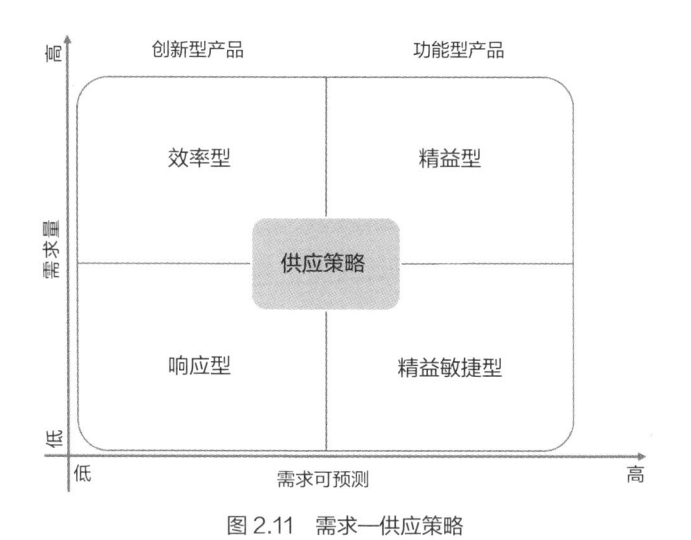

图 2.11 需求—供应策略

图2.11中，横轴是需求的可预测性，纵轴为需求量，对应四个象限，分别有对应的供应策略。与此产品和需求相对应的策略类型为：

（1）左上为讲求效率的效率型供应链；

（2）左下为讲求速度的响应型供应链；

（3）右上为讲求成本的精益型供应链；

（4）右下为既讲求速度又讲求成本的精益敏捷型供应链。

这些不同的供应策略有其适配的商业场景、行业或产品特点，如果不知道这些应用场景，生搬硬套供应策略，会给企业带来极大的危害。

一般来说，我们认为需求稳定可预测、产品生命周期较长的产品为功能型产品；需求变化大且不可预测、产品生命周期较短的产品为创新型产品。其对应的应用场景，如表2.11所示。

表2.11 供应链的类型及其应用场景

供应链类型场景	效率型	响应型	精益型	精益敏捷型
需求预测	不可预测	不可预测	可预测	可预测
客户关注	快速交付和稳定供应	快速交付和服务水平	成本	质量和稳定可靠的供应
产品类型	创新型	创新型	功能型	功能型
采购策略	外包	VMI（vendor managed inventory，供应商管理库存）	外包	自购自产
生产策略	ATO模式（assembly to order，按订单装配）	ATO模式	按预测生产，适度备库存	按预测生产，适度备库存
补货策略	定量补货	按需补货	定期定量补货	定期不定量补货
范例	时装、计算机、手机	高科技产品、半导体	日用消费品、家电产品	汽车、餐厅食品

第 3 章
如何打造数字化供应链绩效评价体系

刘总："小陈，最近客户反馈说，咱们公司产品的质量有了明显的提升和进步，客户退回来的不良品也少了很多，你是怎么做到的呀？要不将你的方法也推广一下？"

品质主管陈经理："刘总，也没什么新方法，我就是遵循全面质量管理（total quality management，TQM）和PDCA持续改进的方法进行改善的。团队花了不少时间，从规划到行动，再到检查、再处理和改善，有个循序渐进的过程，我们还将持续改善，并将此方法应用于公司的所有产品线上。"

刘总："这个方法不错啊，是不是也可以应用到我们的公司管理上，来提高公司的运营绩效和管理绩效呢？"

品质主管陈经理："是的，刘总。上次辛老师帮我们公司设计数字化供应链绩效评价体系时，也用到了PDCA方法，另外还有一个叫'VSGAI'（威士忌）的指标方法论，真的很不错！"

…………

第 3 章 如何打造数字化供应链绩效评价体系

第 1 节 数字化供应链绩效评价体系构建的方法论 "VSGAI"（威士忌）

构建的五个步骤

开发设计一个特定的供应链绩效评价体系或系统，如同执行一个具有完整生命周期的项目，需要经过设计前的周密思考，详细设计，执行设计好的评价体系，评估、监控和检查现有的评价系统，根据评价结果再修正调整这五个步骤。

一、设计前的周密思考

在数字化供应链绩效评价体系或系统设计前，需要有周密的思考和整体的系统框架思路，以确定绩效评价系统的目标、范围和功能。谁是设计主体？为谁而设计？用什么方法进行评价？如何修正？

比如，可以采用问题清单的形式，不断地问询、思辨和解答，这样会将问题界定得越来越清晰。

（1）供应链绩效评价系统的目标是解决什么管理问题？是供应链内部运营绩效，还是供应商绩效，或者是可持续供应链绩效，再或者是绿色供应链绩效？

（2）究竟由谁来主导设计这个绩效评价系统？是公司内部人员还是外部咨询公司？内部人员是否有足够的认知高度去审视、检查公司的业务架构、体系以及流程？是否具备相应的能力和经验来设计供应链绩效评价系统？外部咨询公司的资质、能力和遴选标准是什么？

（3）供应链绩效评价系统的范围包括哪些维度？涉及哪些部门？未来的用户是谁？谁是考评人？谁是被考评人？是包括内部责任人还是外部利益相关者？哪些是侧重点？是否需要将供应链的最佳实践活动整合到评价系统中？用数字化手段实现哪些功能点？选择哪些评价指标？用什么方法来构建？

设计一个数字化供应链绩效评价系统的难点不是在于用数字化的技术手段实现管理思想，而是在于对业务的深度理解，从业务视角将业务目标分解到流程活动和关键事项中，并设定优先级和排序，识别和设计量化目标，流程KPI和结果KPI，这也是帮助公司从战略分解到战术，再落实到运营活动的一个供应链精细化管理的过程。

二、详细设计

数字化供应链绩效评价系统设计的主要范围包括：评估绩效、特征化绩效、预测绩效、将评价指标与目标联系起来、评估使能活动对绩效的影响、识别绩效衡量和评价的指标项并确定评价优先级、识别能够可视化的指标。

在详细设计时，需要考虑供应链绩效评价系统的主要功能：评价是以过程或流程为中心还是以结果或成效为中心？绩效评价项的优先级是什么？绩效指标变量与评价维度之间的关系是怎样的？

在详细设计时，还需要考虑供应链绩效评价所运用的方法和工具，是用仿真模型、模糊逻辑分析方法、数据包络分析方法，还是数学模型、统计分析、结构方程模型、回归模型、人工智能、贝叶斯网络或其他先进的技术方法。

在详细设计时，还需要考虑选择最恰当、最适合的供应链绩效评价指标项，即根据管理目标、范围和功能识别出最重要、最优先考虑且可衡量的

KPI，并对指标进行详细且精准的定义：以什么为标准进行判断、评价和赋值？采用什么类型的指标？是财务指标、运营指标、可持续发展指标、定量指标，还是定性指标？

三、执行设计好的评价系统

理解供应链绩效评价系统的应用场景，如适用于哪些行业，哪些企业，哪些部门，什么规模的企业，处于行业生命发展周期的不同阶段的企业。

在落地执行设计好的供应链绩效评价系统时，还需要进行绩效对标：是跟企业的历史过往绩效相比，还是跟外部同行的竞争对手相比？是与国内的行业龙头企业对标，还是与国际一流企业对标？对标的标准怎么设置？多好才算好，多差才算差？用什么样的度量标准，100分制还是5分制，或者是20分制，再或者是层级/等级制？

四、评估、监控和检查现有的评价系统

在执行过程中，需要评估的问题有：是否碰到无法评价的指标？部门协同和数据采集的难度是否很大？数据是否合理准确？指标项是否要修正？数据采集的方法是否要调整？数据采集的频次是否合理？绩效评价报告的结论是否真实准确地反映了企业的实际绩效？是否实现了预设的管理目标？是否能够通过这个评价系统去推动公司内外部运营活动的协同和改善？

五、根据评价结果再修正调整

经过一轮或多轮的评价结果，以及在评价过程中所遭遇的困难、挑战和阻力，供应链绩效评价系统的设计者还需要对评价系统进行修正和更新，并通过数字化系统迭代升级。

综上，开发设计一个特定的供应链绩效评价系统的具体工作安排如下：

（1）构思供应链绩效评价体系的系统框架、目标和范围。根据公司愿景、战略和目标，识别关键成功要素或竞争力要素，设计规划关键任务和使能活动。

（2）基于目标和任务，选择合适的方法、技术或参考现有的标准，构建评价维度、关键域、KPI的结构化层次关系。

（3）找出与公司战略目标相匹配的目标与指标，同时考虑到公司的资源和能力等现实条件，找出优先关键域和优先关键指标项，确定可量化、可衡量的KPI，去除短时间内无法实现的目标和指标。

（4）与利益相关者讨论，收集反馈和意见并达成共识，修改或调整不合适的指标和评价标准。

（5）再次与所有管理者对拟定的供应链绩效评价系统达成共识，达成一致意见。

（6）将设计好的初版供应链绩效评价系统发布给所有利益相关者和参与者，安排落地实施和执行，并进行初步验证，修订在实践中不合理、不合适的评价指标、标准和评价方法。

（7）经过落地验证和试运行，将固化的供应链绩效评价系统导入企业的数字化系统平台，与其他系统的数据连通，实现数据共享。绩效成果实现可视化、透明化管理，形成BI仪表盘，对供应链绩效长期跟踪、监测、分析和预测。

（8）持续升级迭代和优化数字化供应链绩效评价系统，形成数据驱动的供应链管理和用数据创造价值的新型可持续供应链运营管理模式。

"VSGAI"（威士忌）指标方法论

除了遵循以上数字化供应链绩效评价系统的完整设计步骤，我们还需要采用一定的流程方法论，一步一步地对数字化供应链绩效系统进行详细的设计，对指标进行精心的设计和筛选，以及以权重的分配来构建指标体系。此流程方法是从顶层设计和系统规划开始，即从愿景、使命、战略分解到目标，从目标转化为具体的使能任务活动项，将大目标分解为小目标，再分层级地转化为可衡量的数字化监控指标，实现从目标化到模板化和流程化，进而到指标的层级化。这样的流程方法我们称之为VSGAI（vision-strategy-goal-activity-indicator）的指标构建方法论，中文简称为"威士忌"，如图3.1所示。

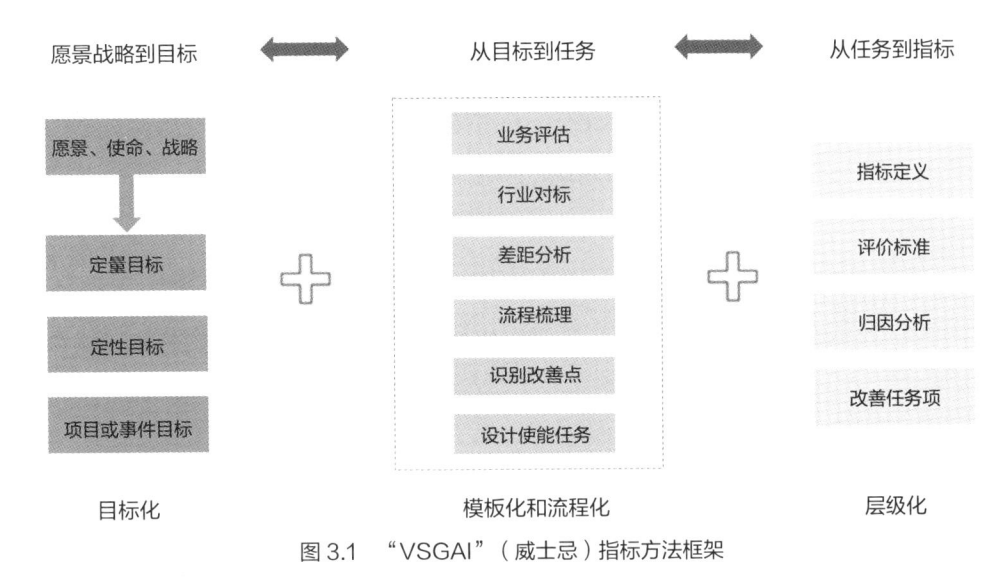

愿景战略到目标　　　　　　　从目标到任务　　　　　　　从任务到指标

愿景、使命、战略　　　　　　业务评估　　　　　　　　　指标定义
　　　↓　　　　　　　　　　行业对标　　　　　　　　　评价标准
定量目标　　　　＋　　　　　差距分析　　　＋　　　　　归因分析
定性目标　　　　　　　　　　流程梳理　　　　　　　　　改善任务项
项目或事件目标　　　　　　　识别改善点
　　　　　　　　　　　　　　设计使能任务

目标化　　　　　　　　　模板化和流程化　　　　　　　层级化

图3.1 "VSGAI"（威士忌）指标方法框架

接下来我们就按照"VSGAI"（威士忌）指标构建方法论详细介绍数字化供应链绩效评价体系的构建过程。

第 2 节　从愿景、战略到目标

前面我们提到设计一个供应链绩效评价系统需要有目标，那么目标是从哪里来的呢？需要从公司愿景、使命、长期发展战略和阶段性公司发展目标逐层分解推导而来。

一般来说，大中型企业会根据自己的愿景、使命和发展定位制定一个五年期的战略规划，如同我们国家关于"国民经济和社会发展五年规划纲要"一样。企业愿景是企业长期发展的目标和愿望，是对未来所期望达到的状态和成就的描述。

公司愿景通常包括对公司发展方向、市场地位、企业文化、社会责任等方面的设想和期望，是公司领导者对未来发展的宏伟愿景和目标的表达。公司愿景不仅可以激励员工，还可以指引公司的发展方向，同时也是公司对外宣传和品牌建设的重要内容之一。公司愿景定义了公司想要成为什么样的企业，通常公司会根据愿景和长期发展规划，制定一个三年或五年的战略规划蓝图和分步实现路径；每自然年或财务年都会制定企业年度战略规划和年度目标，从总目标到各业务部门的目标，供应链的战略目标也是其中之一。供应链管理部门根据对公司总目标的承诺，识别供应链部门（实际使能单位或组织），定义关键流程（使能流程）、角色和责任范围，建立每个流程的网络结构关系图。

找目标或确定目标的方法不止一种。一种是对标找目标，还有一种是基于自身现状，制定适合发展现状并略有挑战性的目标。

对标找目标是一种常用的方法。通过对企业现状的梳理，找到相同行业的类似企业（通常是竞争对手），或者是行业龙头企业、国际领先企业的最佳实践，如世界500强企业、中国500强企业作为目标。中小企业可以拿自己的直接竞争对手作为对标对象。

自定义目标。有些企业已经是世界领先的企业，无标可对，或者相对较小的企业也无法对标行业顶尖企业或竞争对手，这样的企业通常会自己跟自己对标，将自己的实际结果提高到新高度，以此作为下一个阶段的目标。

所设定的目标，既可以是可量化的目标，也可以是定性的目标，还可以是项目或事件目标。既要考虑当下企业的现实需求，又要兼顾未来企业的长期发展。

下面我们以 A 公司为例，看看 A 公司是如何从战略分解到目标的。

1. A 公司的愿景是"致力于成为全球某技术的引领者"。

2. A 公司的五年发展目标是成为全球某细分行业排名前三的领导者。

3. A 公司的年度目标为：

（1）年度财务目标：实现销售收入 100 亿元，营收增长 10%，利润率提升 5%，回款率达到 100%，运营效率提高 10%，库存周转率从 3 提高到 4。

（2）年度管理目标：建立一个具有强大海外市场拓展能力的组织和团队，引进 3 位海外高端人才，实现欧美发达市场零的突破。

（3）年度项目目标：发掘 3 个新的世界级大客户，进入新的市场领域；成功导入并实施 2 个数字化转型项目。

我们再以 B 公司为例，比如：

1. B 公司的数字化愿景：创造价值，引领创新，成为国际一流的某行业数字化引领者。

2.B公司的五年数字化战略目标：致力于建设全链接、全数据的智慧企业，建成"经营管理、智能制造、协同办公、生态圈协作、智慧决策和基础设施"六大平台。

3.B公司的年度项目目标：构建智慧研发、智能制造和智慧供应链三大平台。

A和B这两家公司的愿景、战略目标和年度目标都非常清晰，也很容易传递给团队，由团队负责根据公司的总目标设计自己部门的小目标和关键任务，各相关部门也很容易认领自己的目标，或者执行一个协同目标，即不同贡献度的总目标。

我们说以上步骤就是"VSGAI"（威士忌）指标方法论中的"VSG"步骤。

第3节 从目标到任务

根据公司确定的总目标和供应链目标（或改善目标），供应链使能组织负责人基于对公司的承诺，对供应链的目标按照业务的价值流，识别相关责任部门（使能组织），将目标分解为各责任部门的小目标和行动方案或任务计划，以下是此过程可能会运用到的两种方法。

方法一：新建，成立项目筹备组，实现从0到1的投资建设；

方法二：变革，成立变革项目组，从变革项目1.0、2.0到3.0逐年升级推进变革，借助咨询公司和变革项目小组的力量，识别需要改进或优化的流程，找出使能活动，将组织能力逐渐夯实。

高标准新建一家企业或者高标准上一个新项目，打造一个新的团队，一切以全新企业为对标对象，建立全新的最佳实践、业务流程和运营模式，起点较高，也相对更容易规划和设计。

如果是变革原有公司，改善原供应链的绩效指标，在实现上会相对复杂些，通常需要咨询公司专家顾问的介入来帮助企业发现问题、设计蓝图、梳理流程、识别改善点，再根据改善点逐一解决问题和难点；此外还需要考虑现有团队是否具备变革的决心和与时俱进、推动变革的组织文化氛围，是否具备持续学习和自我更新的能力。

继续以本章第2节所述A公司的目标为例。

A公司未来五年的目标是成为某细分行业排名前三的领导者，那么从供应链视角来看，也应该成为供应链排名前三的公司，与公司的大目标相匹配。供应链部门需要找出行业领先的某家公司，与这家企业最领先的供应链实践和实际绩效对标，设定相应的供应链管理目标。

此外，供应链部门还需要设置与公司财务目标相匹配的目标。若要实现公司销售收入100亿元的目标，营收增长10%，意味着供应链的供应交付能力也必须能够支撑100亿元营收的交付，然后再分解到各产品线的交付目标、产量目标、产能目标、采购目标等；A公司营收10%的增长目标，也意味着产能的增长、效率的增长；A公司提升利润率5%的目标，意味着成本的降低或售价的提高，从供应链的视角，需要降低采购成本，提高产品的毛利率和良率；此外公司运营效率提高10%的目标、库存周转率从3提高到4的目标，从供应链的视角，需要降低运营成本，提高人均产出，加强库存资产的流动性，合理降低库存量等。

对于以上供应链领域的子目标，供应链的相关负责人需要根据供应链的业务流程，将供应链的子目标分解到各责任单位，比如计划、采购、生产、仓储、物流等部门，根据责任的大小，分配相应的权重，与各责任单位达成共识，避免推诿扯皮的现象。目标不一致，就会产生"部门墙"问题——部门间各自为政，缺少合作和协同，容易产生"1＋1＜2"的效用，这是设计供应链绩效指标的考核目标时必须注意的问题。

举例来说，为实现公司产品降本5%的目标，采购部门的降本责任权重可能占50%，计划部门的降本责任权重可能占20%，生产部门的降本责任权重可能占10%，质量和技术部门的降本责任权重可能各占10%等，当然这些权重分配需要与大家共同讨论，或者由第三方咨询公司主导，通过问卷调查和数据统计分析获得各责任部门在降本这件事上的权责重要性。

此外，A公司有海外扩张的需求，供应链部门还需要考虑是否对海外的供应链和未来的运营中心做出初步的规划和布局,以备未来之用。

当以上这些供应链目标的子目标落实到相应的责任单位后,就可以设计相应的活动任务,以实现既定的小目标。没有无缘无故的绩效提升,必然需要团队采取一定的措施,实行一系列的活动才能改变现状和现有的绩效。

具体的使能任务和活动安排如下。

(1)因产能增加,生产部需要在半年内扩大生产车间,增加投资,建立新工厂,新购生产流水线、设备,增加外包的产能等。

(2)要降低成本,采购部需要成立专项小组,对现有物料和供应商进行梳理,聚焦供应商,发掘3~5家战略供应商,战略投资某核心供应商等;计划部需要构建预测模型,将计划做准;仓储部门需要及时统计出入库数据,及时盘点库存数据,及时汇报,给采购和计划做好决策参考等。

(3)提高良率,生产部、质量部和技术部,需要梳理现有质量检验标准,加强对供应商的管控,派工程师常驻供应商并督导供应商的日常工作,梳理现有生产流程和工艺,加强监测管控点等,并加强对关键岗位、主要作业人员的培训,购买先进的自动检测和监测设备等。

(4)提高库存周转率,计划、采购、生产、仓储和销售部门的人员,需要协同工作,提高计划的准确率,减少非必要物料的入仓,通知客户按需求计划及时收货,销售及时跟进客户的回款,提高盘点的准确率等,并启动与供应商协同的数字化项目等。

方法是无穷的,提高供应链运营绩效的活动既需要参考业界领袖的最佳实践,也需要管理团队和一线作业人员集思广益,共商对策,提出有效的方法。

以上步骤就是"VSGAI"(威士忌)指标方法论中的前四步(即VSGA)。

第 4 节 从任务到指标

当为实现目标而设计的使能工作任务明确以后，我们基本可以预判出公司的绩效，并围绕初始目标的子目标，设计相应的绩效评价指标。这里的绩效指标不仅包括关键业务活动的 KPI，还包括相关责任人的绩效考核指标。本书将着重介绍供应链的绩效评价指标。关于个人的绩效考核指标，既可以参考供应链的绩效评价指标，也可以新增一些适合个人的考评指标。企业的人力资源部门可以配合完成个人绩效评价和奖惩制度的制定。

究竟选择什么样的绩效指标来衡量评价关于供应链业务改善活动的过程和结果呢？用定量的指标还是定性的指标？是衡量过程还是衡量结果，或者二者皆要衡量？选择的绩效指标是多长时限？是针对年度、季度，还是月度、周度，或者每天日常监控？

下面以供应链业务流程的改善为例，介绍相应的管理活动、任务项和评价指标项。

与品质活动相对应的改善任务项包括全面质量管理（TQM）、六西格玛管理、PDCA 持续改善活动、质量指标对标、供应商品质管理和评价。对应的质量评价指标，多数可以用量化指标来衡量和评价，比如良率达到多少，直通率达到多少，退返批次率是多少，维修成本是多少。

与技术提升相对应的改善任务项包括供应商协同共享系统的实施，射频识别（RFID）技术、敏捷制造系统和技术的应用。对应的技术评价指标包括新产品开发成功率，新产品导入的效率和周期，新产品验证的直通率。

与采购优化相对应的改善任务项包括电子采购系统的实施、精益采购、电子招投标、供应商协同系统、供应商绩效管理等。对应的采购评价指标包括：交期的减少，采购的降本率，对供应商的及时付款率，供应商的准时交付率，新供应商开发周期，战略供应商占比。

与生产活动相对应的改善任务项包括准时化生产（JIT）和精益生产、敏捷制造、供应链延迟（处理）、定制化生产等。对应的生产评价指标包括：库存周转率、产能利用率、生产效率、盘点准确率。

与绿色供应链相对应的改善任务项包括环境管理系统（EMS）的实施、绿色制造、绿色采购、绿色包装、绿色逆向物流等。对应的绿色评价指标包括：可再生可循环物料的产品占比、能耗降低的幅度、浪费减少的幅度、绿色包装达成率、产品回收比率、可再生能源的使用占比、循环水的使用比例、废料的循环处置率。

与库存管理优化相对应的改善任务项包括供应商管理库存（VMI）系统的实施、外包策略的运用、精益生产、供应链延迟（处理）、敏捷制造等。对应的库存优化评价指标包括库存数量、库存金额、库存周转率、VMI导入比例、ABC物料的比例和交付周期。

与物流优化相对应的改善任务项包括第三方物流、第四方物流、智慧物流、区块链技术的导入、自动机器人的应用。对应的物流优化评价指标包括准时交付率、仓储物流费用的降低率、运输周期的缩短天数。

在设计、选择相应的绩效评价指标时，尽可能选择量化指标——既可以是绝对值，也可以是相对值——用客观的事实、无争议的数字结果来评价、统计和分析供应链绩效，从而构成数字化供应链绩效评价的数据基础。

对于新建项目的活动项，可以用定性指标，即用0或1、是或否的评价标准，也可以参考供应链成熟度模型的评价指标，选择是否采用了某设备、某流程，是否建立了某机制。如：是否采用了供应商协同系统，是否采用了智慧物流系统，是否采用了电子招投标系统。

综上，从愿景、战略、目标到任务再到指标的"VSGAI"（威士忌）指标方法论架构如图3.2所示。

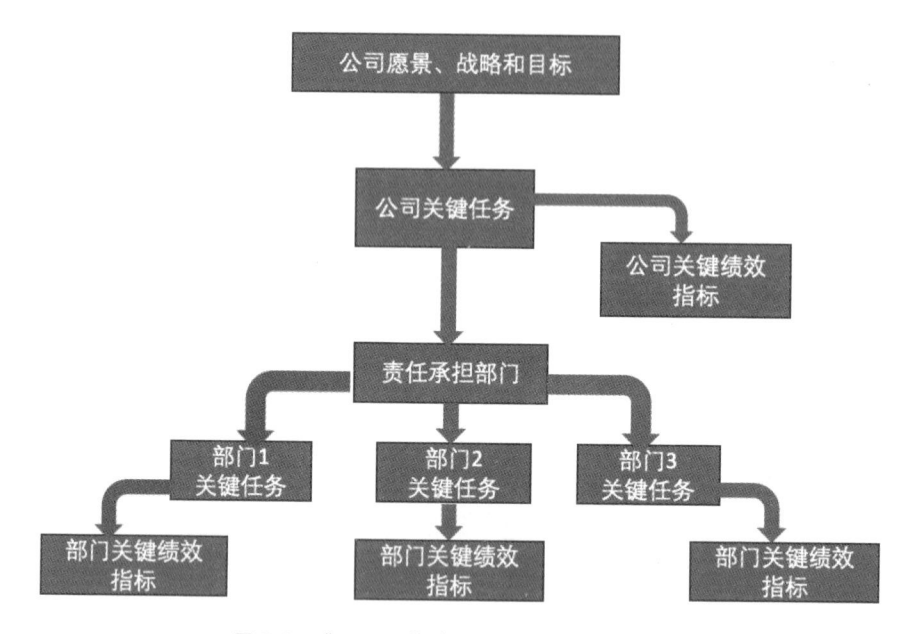

图3.2 "VSGAI"（威士忌）指标方法论架构

图3.3是某公司从愿景、战略目标的梳理，到战术层面的运营目标的构建，再将运营目标通过关键任务和流程活动的分解转换为具体的日常运营和监控指标，形成各个相关责任部门的协同指标的一个案例，读者可以借鉴参考。

第3章 如何打造数字化供应链绩效评价体系

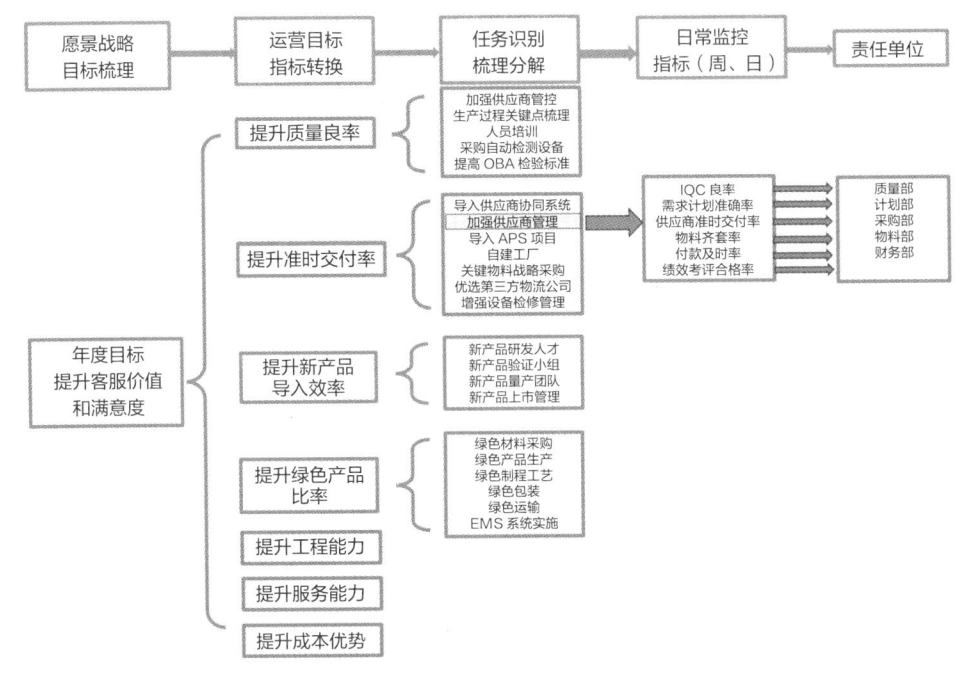

```
愿景战略         运营目标         任务识别         日常监控         责任单位
目标梳理   →    指标转换    →   梳理分解    →   指标（周、日） →
```

任务识别梳理分解内容：

- 提升质量良率
  - 加强供应商管控
  - 生产过程关键点梳理
  - 人员培训
  - 采购自动检测设备
  - 提高OBA检验标准

- 提升准时交付率
  - 导入供应商协同系统
  - **加强供应商管理**
  - 导入APS项目
  - 自建工厂
  - 关键物料战略采购
  - 优选第三方物流公司
  - 增强设备检修管理

日常监控指标：
- IQC良率
- 需求计划准确率
- 供应商准时交付率
- 物料齐套率
- 付款及时率
- 绩效考评合格率

责任单位：
- 质量部
- 计划部
- 采购部
- 物料部
- 财务部

年度目标：提升客服价值和满意度

- 提升新产品导入效率
  - 新产品研发人才
  - 新产品验证小组
  - 新产品量产团队
  - 新产品上市管理

- 提升绿色产品比率
  - 绿色材料采购
  - 绿色产品生产
  - 绿色制程工艺
  - 绿色包装
  - 绿色运输
  - EMS系统实施

- 提升工程能力
- 提升服务能力
- 提升成本优势

图3.3 采用"VSGAI"（威士忌）指标方法论从目标到任务活动再到日常监控指标的企业案例

针对各种任务活动项，在每一个活动项下都可以设计出相应的KPI。

下面我们以某咨询公司X对企业Y的变革项目为例，遵循以上的"VSGAI"（威士忌）指标方法论向大家介绍数字化供应链变革项目的实施步骤。

第一步，现状评估。

如同中医的"望、闻、问、切"一般，首先，咨询公司X需要对企业Y做个摸底盘查，通过文档查阅、关键干系人访谈、历史报表数据阅读、高管研讨会召开等形式对企业Y的业务现状做出系统全面、客观准确的评估和判断，现状是"as is：现在的样子"，目标是"to be：未来的样子"，可以参考行业最佳实践或优秀企业范例，设定Y公司的未来目标，如表3.1所示。

表 3.1 供应链问题诊断表示例

业务评估	现状（as is）	未来（to be）
供应链业务流程		
供应链管理部门和职责		
供应链管理的各项制度		
供应链（包括供应商）的绩效评价体系		
员工 KPI 和奖惩制度		
公司为提高供应链绩效而采取的举措和行动方案		

第二步，差距分析。

当以上这些信息被罗列清晰以后，X 咨询公司可以就被诊断公司 Y 的现状，对标行业最佳实践，就 Y 公司的未来目标做出差距分析。接下来还需要做进一步的了解和问询，对 Y 公司的业务流程和管理活动进行现场梳理、访谈、报告读取，对业务数据进行统计分析。

第三步，流程梳理。

有经验的咨询顾问需要对 Y 公司的业务流程和管理活动进行详细的脉络节点梳理，并采集 Y 公司在产品生命周期内的业务流数据，对数据做进一步分析和解读，甚至对数据进行多种类型的统计分析，比如对比分析、趋势分析、相关性分析、聚类分析、因子分析、回归分析等，构建相应的数学模型。

第四步，识别改善点。

识别改善点，最重要的是识别出关键控制点。对业务数据的统计分析，可以帮助咨询顾问做出一定的判断；基于数据和事实，借助一定的统计工具或软件，还可以做进一步的归因分析，提出有针对性的改善点。

在流程梳理过程中，有经验的顾问会发现流程活动的堵点和瓶颈，识别出真正导致供应链的业务流、数据流不通畅，业务运营效率下降的原因，而这个堵点就是一个改善点，由此会设计相应的改善任务，再设计相应的指标。

此外，有经验的咨询顾问还会通过供应链绩效的诊断模型，对现有绩效进行评价，针对现有的数据绩效表现和结果，对背后的根本原因进行深入分析和判断。一般来说，"今天的耕耘是明天的收获"，"今天的结果是由昨天的过程和活动引起的"，不良的数据绩效是由不那么好的供应链流程和活动造成的。因此，发现企业的不足，识别出改善点，从行动和过程入手可以达到改善绩效的目的。

能不能抓住重点、有的放矢，这个过程非常考验咨询公司顾问的专业水平，也就是洞察能力。只有拥有丰富职场经验和业界最佳实践的咨询顾问才能火眼金睛，迅速地抓住重点和关键项，做出判断和选择，将洞察转化为行动。正如"牵牛要牵牛鼻子"，否则咨询顾问对公司的帮助就是无效的，或者说帮助很小，隔靴搔痒。

第五步，设计行动计划。

通过前面的第四步，X咨询公司的顾问帮助Y公司发现问题和根本原因，并针对Y公司的问题，设计行之有效的解决方案，给出发展路径、阶段性目标、预设"里程碑事件"。此外，还需要与Y公司的管理团队进一步商讨具体的行动计划和工作任务，包括年、季、月、周、日的工作计划，以及计划完成时间，责任方和支持方、执行人的具体职责，相应的激励和奖惩制度等，然后按照项目管理的方法严格执行和跟进。相关工作任务表的案例模板如图3.4所示。

任务清单										
项目	任务项	责任部门	责任人	支持部门	支持人	开始时间	完成时间	% 完成率	状态	备注
1	对所有供应商分类分级管理	采购部	张三	财务部	赵五	5月1日	7月31日	25%		每周跟踪和检视
2	设计供应商绩效评价表	采购部	李四	质量部、工程部、开发部、物流部	刘六等	5月1日	5月31日	50%		每周跟踪和检视
3	供应商的电子结算系统落地实施	采购部	王二	IT部	马七	1月1日	4月30日		Done	每周跟踪和检视
4	供应商电子招投标	采购部	周八	无	无	1月1日	12月30日	0%		按实际项目跟进
5	TCO项目实施	采购部	林九	所有运营部门	待指定	6月1日	12月30日	0%		每周跟踪和检视

图3.4　工作任务表案例模板

第六步，绩效指标设计。

供应链绩效评价的具体指标项，我们在第2章已经做了详细阐述和介绍，企业可以根据自己的实际管理活动加以选择，这里就不再赘述了。

在识别并选择出所有的指标项后，还需要形成结构化的绩效评价体系，重点在于层级的设计和权重的分配以及数字化、量化标准的统一汇总；同时还要考虑到绩效评价体系是否与公司战略相匹配，是否与管理目标的优先级相匹配。下一节将介绍结构化绩效评价体系的方法。

第5节　选择合适的评价标准、技术和方法

通过对文献综述的研究，我们发现，评价供应链绩效的文献非常丰富。在20世纪80年代，关于供应链的绩效评价大多只关注财务维度的绩效；到了20世纪90年代，关于供应链的绩效评价已经从财务维度扩展到非财务维度的评价；在21世纪初，引入了可持续发展的理念对供应链进行评价，使得原本简单和浅显的绩效评价发展为一种更全面、更先进、更平衡的方法，但关于可持续供应链绩效评价研究的文献却很少。

目前业界评价企业供应链可持续发展绩效的方法，包括财务分析模型、成熟度模型、国际环境管理标准（ISO）研究、全球报告倡议组织（GRI）、用全生命周期分析（life cycle assessment，LCA）法对环境进行评价、用SCOR模型评价供应链的业务流程、用BSC法评价组织和供应链绩效，还有用多准则决策分析法对可持续供应链进行绩效评价，本书会一一介绍。

杜邦财务分析模型

杜邦财务分析法是由美国杜邦公司的财务主管唐纳森·布朗（Donaldson Brown）和杜邦公司总裁皮埃尔·杜邦（Pierre S. Du Pont）于20世纪20年代发明的。他们将这一方法用于分析杜邦公司的财务状况，对于理解公司绩效和做出决策非常有用。后来，这一方法被广泛应用于企业财务管理和投资分析领域。

杜邦财务分析法，即通过分解公司的综合绩效指标，将净资产回报率分解为几个部分的指标，包括销售净利率、总资产周转率和权益乘数等，如图3.5所示。

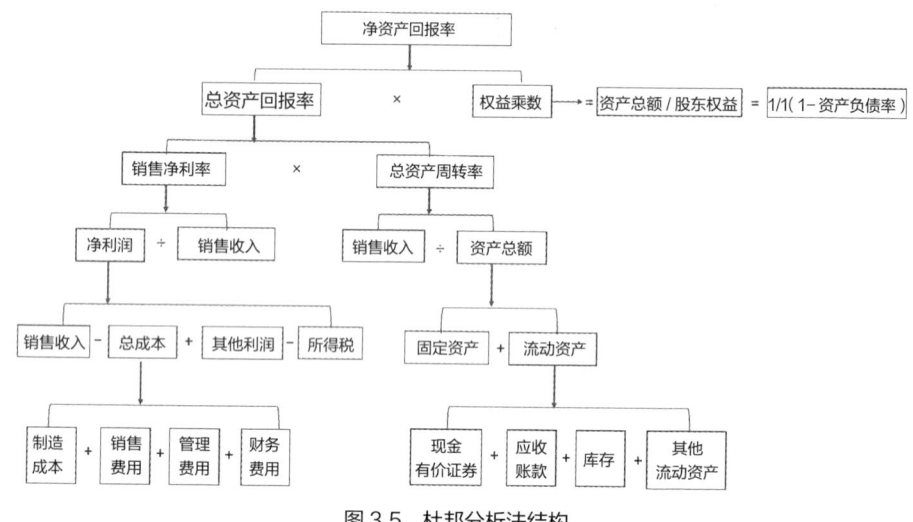

图 3.5 杜邦分析法结构

杜邦分析法中的财务指标关系为：

净资产回报率=总资产回报率×权益乘数，

而总资产回报率=销售净利率×总资产周转率，

即净资产回报率=销售净利率×总资产周转率×权益乘数，

或净资产回报率=（净利润÷销售收入）×（销售收入÷资产总额）×（资产总额÷股东权益）。

进一步解读：

（1）净资产回报率是整个分析系统的起点和核心。该指标的大小反映了投资者的净资产获利能力的大小。净资产回报率是由销售净利率、总资产周转率和权益乘数决定的。

（2）权益乘数表明了企业的负债程度。该指标越大，企业的负债程度越高，它是资产权益率的倒数。权益乘数是衡量公司的财务杠杆，反映公司权益回报率中债务产生的部分。通过将公司的资产总额除以股东权益来找到公司的权益乘数。随着公司权益乘数的增加，其股本回报率也会增加。理想情况下，企业需要寻求一个最优资本结构，即企业使用足够的债务为其运营和增长提供资金以实现价值最大化。此债务并不会带来财务风险，而是使权益乘数保持在合理水平。有时，企业试图通过承担超额债务来提高股本回报率。杜邦分析模型通过将权益乘数纳入其公式，为投资者提供了准确衡量公司财务杠杆的指标，以便在做出投资决策时使用。

（3）资产回报率是销售净利率和总资产周转率的乘积，是企业销售成果和资产运营的综合反映。要提高总资产回报率，必须增加销售收入，降低资金占用额。

（4）总资产周转率表示企业利用其资产进行销售和产生收入的效率。随着企业总资产周转率的提高，其股本回报率也会增加。分析时，要综合销售收入分析企业资产结构是否合理，即流动资产和长期固定资产的结构比率关系。同时还要分析流动资产周转率、库存周转率、应收账款周转率等有关资产使用效率指标，找出总资产周转率高低变化的确切原因。

（5）销售净利率是净利润除以销售收入的比率，表示企业在扣除费用后每元收入剩余的利润百分比。销售净利率是常见的盈利能力衡量标准。随着企业销售净利率的增加，其股本回报率也会增加。净利润率反映了企业可以通过降低成本、提高价格或两者兼而有之来提高利润率。

分析这些局部指标，可以帮助投资者和管理者更好地理解公司的盈利能力、资产利用效率和财务杠杆情况，从而做出更准确的投资和经营决策。在对供应链进行绩效评价时，需要用到杜邦分析体系中相关的财务指标来评价企业的经营成果、盈利能力，或对可持续供应链在经济维度的财务绩效进行评价。

供应链成熟度

关于对供应链成熟度的评价，由于该领域较新、迭代较快，截至本书定稿前国内尚未有相应的数字化供应链成熟度标准。我在本书的第1章跟大家分享过巴西学者关于可持续供应链的成熟度模型，大家可以参考学习。中国国内目前虽尚未发布相应的数字化供应链成熟度标准，但发布过智能制造能力成熟度模型，在智能制造能力成熟度模型里涵盖了供应链成熟度标准，这里分享给大家。

按照国家市场监督管理总局、国家标准化管理委员会2020年10月11日发布的《GB/T 39116—2020智能制造能力成熟度模型》规定，智能制造能力成熟度分为五级，如图3.6所示。

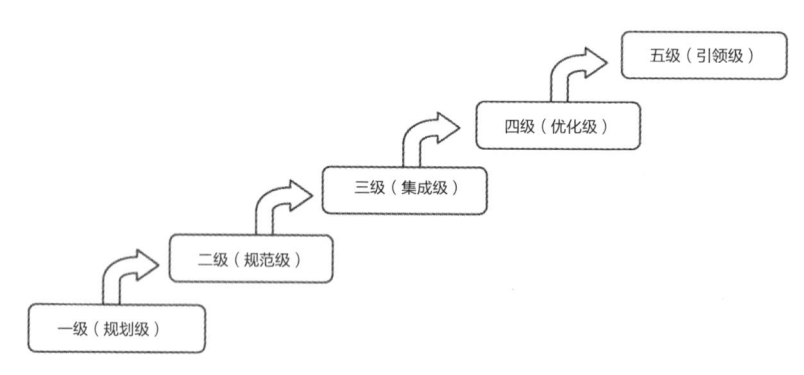

图3.6 智能制造能力成熟度等级划分

按照中国智能制造能力成熟度标准，智能制造能力的成熟度，可分为从一到五的五个递增等级，数字越大代表成熟度等级越高，越成熟。

一级是规划级。企业开始对实施智能制造的基础和条件进行规划，能够对核心业务活动（设计、生产、物流、销售、服务）进行流程化管理。

二级是规范级。企业采用自动化技术、信息技术手段对核心装备和核心业务活动等进行改造和规范，实现单一业务活动的数据共享。

三级是集成级。企业对装备、系统等开展集成，实现跨业务活动间的数据共享。

四级是优化级。企业对人员、资源、制造等进行数据挖掘，形成知识、模型等，实现对核心业务活动的精准预测和优化。

五级是引领级。企业基于模型持续驱动业务活动的优化和创新，实现产业链协同并衍生新的制造模式和商业模式。

在中国智能制造成熟度模型中还包括诸多能力要素和要求，如图3.7所示。

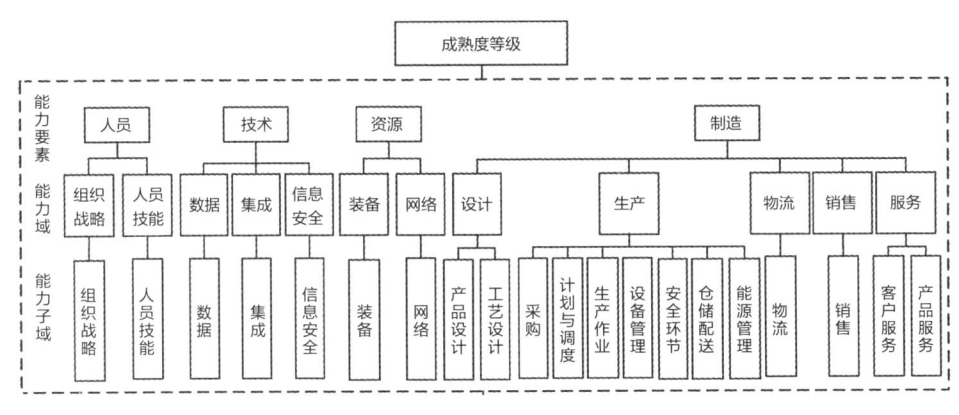

图 3.7 中国智能制造能力成熟度模型

判断评价企业智能制造的能力是否成熟，需要在人员、技术、资源和制造各维度具备相应的能力。比如：在人员维度，需要具备组织战略能力和人员技能；在技术维度，需要具备数据采集、数据分析的能力，系统集成的能力和信息安全的能力；在资源维度，需要具备装备的自动化能力和软硬件系统网络化的能力；在制造维度，需要具备产品的研发设计能力、生产制造能力（包括采购、计划、生产、仓储、设备管理、能源管理等）、物流能力，以及销售和服务能力。

在中国智能制造能力成熟度模型里，对企业内部供应链运营活动的成熟度也做了相应的定义，具体汇总如表3.2所示。

表 3.2 中国智能制造供应链（内部运营）成熟度模型

能力子域	一级（规划级）	二级（规范级）	三级（集成级）	四级（优化级）	五级（引领级）
采购	a) 应根据产品、物料需求和库存等信息制定采购计划； b) 应实现对采购执行等信息的管理； c) 应建立合格供应商机制，并有效执行	a) 应通过信息系统订制物料需求计划，生成采购计划，和追踪采购执行全过程； b) 应通过信息技术手段，实现供应商的导源、评价和确认	a) 应统筹采购、生产和仓储信息系统集成，自动生成采购计划，并实现出入库、库存和单据的同步； b) 应通过信息系统开展供应商管理，对供应商的供货质量、技术、交付、成本等要素进行量化评价	a) 通过协同供应链，实现库存等信息实时监控和供应商反馈，建立采购模型，实时监控采购风险并及时预警，自动提供优化方案； b) 应基于采购数据，建立采购模型，优化供应商评价模型	a) 应实现企业与供应商在设计、生产、质量、库存、物流方面的协同，并实时监控到风险变化动态实时的反馈和调整； b) 应实时采购模型和供应商评价模型的自优化
计划与调度	a) 应基于销售订单和生产预测信息，编制主生产计划； b) 应基于主生产计划进行生产，形成详细的生产作业计划并开展生产调度	a) 应基于企业安全库存、生产数量、交期等约束条件自动生成物料主生产计划； b) 应根据物料、生产等制约要素实现物料需求计划运算，采购计划制定； c) 应基于信息技术手段制订详细生产作业计划和基于人工经验开展生产调度	a) 应基于安全库存、采购提前期、生产提前期、生产能力等约束条件，自动生成有限产能计划； b) 应基于约束理论的有限产能算法开展排产，自动生成详细生产作业计划； c) 应实时监控各生产环节的投入产出进度，系统实现异常情况的自动预警和支持人工对异常的调整示例：如生产延时、产能不足等	a) 应基于先进排产调度的算法模型，由系统自动给出满足多种约束条件的优化排产方案，形成优化的详细生产作业计划； b) 应对异常情况的自动决策优化调整	a) 应通过工业大数据分析，提前处理生产运行实时模型，实现生产过程中的波动风险预判和调整； b) 应实现统一平台，基于产能模型、供应链上下游企业自动生成、供应商评价模型等，支持企业统一调整生产作业计划并异常情况下的统一调整
生产作业	a) 应制定生产作业规范，并有效执行； b) 应记录关键工序的生产过程信息	a) 应通过信息技术手段，将工艺文件下发到作业单元； b) 应基于信息技术手段，实现生产过程关键物料、设备、人员等的数据采集、并上传到信息系统； c) 应在关键检测设备、实现产品质量检测和分析； d) 应通过信息系统实现每个批次信息，过程追溯	a) 应根据生产作业计划，文件下发到各作业单元； b) 应实现对生产作业计划、质量信息等数字化集成、质量数据的动态监控； c) 应实现数字化检验及系统集成，实现工序质量在线检测和分析，自动检验结果判断和报警，并建立产品质量过程中原材料、半成品、成品等质量信息可追溯	a) 应根据生产作业计划，自动将生产程序、运行参数等下发到数字化设备； b) 应构建模型实现数据驱动的在线分析、优化生产工艺参数、设备参数、生产资源配置等； c) 应建立产品质量监测预测模型，实时产品质量原料、客户质量的精准追溯，并通过数据分析的缺陷分析、产品使用知识的运用，进行产品质量改善方案	a) 应基于人工智能、大数据等技术，实现生产过程非预见性异常的自动调整； b) 应基于模型实现生产资源自组织、个性化生产的需求； c) 应基于模型实现数据库自优化

148

第 3 章 | 如何打造数字化供应链绩效评价体系

续 表

能力子域	一级（规划级）	二级（规范级）	三级（集成级）	四级（优化级）	五级（引领级）
设备管理	a）应通过人工或手持仪器开展设备点巡检，并依据人工经验实现检修维护过程管理和故障处理	a）应通过信息技术手段制订设备维护计划，实现对设备设施维护保养的预警； b）应依据设备状态检测结果，合理调整设备维护计划； c）应采用设备管理系统实现设备点巡检、维护保养等状态的过程管理	a）应实现设备关键运行参数数据的实时采集，电压、电流等； b）应依据设备关键运行参数等，实现设备综合效率（OEE）统计，现设备综合效率（OEE）统计； c）应建立设备故障知识库，与设备管理系统集成； d）应实现设备运行状态、自动生成检修工单，实现基于设备运行的检修维护闭环管理	a）应基于设备运行模型和设备故障知识库，自动给出预测性维护解决方案； b）应基于设备综合效率的分析，自动驱动加工工艺优化和生产作业计划优化	a）应采用机器学习、神经网络等，实现设备运行模型的自学习、自优化
仓储配送	a）应制定仓储（罐区）管理规范，实现出入库、盘点等全存管理； b）应基于管理分类和规范要求，实现仓储合规管理； c）应基于生产计划制订配送计划，实现对原材料、半成品等定时定量配送	a）应基于条码、二维码、RFID等实现出入库管理； b）应建立仓储管理系统，实现货位分配、出入库和移库等管理； c）应基于生产配送请求，情况发起配送请求，并提示实情况况配送； d）适用时，应建立罐区管理系统，实现储罐中介质相关数据的实时采集和分析	a）应基于仓储管理系统与制造执行系统集成，依据实际生产作业计划自动出入库管理； b）应采用射频调整数据终端、声控或激光拣货等手段进行拣货和拨货； c）应实现配送设备和信息系统集成，实现关键作业时配送，如AGV、手持终端等； d）适用时，应基于工业无线网、通过无线传感器，将储罐区相关信息通过无线监测，对储罐状态进行实时监测，避免罐事故发生	a）应基于个性化、柔性化生产需求，设备与信息系统集成，配送设备与信息系统实时状态实时集成； b）应建立仓储模型和知识库，实现库存网络路径的优化； c）适用时，应根据模型预测，数据进行趋势预测，结合知识库自动给出纠正和预防措施	a）应基于分拣化、柔性化生产配送需求； b）通过优化，应通过企业与上游供应链的集成，实现最优库存成即时供货； c）适用时，应通过云计算等大数据技术、互联网、云计算等大数据技术，实现罐区阀门自动控制，实现罐区无人区
安全环保	a）应制定企业安全管理机制和环保管理机制，具备安全和环保操作规程	a）应通过信息技术手段实现员工职业健康和安全作业管理； b）应通过信息技术手段实现环保管理，环保数据可采集并记录	a）应建立安全培训、风险管理等知识库；在现场作业终端定位跟踪作业方法、强化现场安全管理； b）应实现从清洁生产到末端治理的全过程环保数据的采集、实时监控监测，并开展可视化分析； c）应建立应急指挥中心，基于应急预案与自动给出管理建议，缩短突发事件应急响应时间	a）应基于安全作业，风险管控等数据的分析，评审和治理；识别、评审和治理； b）应实现环保监测数据和生产作业数据的集成应用，建立数据分析模型，开展排放分析和预测预警	a）应综合应用知识库及大数据分析技术，实现环保、生产、设备等数据的全面实时监测；应用数据分析模型，预测生产排放，自动推送生产优化方案并执行

149

续表

能力子域	一级（规划级）	二级（规范级）	三级（集成级）	四级（优化级）	五级（引领级）
能源管理	a）应建立企业能源管理制度，开展主要能源的数据采集和计量	a）应通过信息技术手段，对主要能源的产生、消耗点开展数据采集和计量； b）应建立水电气等重点能源消耗的动态监测和计量； c）应实现重点高能耗设备、系统等的动态运行监控； d）应对有节能优化需求的设备开展实时计量，并基于计量结果进行节能改造	a）应对高能耗设备能耗数据进行统计与分析，制定合理的能耗评价指标； b）应建立能源管理信息系统，对能源输送、存储、转化，进行各环节活动和生产使用等全面监控，进行能源使用和生产活动匹配，并实现能源调度； c）应实现能源数据与其他系统数据共享，为业务管理系统和决策支持系统提供能源数据	a）应建立节能模型，实现能源的精细化和可视化管理； b）应根据能效评估结果及时对空气压缩机、锅炉、工业窑炉等高耗能设备进行技术改造和更新	a）应实现能源的动态预测和平衡并指导生产
物流	a）应根据运输订单和经验，制订运输计划并配置调度； b）应对车辆和驾驶员进行统一管理； c）应对物流信息进行简单跟踪	a）应通过运输管理系统实现订单运输计划、运力资源、调度等的管理； b）应通过电话、短信等形式反馈运输配送关键节点信息给管理人员	a）应通过仓储（罐区）管理系统和运输管理系统的集成，整合出库和运输过程； b）应实现运输配送关键节点信息跟踪，并通过信息系统将信息反馈给客户； c）应通过运输管理系统，实现拼单、拆单功能	a）应实现生产、仓储配送（管道运输）、运输管理多系统的集成优化； b）应实现运输配送全过程信息跟踪，对轨迹异常进行报警； c）应基于模型，实现装载能力优化以及运输配送线路优化	a）应通过物联网和数据模型分析，实现物、车、路、用户的最佳方案自主匹配

①AGV，automated guided vehicle 的首字母缩写，意为自动导车。

以上这些标准和评价方法参考了德国工业4.0的评价标准和方法，对于中国本土的制造业企业有一定的参考价值。中国的智能制造能力成熟度评价模型覆盖了企业的全流程价值链管理，是从战略到战术，从研发、生产、供应链到销售的企业全功能的成熟度评价，并非只聚焦企业的制造能力，而是一个系统的、关于全局的成熟能力评价。

读者可以对照以上智能制造供应链成熟度模型对自己所在企业或供应商企业的供应链进行评估，确定企业当下的数字化供应链能力。但是这个成熟度模型有个缺陷，就是评价的标准都是定性评价，很难客观得分，并以数据的形式生成可视化的绩效表现。所以要想得到更为客观的绩效评价，还要长期跟踪，根据异常数据，动态决策。

接下来，我们再介绍一个国外的供应链成熟度模型供大家参考。美国咨询公司Gartner曾提出过一个供应链成熟度模型，但侧重于企业内部的供应链运营管理，还达不到可持续供应链的广度和深度。该成熟度模型如图3.8所示。

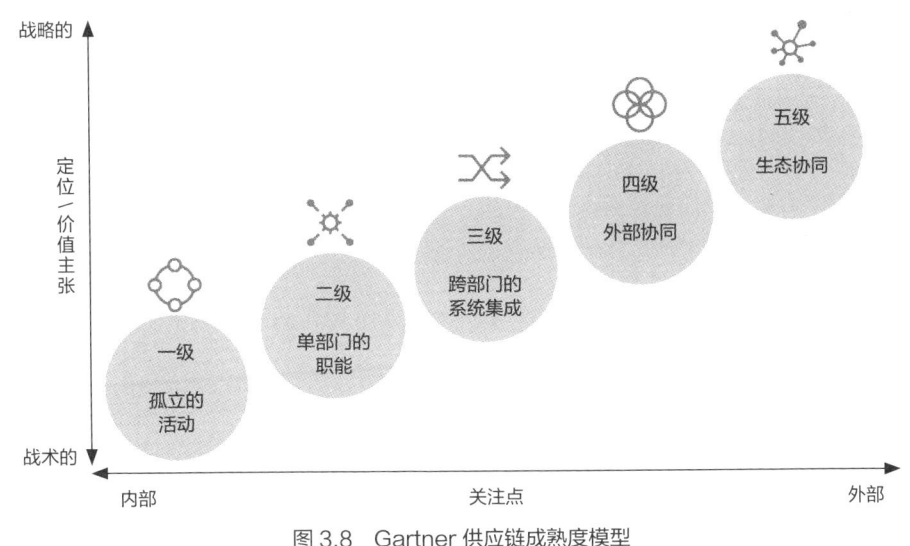

图 3.8　Gartner 供应链成熟度模型

图片来源：Gartner 官网

在Gartner的供应链成熟度理论框架下，供应链管理包括十大职能28项关键活动，这十大供应链职能分别是：

（1）供应链战略；

（2）供应链的技术应用；

（3）供应链组织设计；

（4）供应链绩效管理；

（5）供应链流程；

（6）需求与供应计划；

（7）寻源与采购；

（8）生产制造；

（9）客户订单交付管理；

（10）物流管理。

Gartner专家将以上供应链的职能和活动分为五个层级，从第一级到第五级逐渐成熟递进，数字越大代表成熟度等级越高。

第一个层级：孤岛式的供应链管理。所有管理活动都是独立、割裂的。比如，计划、采购、生产、物流等活动在一个封闭系统内运行，不与其他职能相联系。

第二个层级：在地理空间内对某项供应链职能进行了扩充，比如物流管理从一个点扩展到多个点，但与供应链系统的其他职能仍然是割裂的。

第三个层级：供应链的职能和各项活动集成在一个供应链系统中，形成了内部的协同。

第四个层级：供应链的职能和各项活动覆盖了公司的完整价值链，在企业内部形成协同，并且初步实现了与外部的协同，包括外部的第三方合作伙伴，如第三方物流服务商、生产外包商、客户和物料供应商等。

第五个层级：供应链的所有职能和活动，不仅覆盖了价值链上的伙伴，还链接了生态系统的利益相关者，如政府、银行、非政府组织、其他平台服务商等。

以上对供应链成熟度的介绍，希望可以帮助企业做好战略规划，更好地发展和成长。企业的供应链负责人可以将此作为参考，评价自己供应链的绩效和成熟度，改善自己的供应链运营管理。以中国现状来看，对照Gartner的成熟度标准，绝大多数企业还处于供应链的中等甚至更低层级，形成一个可持续发展的供应链生态"任重而道远"。

国际标准化组织

国际标准化组织（ISO）是世界上最大的自愿性国际标准制定者，旨在帮助各种组织，如商业企业、政府或其他公共机构和非营利组织提高行业的效率和效益。ISO成立于1947年，截至2024年7月，已发布了25484项国际标准，几乎涵盖了技术和商业的所有方面，影响着全球各个国家人们的生活。ISO对可持续发展三重底线理论中经济、环境、社会三个维度的评价都提供了不同的标准。例如：与环境管理有关的有ISO14000标准系列，与供应链安全管理相关的有ISO28000标准系列，与可持续金融相关的有ISO/TC 322标准系列，与社会责任相关的有ISO26000标准系列。关于社会责任管理标准的ISO26000和SA8000是所有不同类型组织的通用标准和指南。

ISO26000汇聚了世界各国专家的共识，由专家们共同制定，旨在帮助组织以对社会负责任的方式运作，并分享全球各国与社会责任相关的最佳管理实践。ISO26000指南解释了社会责任与可持续发展之间的关系，即"可持续发展的目标是实现整个社会和地球的可持续性"。根据ISO26000，社会责任涵盖的主题包括：①人权，②劳动实践，③环境，④公平操作惯例，⑤社区参与和发展。社会责任管理的原则是问责制、透明度、道德行为、尊重利益相关者的利益、尊重法治、尊重国际行为准则、尊重人权。

ISO26000是评估社会可持续性时最常被引用的框架，而SA8000是世界领先的社会责任管理认证计划，鼓励各种组织在工作场所制定、维护和应用社会可接受的道德规范和做法。SA8000标准和认证体系为所有组织提供了一个框架，使其能够对工作人员以公平和体面的方式开展业务，并证明其遵守最高社会标准。SA8000标准由SAI（Social Accountability International，社会责任国际组织）于1997年创建，是第一个可信的社会责任管理认证，领先全行业20多年。SA8000标准的社会责任管理要素包括：①童工；②强迫劳动或强制劳动；③健康与安全；④结社的自由权和集体谈判权；⑤歧视；⑥纪律处分；⑦工作时间；⑧薪酬；⑨管理体系。SAI鼓励各类组织在工作场所发展、维护和应用可接受的道德规范和社会实践。SA8000被联合国环境规划署接受并认可。联合国在发布的正式文件中这样阐述：SA8000是一种程序和管理工具，通过在企业和实体中收集数据进行评估，该体系提出了一套标准和一个具体的监测系统，倡议企业遵守这些标准和系统以获得认证。

GRI

GRI是一个独立的国际非营利组织，旨在帮助企业和各种组织更好地承担社会责任，为企业和组织提供一种全球统一的社会责任标准，帮助企业和组织披露其可持续发展责任报告。GRI于1997年在美国波士顿市成立，自开始运营以来，全球已超过1万家企业使用GRI报告其可持续发展的状况。目前GRI秘书处的总部位于荷兰阿姆斯特丹，全球共有7个区域办事处，以支持全球各种组织和利益相关者。GRI不与任何一个或多个利益相关方或赞助者挂钩，以确保制定真正独立的报告标准。GRI的大部分资金来自商业服务、举办会议、企业会员活动和会员付费，约40%的资金由政府和基金会的项目拨款提供。根据毕马威会计师事务所在2020年进行的一项调查，GRI是可持续发展报告的全球主导标准。2020年，全球有77%的公司将GRI作为指导方针，

84%的公司使用GRI标准来支持可持续发展报告的发布。此外，全球最大的250家公司中有73%、被调查的52个国家的100家最大的公司中有67%参考GRI标准，报告它们的可持续发展状况。GRI可持续发展报告一般有两个目的：一个是评估组织在可持续发展方面的进展现状，另一个就是向利益相关方通报企业在经济、环境和社会方面所做的努力和进展。

GRI指南是为长期、多方利益相关者和国际流程设计的，企业可以免费下载多语言版本的报告格式。无论公司大小，无论是私人公司还是公众公司，无论部门和地点，任何组织都可以使用GRI指南发布其可持续发展报告。GRI指南参考了经济、环境和社会维度的绩效，符合三重底线的理论和概念，支持联合国的可持续发展目标，并将可持续发展目标与GRI标准联系起来。GRI指南的第一个版本（即G1）于2000年发布，为可持续发展报告提供了第一个全球框架。2002年，G2启动，随着各方组织对GRI报告的采用需求稳步增长，GRI指南得到了扩展和改进，随即产生了G3（2006）和G4（2013）。GRI标准由全球可持续发展标准委员会（GSSB）发布，分为三类标准：一是通用标准；二是行业标准；三是专题、专项标准。这三类标准帮助各类型组织了解其对经济、环境和社会的影响（包括人权），使各组织能够对利益相关方以透明的结构化方式公开报告其活动的影响。各组织可以根据GRI标准来报告可持续发展状况和实践。

GRI可持续发展报告的标准披露有两种不同类型：

第一类是一般性标准披露，包括战略与分析、组织概况、已识别的物料和适用边界、利益相关者的参与、报告概要、公司治理、道德操守等内容。

第二类是具体的标准披露，包括：①管理方法的披露；②管理方法的指标和具体披露。这些领域和指标分别指导公司从经济、环境和社会等维度进行报告。在经济维度的披露范畴，包括以下几个类别：①经济绩效［与经济合作与发展组织（简称"经合组织"）的跨国企业准则相一致］；②市场占有率；③间接经济影响；④采购实践。环境维度的披露范畴，与经合组织和联合国全球契约组织的10项原则相关联，其中包括以下方面：①物料；②能源；③水；④生物多样性；⑤排放；⑥废水和废物；⑦产品和服务；⑧合规性；⑨运输；⑩综合；⑪供应商环境评估；⑫环境申诉机制。社会维度的披露范畴也是与经合组织和联合国气候变化框架相关联的，并进一步分为4个子类别：①劳动实践与体面工作；②人权；③社会；④产品责任。

G4指南还给出了4个子类别下的48项管理指标：①在劳动实践和体面工作方面，涉及16项指标，涵盖就业、劳动/管理关系、职业健康和安全、培训和教育、多样性和平等机会、男女同工同酬、供应商对劳动实践的评估、劳动实践申诉机制等方面；②在人权方面，涉及12项指标，涵盖协会自由权和集体谈判、童工、强迫或强制劳动、安全实践、土著权利、评估、供应商人权评估、人权申诉机制等方面；③在社会方面，涉及11项指标，涵盖当地社区、反腐败、公共政策、反竞争行为、合规性、供应商对社会影响评估、对社会影响申诉机制等方面的责任；④在产品责任方面，涉及9项指标，涵盖客户健康和安全、产品和服务标签、营销沟通、客户隐私和合规等方面。

综上所述，尽管GRI指南是各类组织评估、报告或披露的被最广泛使用和接受的可持续发展标准，但GRI框架也有不少缺点，例如：①指标数量众多，使得企业或组织间的纵向比较和基准制定变得复杂；②数据收集过程花费大量资源，因为数据既不是统一的，也不是针对指标进行独立验证的；③没有考虑三个维度之间的协同作用；④许多指标是定性指标或具有二元条件，因此，无法实现逐年的相关性比较，无法进行数字化供应链的落地实施。中国企业在使用GRI标准做报告披露时，需要考虑中国国情，本土政治、经济和文化等因素，有些指标并不适用于中国的商业场景。

BSC 法分析

BSC法是由哈佛大学的罗伯特·卡普兰（Robert Kaplan）博士和大卫·诺顿（David Norton）博士在20世纪90年代提出的，他们提出了一种评估组织绩效的框架，用一种更加平衡的绩效评价标准来评估组织绩效。BSC法除了考虑传统的、短期的财务指标之外，还考虑了战略性的长期发展指标，以获得更加"平衡"的绩效。BSC法的概念超越了简单的、短期的财务视角，是一个从战略视角全面、整体评价组织绩效的评价系统。过去传统意义上的公司只使用短期财务业绩评价企业是否成功，BSC法则更倾向于评价企业长期发展的战略思维。

BSC法建议从4个不同的维度来设定目标，制定KPI：①财务维度。检视组织的财务绩效和财务资源的使用。②客户/利益相关者维度。从客户或利益相关者的角度检视组织绩效，如客户价值、股东价值、利益相关者价值。③内部流程维度。检视组织中跟产品、服务或其他关键业务流程相关的质量和效率绩效。④组织能力（或学习与成长）维度。检视评估人力资本、基础设施、技术、文化和其他对突破绩效至关重要的能力。

有学者提出一种可持续发展的逆向物流计分卡，将BSC法和三重底线理论相结合来评价组织绩效，包括6个维度22个指标，①财务维度的指标，包括退货利润、降低的逆向物流成本、合理的报销成本；②利益相关者维度的指标，包括社区满意度、员工满意度、投资者满意度；③企业内部业务流程维度的指标，包括环保的资源使用、环保的流程、最少的浪费、资源承诺、股东支持；④创新和成长维度的指标，包括由退返重新获得价值、退货产品的创意流程和设计、技术合规性、业务发展、员工能力；⑤环保维度的指标，包括减少电子垃圾、环境保护；⑥社会维度的指标，包括社区福利、失业率下降、和谐关系、工作机会。

SCOR 分析

SCOR 是"供应链运作参考"的缩写，该模型于1999年在全球70家先进制造业企业的支持和协助下开发完成，并得到美国供应链管理协会的认可（参考网址 https://www.ascm.org）。SCOR 通常被用作一种管理工具，以解决、改进公司内部运营管理，对公司的供应链管理进行决策，或与公司的供应商和客户进行供应链管理决策。SCOR 模型被组织用于评估和改进供应链流程，提高运营绩效。迭代后的 SCOR 模型侧重于7个主要的管理流程，包括：战略规划、计划、订单处理、寻源、（生产）转换、履约执行和退返。

在 SCOR 模型的早期版本中，SCOR 设置了1级和2级的供应链运营绩效指标，包括：①供应链的交付绩效——交付的可靠性、交付绩效、订单完成率、订单履行的交期、完美订单履行率；②供应链的柔性、灵活性绩效——交付的柔性和响应能力，供应链响应能力，产品的柔性、灵活性；③成本绩效——总物流管理成本、员工生产力的增加值、保修成本；④资产表现：现金周转周期、库存天数、资产周转率。在最新的 SCOR 模型中，美国供应链管理协会吸收借鉴了三重底线理论中经济、环境和社会三大支柱的理念，基于 SCOR 模型的原有流程（计划、寻源、制造、交付和退返），增加了更多维度来评估企业供应链的可持续发展能力，比如从道德、经济和生态角度进行评价，在供应链的特定流程中考虑了可持续发展的关键因素。

有学者使用 SCOR 模型来衡量和评价可持续供应链的绩效，提出了可持续采购的 KPI，具体的可持续采购指标包括：①可靠性的指标——订单准确率，遵从环保要求的供应商比例，遵从 EMS 或 ISO14001 的供应商；②响应性的指标——寻源周期；③关于成本的指标——采购物料成本；④资产的指标——可回收/可重复使用材料的占比、危险品物料的占比和可生物降解物料的占比。

LCA 法

LCA法是一种成熟的评估工具，也称为全生命周期分析法，是一种评价产品从"摇篮"到"坟墓"全生命周期中对环境影响的技术，包括从原材料获取，到材料加工、制造、分销和使用这样一个全生命周期过程。在整个全生命周期中，LCA法用来评估企业的产品或服务从新产品导入到产品生命周期结束，从原材料提取到最终产品处置这个过程中对环境的影响。ISO14040：2006版发布的全生命周期评价标准考虑了产品的整个生命周期，包括从原材料的获取，到能源和材料的生产和制造，再到使用及至产品寿命终止的处理和最终的处置。"全生命周期评价"方法有固定的架构和正式的流程或程序，全生命周期评价的实践者可以遵循ISO14040来进行环境维度的评价。由于全生命周期评价主要侧重于一个产品系统对环境方面的影响，对经济维度和社会维度方面的评估通常不在评价的范围内。全生命周期评价方法穿插在产品制造过程和工作流的整个生命周期中，并量化其对生态的影响及其潜在负荷。

一般来说，全生命周期的评价分析有以下四个阶段。

第一阶段，设定整个产品生命周期的评估目标和范围。

第二阶段，对现存产品进行清单分析，并描述原材料和能源的流动，分析产品与环境之间的相互作用。用所消耗的原材料、能源和水作为对环境的输入，用排放、废物和污染作为对环境的输出，此阶段被称为全生命周期清单分析（life cycle inventory，LCI），inventory（"I"）原本是库存、存量的意思，国内学者将此过程称为全生命周期清单分析（LCI），这里我们也遵从这种说法。

第三阶段，基于全生命周期清单分析对环境的影响，识别出评价指标并评估权重，该阶段也被称为全生命周期影响评估（LCIA）。实践者们在全生命周期评价中可以采用不同的方法和模型。由于选用不同的方法，识别出的关键指标将产生不同的评价结果，会影响到不同产品的归因分析。此外，使用的不同权重技术也将产生不同的评估得分，最终会影响对人类健康和生态系统的评价结果。对环境影响进行评估的方法，有ReCiPe（是较完善和全面的LCIA方法），其他方法如CML 2002或Eco-Indicator 99也被经常使用。

第四阶段，解释、确定数据的敏感性和结果呈现。在第四阶段的解释阶段，将清单分析和对环境影响的评估结果结合在一起综合考虑和评估，并做出决策。根据第一阶段定义的目标和范围，第二、三阶段对环境的影响要素分析，可以就什么是最佳产品、什么是最佳的制程或服务做出决策。当环境问题对产品未来的销售或成本结构的影响很大时，解释或解读结果可以辅助决策者的决策过程，促进更加可持续发展的产品/工艺的开发，并促进企业遵守政府政策和法规，甚至促进新产品的研发和创新。应用完整的LCA法是相当复杂和耗时的，这里就不展开讲了，感兴趣的读者可以去查找专业的书籍学习阅读。

LCA法是近几十年来常用的评估和量化环境影响的技术，吸引了研究者和实践者的广泛关注。LCA法在文献中被广泛用于评价供应链的可持续性，但LCA法存在一些局限性，例如，LCA法通常不包括社会维度，评价基于复杂的数据等。此外，LCA法还有其他的一些缺陷，比如LCA法不能解决不确定性、主观性和复杂性的问题。应用完整的LCA法是一个成本高昂的过程，费钱、耗时、计算复杂，需要环境管理领域的专家。此外，全生命周期过程获得的结果并不简单明了，需要进行解码、加权和深思熟虑的解释。

MCDA法

前面介绍的各种方法（ISO、GRI、BSC法、SCOR模型、LCA法）都有其优点和缺陷，SCOR模型和BSC法最初并不是为供应链绩效评价而设计的，近年来它们也进行了调整和升级，现在SCOR模型和BSC法也被看作是对绩效进行评价和管理的方法和工具。尽管如此，虽然SCOR模型可以从财务和非财务角度对供应链进行综合评价，但SCOR模型更侧重于评估供应链运营过程和业务活动，而非绩效评价的方法，而BSC法更侧重于业务实践和组织运营绩效，对于评价供应链在经济、环境和社会等维度与可持续发展能力相关的绩效，这些方法是不够的。不同的方法有其适用的场景，读者需要酌情选择最合适的方法对供应链绩效进行评价。

接下来我们介绍一下MCDA法，从更广泛的绩效维度以及每个维度对综合绩效的影响程度对企业的供应链进行评价。

MCDA法作为一种决策分析方法，用于在考虑多个决策准则（多变量、多要素）的情况下做出最佳决策，帮助决策者在面对复杂决策问题时进行系统化的分析和决策，将各种决策准则（或变量、要素）和目标纳入考虑，将它们量化并进行比较，以便确定最佳选择，做出更加科学和合理的决策。常见的多准则决策分析方法有：DEA、AHP/ANP、MAUT（multi-attribute utility theory，多属性效用理论）、ELECTRE（ELECTRE是法语"ELimination Et Choix Traduisant la REalité"的缩写，翻译成英文是"elimination and choice translating reality"，即"消除与选择转换法"）、TOPSIS（technique for order preference by similarity to ideal solution，直译为"逼近理想解排序法"，国内常简称为"优劣解距离法"）、DEMATEL（decision making trial and evaluation laboratory，即"决策试验和评价实验法"）、BWM（Best-Worst Method，最好最坏法）、VIKOR（VIKOR是塞尔维亚语"Vlsekriterijumska Optimizacija I KOmpromisno Resenje"的缩写，翻译成英文是"multi-criteria optimization and compromise solution"，即"多准则优化和妥协方法"）、MACBETH（measuring attractiveness by a categorical based evaluation technique，基于分类的衡量吸引力的评价技术）、PROMETHEE（preference ramking organization method for enrichmemt evaluations，用于丰富评估的偏好排序组织方法）、灰色关联度分析法、模糊综合评价法等。

DEA法是一种用于评估和比较多个决策单元（如企业、组织或个人）绩效的方法。它是一种非参数的线性规划技术，用于评估决策单元的相对效率，而无须对其生产函数或效用函数做出假设。DEA方法的主要目标是测量决策单元的效率，即它们如何有效地利用输入资源来产生输出。在DEA方法中，输入和输出被视为向量，而决策单元的效率则取决于其输入和输出向量之间的相对位置。DEA法的优势在于它可以对各种类型的决策单元进行评估，而且不需要事先确定权重或者做出特定的函数形式假设。DEA方法在评估和比较不同单位的效率时具有很大的灵活性和适用性，被广泛应用于管理学、经济学和运筹学等领域。

AHP法是一种将多个准则和子准则进行层次化排列，通过专家判断和比较来确定各准则的权重，从而进行决策的方法。ANP法是在AHP法的基础上发展而成的一种新的实用决策方法，所以ANP法也是一种层次化的分析方法。与AHP法不同的是，ANP法考虑到了不同层次之间的相互影响，因此可以更加准确地评估不同决策变量或准则的重要性和影响。AHP法中，各个层次之间的影响是单向的，即上一层的元素对下一层的元素有影响，而下一层的元素对上一层的元素没有直接影响。而ANP法考虑到了各个层次之间的相互影响，因此更适用于处理具有相互依赖和影响的复杂决策问题。AHP法主要使用特征值分解等数学方法来计算权重和一致性指标，而ANP法则需要使用特征向量的方法来处理相互依赖和影响关系。选择使用AHP法或ANP法取决于具体的决策问题的复杂程度和层次结构。总的来说，AHP法和ANP法都是主观赋值法。

MAUT法用于处理多属性决策问题。MAUT方法通过将决策问题中的多个属性进行量化，并结合决策者的偏好和效用函数，来进行决策分析和决策选择。通过量化属性、建立偏好函数和计算属性的效用值，帮助决策者更好地理解各属性的重要性和偏好程度，从而做出更科学和合理的决策。MAUT方法在实际应用中，通常需要与其他决策方法结合，以更好地处理复杂的决策问题。

ELECTRE也是一种多属性决策分析方法，用于解决具有多个决策标准的复杂问题。它是由法国学者伯纳德·罗伊（Bernard Roy）在20世纪60年代末提出的。ELECTRE方法基于一组偏好关系和权重，对决策方案进行排序和筛选。它考虑决策者的偏好和约束条件，从而得出最优的决策方案。ELECTRE方法已经被广泛应用于各种领域，如企业管理、城市规划、环境评估等。

TOPSIS方法是一种基于距离的多准则决策分析方法，通过计算各个决策方案与理想解决方案之间的距离，从而确定最佳选择和决策。

DEMATEL方法的基本思想是通过建立因素之间的关系图，分析各个因素之间的相互依赖关系，并量化它们之间的直接和间接影响。通过这种方法，可以更清晰地理解各个因素之间的相互作用，帮助决策者更好地理解问题的本质，从而做出更准确的决策。与AHP和ANP等方法相比，DEMATEL方法更注重因素之间的相互关系和影响程度的分析。

BWM是由谢里夫·库尔塔伊（Serif Kurtay）和托尔加·阿克丘拉（M. Tolga Akcura）在2012年提出的。BWM方法帮助决策者在考虑多个准则时，对备选方案进行对比，确定最佳和最差的方案，然后对其他方案进行相对排名。BWM方法已经被广泛应用于各种领域，如市场调研、产品设计、供应链管理等。

VIKOR法是由塞拉菲姆·奥普里佐维奇（Serafim Opricovic）在1990年提出的。VIKOR方法结合了最优和最差的决策方案，并通过引入权衡函数来确定最佳的综合解决方案。它可以帮助决策者在多个决策标准下做出最佳选择。VIKOR方法常用于工程、管理和经济学等领域的决策问题。

MACBETH是由葡萄牙学者巴纳·伊·科斯塔（Bana e Costa）教授在20世纪90年代提出的，他们还开发了相应的软件M-MACBETH（https://www.

m-macbeth.com）。MACBETH是基于类别的吸引力评价方法，其基本思想是通过专家意见或决策者的评价，将决策问题中的多个属性进行分类和排序，然后通过数学模型将这些分类和排序转化为各属性的权重和得分，帮助决策者更好地理解各属性的重要性和偏好程度，最终进行决策选择，做出科学和合理的决策。决策者可以借助M-MACBETH软件或用MACBETH方法开发的软件平台（如https://www.wised-on.com/），通过对决策选项两两成对比较，在7个从强到弱的类比选项中，找到最逼近想要的决策的一种方法。M-MACBETH软件会根据决策结果，对多准则要素和权重自动赋值，并自动计算得出量化总分，从而构建一个量化的评价模型。MACBETH方法常常用于复杂问题的决策分析过程中，在葡萄牙已被广泛应用于政府、军事、经济和商业领域，比如用于资源分配、风险评估和绩效评价等。

MACBETH方法的基本步骤包括：①属性分类和排序。通过专家访谈、问卷调查等方式，获取决策者对决策问题中各属性的评价，将这些属性进行分类和排序，以反映它们在决策中的重要性和偏好程度。②属性权重和得分计算。通过数学模型将属性的分类和排序转化为属性的权重和得分，以反映决策者对各属性的整体偏好程度。③一致性检验。对决策者的评价进行一致性检验，以确保评价结果的合理性和可靠性。④决策选择。根据各属性的权重和得分，综合考虑各属性的重要性和偏好程度，进行决策选择。本书第4章第1节的高科技可持续供应链绩效评价模型SPADA就是采用MACBETH方法开发设计完成的，作为高科技可持续供应链绩效评价模型SPADA的发明人和设计者，我个人认为，MACBETH方法是绩效评价最简便、最容易使用的一套数字化评价工具和算法。

PROMETHEE方法用于丰富评估的偏好排序组织方法是由布朗斯（Brans）在1982年提出的。PROMETHEE方法通过将备选方案进行两两比较，考虑多个准则，最终得出一个全局的排名，以帮助决策者做出最佳决策。该方法允许决策者对不同准则的重要性进行调整,并提供了一种直观的方式来比较备选方案之间的优劣。PROMETHEE方法结合了数学和计算机科学的技术,能够处理多个决策标准和不确定性,因此被广泛应用于工程、管理和环境等领域的决策分析中。PROMETHEE方法包括几个步骤,如定义决策准则、收集数据、确定准则的权重、两两比较备选方案、计算流出和流入值、最终得出全局排名等。通过这些步骤,PROMETHEE方法能够帮助决策者在考虑多个准则时,对备选方案进行排序和评估,以便做出更好的决策。

灰色关联度分析法。该方法基于灰色系统理论,是一种用于处理不确定性和不完全信息的数学方法。灰色关联度分析法是一种通过比较不同决策方案与理想解决方案之间的关联度,通过计算不同变量之间的关联度来发现它们之间的关联程度,从而确定最佳选择的方法。它主要用于分析那些数据不完全、不确定性较大的系统,对其进行多变量的比较和排序,帮助确定变量之间的关联性和影响程度。在工程、经济学和管理等领域,灰色关联度分析法被广泛应用于决策分析、质量控制和性能评估等方面。

模糊综合评价法。模糊综合评价法是一种基于模糊数学理论的多准则决策分析方法,通过模糊集合和模糊逻辑运算,对不同决策方案进行评价和比较。模糊集合理论,是一种用于处理模糊和不精确信息的数学概念。模糊集合理论允许元素具有部分隶属度,而不是严格的二元隶属关系。这种理论常常用于处理模糊的概念和语言,例如在人工智能、控制系统和决策分析等领域有着广泛的应用。

以上方法都有各自的特点和适用范围,研究者和实践者可以根据具体的决策情况和需求选择合适的方法进行分析和决策。

第6节 绩效评价：从BI到AI

自ChatGPT大语言模型上市以来，AI在中国及全球范围内都非常火热，作为一名供应链领域的专业人士，我也跟大家分享一下我对供应链管理未来发展方向的思考。我认为未来供应链的管理会从现在的数字化BI进化到AI，从数据驱动的供应链BI进化到AI智能决策和自动执行。

供应链完整地穿插并映射在企业的价值流和价值创造上，几乎在每一个价值创造点上都可以应用到AI技术。AI技术涉及机器学习、语音识别、视觉识别、自然语言处理、生成式AI、多模态AI等多种新兴技术，对于供应链领域的专业应用，需要业务专家和技术团队共同努力，将企业的内外部数据结合专业知识和行业经验，传授给AI，使其能够对大数据进行分析、建模和自主学习，这样才能将AI技术和业务深度融合。供应链是AI的一个应用领域，并且是一个非常重要且广泛的应用领域。

美国的波士顿咨询公司曾在2021年做过一次关于数字化转型的调研，行业专业人士普遍认为，对于如需求计划等不确定性事务的预测是数字化转型的主要诉求点，意味着大多数人还是希望通过数字化转型获得更好、更精准的预测。除了需求计划的预测外，其他如产能的规划和预测、库存的预测、物流路径的优化预测等，也可以通过AI技术将人们的期望转化为现实生产力。

目前消费互联网（to C）比较常用的一种 AI 应用场景是：通过分析消费者的浏览、交易、点赞、分享等行为数据，运用机器学习和推荐算法，为消费者提供个性化的广告和商品推荐信息；同时利用自然语言技术（NLP），实现与消费者的自然语言交互，提供信息查询、问题解答、服务预约、商品交易服务等，进而实现商业变现。

而在工业互联网（to B）的供应链领域，AI 的应用场景更为广泛且更加重要。工业企业作为市场的供应厂商，除了可以像 C 端消费互联网那样对客户的消费行为进行模型测算，同样也可以向 B 端客户进行主动营销和业务推送。通过应用 AI，赋予商业更加重要的价值和意义，不仅仅是营销变现这么简单，更重要的是多场景下的决策行为，进而辅助决策者对企业进行战略分析，这将影响企业未来的生存和长期发展。

比如通过供应商的交付绩效、品质绩效等，可以构建模型预测供应商的产能、库存和供应商的风险等。目前市面上的 SRM（supplier relationship management，供应商关系管理）或供应商协同软件，初步实现了采购方与供应商之间的生产数据、库存数据的共享，但还不能实现数据预测。一旦建立 AI 模型以后，就可以对未来的产能、交付和库存进行预测。

AI 在供应链领域的应用目前还处于萌芽和探索阶段，还需要具备很多发展和成熟的条件，比如说供应链大数据的积累，数据治理、数据建模和供应链 BI 实践等。当下很多公司虽然已经建设了 BI 系统，但仅仅停留在最基本的数据呈现，没有去发掘数据背后的价值，更不要说 AI 了。从数据基础建设，到数据应用、数据运营和服务，这些都是一环套一环的迭代发展路径，缺一不可。

AI 是技术，是工具，是为应用而服务的；AI 的基础是大数据，而 AI 的关键技术是建模，不仅仅是数学建模的技术问题，还包括对行业的深刻洞察、扎实深厚的业务功底以及对业务场景的深刻理解。只有让 AI 数字技术与供应链业务深度融合，才能从中找到AI的应用场景，进而实现商业成功。纯粹的技术是无法实现商业变现、实现商业功能的，这也是阻碍AI走向市场化和商业化的一个重要原因。国内有不少博士、教授已经开发了相关的AI模型和算法，比如用于物流路径选择的AI模型，可以对物流网络、仓库节点进行智能选择，但还需要用业务场景下的实际数据去验证模型，优化算法和模型；有些成熟的算法和模型已经在电商平台比如京东物流开始应用，如进行货仓的智能分配和选择等。

我在这方面也做了一些探索，未来AI在供应链领域的应用场景和发展方向，我相信很多人和我一样，还在进行持续深入的探索和研究，未来一定会走向成熟。这里我列出一些场景和应用领域，也算是抛砖引玉，给大家一些启发。

第一个就是在供应链计划领域的AI应用，即对供应链需求计划进行预测。

第二个是产品的品质管理，用AI进行监控和预测，包括在生产线上的检验工作，用机械臂透过2D或3D的光学检测设备和传感器借助AI图像识别技术识别出不良品；通过AI技术对产品良率和不良率进行分析，建立不良品或者良品的模型。不少优秀的品质工程师已经将这种模型掌握得炉火纯青，对产品品质良率的预测能做到"八九不离十"。

第三个是供应链和供应商的风险预测模型，通过对供应链或供应商的风险要素进行识别，建立风险模型，这个在某些公司已经得到应用。

第四个是物流路径选择，前文已经介绍过。

第五个是对库存数量进行预测，根据大数据建立库存模型，对库存的需求进行预测，可以细化到季度、月份、周，甚至日、小时。

第六个是对成本进行预测。我曾经在我的公众号跟大家分享过全生命周期成本模型，①这个也可以通过AI对未来相似品类器件或材料的成本进行预测。

第七个是在节能和双碳控制、碳排放方面的AI应用，对所有能耗节点的数据进行采集，找出关键节点，通过AI可以预测未来的能耗量和碳排放量，更好更精准地实现绿色低碳、可持续发展的供应链管理目标。

在对供应链做AI应用时，常用到的量化模型包括：

（1）评价模型。评价模型通常是根据目标问题的特点和需求，设计合适的评价标准和指标，对不同系统、方案或决策进行评估和比较。通过构建合适的指标和评价方法，评价模型能够对不同方案的优劣进行比较和分析，帮助决策者做出最佳决策。用到的算法包括各种MCDA法，这在上一节已经详细介绍过。

（2）预测模型。预测模型能够根据过去的数据和观察结果，对未来的趋势、行为或结果进行预测和推断。预测模型常用于分析时间序列数据、趋势预测、行为模式预测等问题。预测模型根据给定的数据集或者特定规律，构建合适的数学模型，进行未来趋势预测，从而帮助做出决策或规划。用到的算法包括：回归分析法、时间序列分析法、灰度预测分析法、马尔可夫预测法、支持向量机法、神经网络法、组合预测法。

（3）优化模型。优化模型旨在找到使某个目标函数取得最大或最小值的最优解。优化模型适用于求解最佳决策、资源分配、排产安排等问题，通过建立数学规划模型，确定决策变量、约束条件和目标函数，利用求解方法寻找最优解或次优解，以优化问题的方案或决策。

（4）数理统计模型。数理统计模型用于对数据进行分析、总结和推断。它能够通过建立概率模型和统计分布，对数据的特征、关系和不确定性进行

---

① 我的公众号为"Tong供应链管理"，文章名为：《案例分享 | 用TCO理论构建多（单）品类的全生命周期成本模型》。

描述和推断。数理统计模型可以通过对给定数据集的统计分析，推断出数据的分布规律、相关性、假设检验等，为问题提供支持和解决方案。用到的算法包括：聚类分析法、主成分分析法、因子分析法、判别分析法、相关分析法、回归分析法、假设检验模型的方法。

有兴趣的读者可以就以上AI方向做进一步的研究。

在BI时代，供应链的量化模型是描述和分析决策问题的核心工具。它需要采集供应链关键流程和关键活动的数据，根据行业环境、企业的供应链管理目标、决策影响等因素建模，通过指标和量化模型帮助管理者在供应链决策中做出最优选择。

在AI时代，ChatGPT等通用大模型技术为决策模型设计提供了新的解决方案，促进决策模型从"数据+学习"模式向"知识+推演"模式转变。

在"数据+学习"模式下，供应链决策模型主要依赖大量的历史数据和实时数据，通过机器学习等技术进行模型的构建、评估和优化。这种模式使得决策模型能够自适应地应对环境的变化，提高决策的准确性和效率。在供应链决策中，这种模式有助于预测需求、优化库存、降低运输成本等。

然而，随着决策模型向"知识+推演"模式转变，供应链决策将更加注重于对知识的整合和推演能力的应用。在大模型收集、清洗、整理大量的供应链数据后，这些数据会被用于训练和优化模型。由于大模型具有超大规模的参数，其表达能力和学习能力都非常强大，因此它会从中提取出有价值的信息和规律，再结合领域知识和专家经验进行推演。这些领域知识可能包括供应链管理的理论、实践经验和业务规则等。通过将这些知识与模型的学习能力相结合，大模型可以模拟出不同决策方案下的可能结果，并进行比较和评估。

因此，大模型的应用将会彻底改变我们的决策方式，它不只是帮助决策者更好地理解供应链运营情况，而且是发现潜在问题，并提供有针对性的解决方案，从而提高供应链的效率和稳定性。

第 7 节 从概念设计到落地执行

在数字化供应链绩效指标体系设计完成后，还需要执行并监控绩效的变化和结果，对照标杆企业或企业自定义的目标，形成周期性的管理报告。这些报告可以是可视化的图表，也可以是文字说明。企业需要安排指定的绩效评价小组和专家委员会成员对设计好的供应链绩效评价体系进行周期性的分析、报告、修正，从试运行到正式执行，持续稽核、检查、审视和改善，循环往复，持续迭代企业的供应链绩效评价系统。具体活动包括：

（1）分析KPI（至少每年一个循环周期），收集反馈，根据动态环境的变化修正指标，修正相应的使能任务项，包括调整业务活动和与目标相适应的KPI，用PDCA持续改进的方法，持续改善和优化供应链系统和评价指标。

（2）供应链绩效评价的实时指标信息在企业内分享，透明化管理；一旦发现管理异常，可以实时决策，修正行动方案，并落实到责任人。

（3）构建能够使信息和数据无障碍流通、运转的组织，营造持续变革的组织文化，在公司内广泛传播，建立容错机制，鼓励尝试，推动组织的创新、变革和进步。每天一小步，一年就是一大步。逐步提升管理水平，将数据KPI和可视化BI作为管理抓手，实现数据驱动管理的数字化转型目标。

举例来说。某钢铁企业用了3年时间，分步实施了绩效管理体系，实现了显著业绩改进：产量提升13%、成本下降9%。由于其良好的精益基础，该企业的系统试点从设计到落地仅用了3个月。通过实施数字化的绩效管理流程，该厂帮助超过30名一线管理人员与70名员工提升了知识与能力水平，且确保了所有班组都围绕相同的KPI进行班组小结。系统实施3个月后，转炉的冶炼周期缩短7%，产量提升5%，半年内便收回投资成本。从该车间的成功试点出发，该企业又逐步打造了一套及时、有效的数字化业绩管理系统，并启动了规模化推广，覆盖各个基地、分厂以及班组，全面赋能一线决策，初步实现了数据驱动管理、数据辅助决策，如图3.9所示。

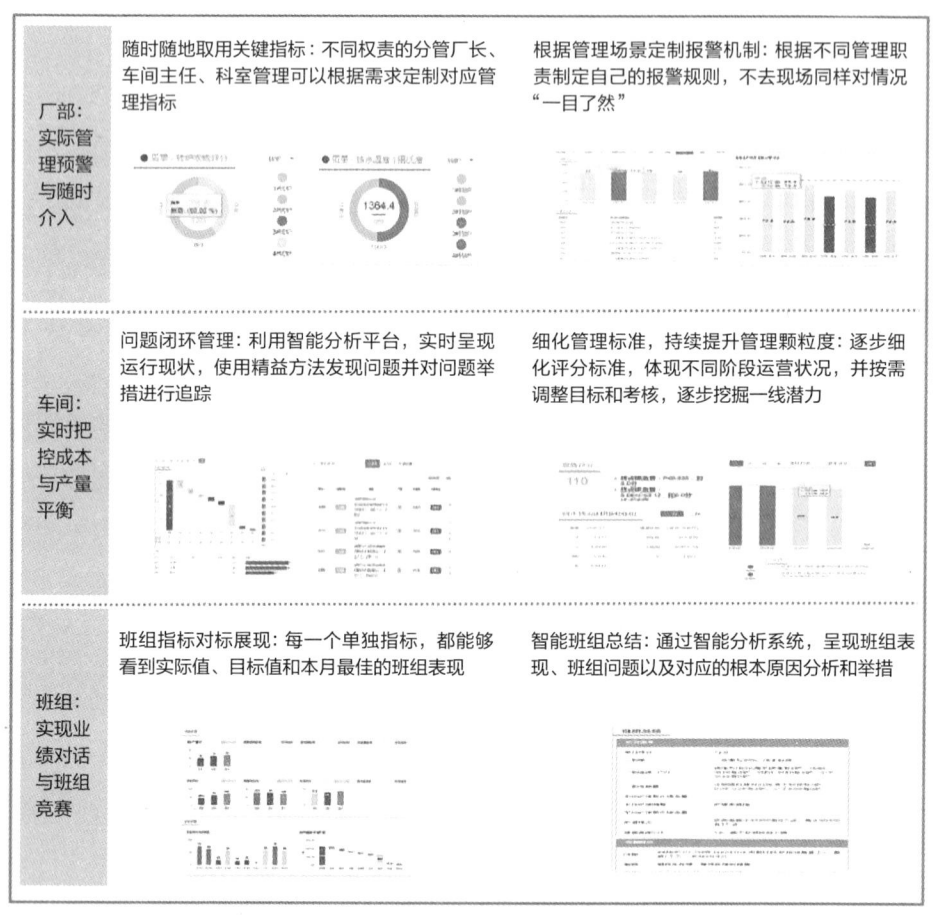

注：因数据涉密，故作虚化处理

图3.9 数据驱动管理、数据辅助决策

来源：麦肯锡官网

第 8 节　供应链大数据运营和可持续发展

2023年，中共中央、国务院印发了《数字中国建设整体布局规划》，首次将数据作为除劳动力、土地、资本、技术之外的第五大生产力要素。数据已经成为企业的重要资产和资源，数据价值不断升级，如图3.10所示。

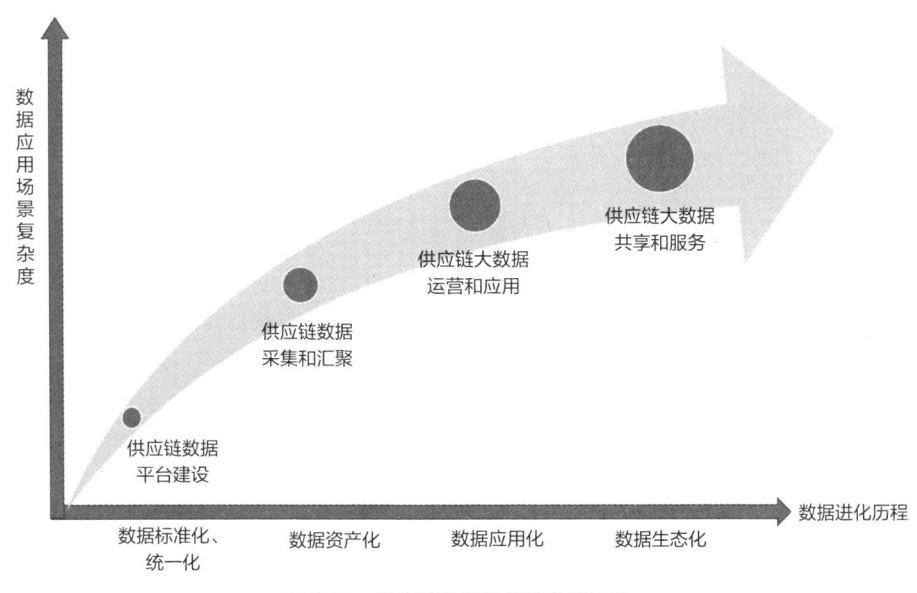

图 3.10　供应链数据价值的进化历程

首先是从供应链大数据平台的建设，到实现数据的标准化和统一化，接下来的阶段就是实现数据资产化。企业的数据资产需要进行有效管理、深度分析和客观评价。再接下来，就是有效利用企业的现有数据源和数据资产，通过数字化的绩效管理系统实现数据资产的专业挖掘、深度分析和运营应用，实现对数据的应用，为未来数字世界企业管理的智能化发展打下坚实的数据基础。比如：供应链绩效自评可以帮助企业自我改善，辅助采购人员依据无争议的客观事实进行决策和判断。再往后发展，就是供应链大数据的共享和服务，实现数据的生态化。供应链数据从业务的信息化、数据化发展到数据的业务化、协同化和智能化，帮助管理者和生态伙伴进行数据驱动的诊断、分析、预测和决策。通过实施改善活动，企业和生态伙伴们的经营绩效发生改变，走上供应链生态系统的可持续发展之路。

综上所述，随着数字时代的快速发展，企业中运行的大量数据，尤其是供应链核心数据会成为企业商业帝国中的价值源泉。为此，企业需要具备相应的数字化管理能力和数据处理能力。数字化管理能力不仅要覆盖到全业务单位和职能部门，还要赋能至上下游生态合作伙伴，即通过数据驱动管理，实现人员、流程、内外部业务的全面协同和互动，并进一步深耕，创造新型业务价值。中国本土企业在拓展全球化业务时，更需要通过构建标准统一、适配当地的数据驱动的能力平台，承接全球化财务、人事、合规管理的运营活动。具体而言，这些需要构建的数字化管理能力目标包括以下几个方面。

在新业务领域，构建以客户体验为中心、贯穿全价值链的数字规划和感知能力，通过价值链节点的互联互通撬动创新，并持续保持业务组合的动态优化，满足并创造用户需求。

在内部运营领域，将内外部的人员、流程及数据联结起来，重塑流程，打造出无障碍的生态化组织，实现全业务数据驱动的自主决策和响应。

知道了数字化管理能力的目标，又该如何构建这些能力呢？有以下几个建议。

（1）聚焦项目管理和强执行力。设立专门的机构来进行管理，包括制订包含财务预测的集成计划，设计明确的运营绩效指标，制订每个工作流程的目标，协调、制订时间表，并跟踪进度。

（2）用全局观衡量业务与运营布局。以提升客户体验为目标构建数据驱动的企业经营价值链，实现自主决策和管理、敏捷应变、精准营销。覆盖企业全流程全价值链的业务数据平台不仅是内部运营和开展业务的基础，还可以为整个供应链生态的互动与联系提供数据，实现更大范围的价值共创。

（3）在经营场景中应用多种技术。将深度学习、知识图谱、自然语言处理、人工智能等技术应用于供应链和企业管理的产品研发、需求预测、视觉识别、仿真模拟和智能决策。

（4）重视技术资源与数据资源的积累。针对特定业务场景，开发个性化、可操作的应用工具。通过对企业的全域数据化表达以及数字对象等代表性技术的应用，企业可以发现新的思路，找到新的解决之道，从而创建全新的客户体验和运营方式，探索数据价值化和交易的可能，进而启发企业构建面向千行百业的数据空间，逐步推动参与实现更大范围的知识共创。

（5）面对不确定的市场环境，对风险的防范也越来越重要。未来，企业不得不面对网络攻击、威胁手段升级，攻击强度提升，监测、响应、溯源等难度加大的事实，所以加大对安全的投资对于企业来说势在必行。只有提高技术韧性、确保网络安全和数据合规，才能减轻监管对业务的影响。全球化扩张的中国企业和在华经营的跨国企业，需要联合多个部门，聚集合作伙伴的力量，采用多种方法对关键的数据隐私指标和监管报告进行严格管理；对于技术无法控制的风险，可以通过安全行为项目降低人为因素带来的风险；针对复杂情况，则需要使用多种工具和模板开启企业的合规之旅，这样才能更好地应对市场的不确定性和监管的升级。

（6）数据核心是企业竞争优势的重要来源。构建数据核心无法一蹴而就，必须不断吸纳各种新的技术并整合为新能力。除了在技术投资方面要比同行企业先行一步，还要以系统工程理论为指导，实现企业全域数据建模和数据治理，并把数据核心涉及的所有关键技术，如云计算、人工智能、大数据、场景应用等作为整体考虑，实现可组装、可复用，快速配置，以适应不断变化的业务需求。

（7）将可持续发展的理念扩展到更广的范围。具体来讲，即采用可持续的商业模式，关注员工身心和福祉，提高供应链的透明度，建立战略伙伴关系；通过建立可信赖的机制，涵盖隐私保护、公平、透明等方面，在企业内推行可持续发展。中国企业应该意识到可持续发展不仅仅局限于气候变化、环境保护，更是要建设一个更具韧性和可持续性的企业生态系统，在公司治理、培养团队、加强价值链韧性、运营等多方面发力。这意味着企业必须将可持续嵌入自身"基因"，实现这一目标不能只靠一种因素或手段，需要借助广泛的行业实施经验，综合多种策略和措施的协同作用。所以，企业需要在激烈的市场竞争中探索新的增长来源，通过积极采取可持续发展举措，获得多方面的收益，包括利益相关者支持、品牌价值提升以及长期业务稳定性。无论市场环境如何变化，总有一些企业在经过波动和危机后依然保持卓越绩效，强化可持续创新正是企业增加商业价值、超越自我、实现跨越的一次历史机遇。

企业可以基于上述的数字化管理能力的底座基石，探索出可持续发展的商业模式、生产和消费模式、产业模式和生态模式，形成企业可持续发展的内生动力。

第 9 节　拓展阅读：国际视野下的制造业

美国制造业研发和创新能力评价

中华人民共和国自1949年成立以来，经过多年，尤其是近40年来的发展，已是当仁不让的全球制造业大国，但国家竞争力是否最强呢？

制造业企业的竞争力，不仅要看大规模生产制造的能力，还要看研究开发和持续创新的能力，那么评价制造业企业的研发和创新能力究竟有哪些指标呢？中美制造业之间的差距到底有多大呢？

美国商务部国家标准和科技研究院在发布《2022美国制造业年度统计报告》时，提出以下这些评价指标。

指标一：每百万人口的专利申请数量。

世界银行2022年的统计报告显示，2020年，每百万人口专利申请数量最多的前10个国家分别是：韩国、日本、中国、美国、德国、新加坡、芬兰、朝鲜、圣马力诺和奥地利。[1]

结论： 2020年中国每百万人口专利申请数量世界排名第三，美国排名第四，中国略胜美国。

---

[1] Douglas S. Thomas Applied Economics Office Engineering Laboratory. Annual Report on U.S. Manufacturing Industry Statistics: 2022[R/OL]. (2022-10)[2024-05-07]. https://nvlpubs.nist.gov/nistpubs/ams/NIST.AMS.100-49.pdf

指标二：研发投入在GDP中的占比。

世界银行2022年的统计报告显示，2020年，研发投入在GDP中的占比最多的前10个国家分别是：以色列、韩国、瑞典、比利时、美国、日本、奥地利、德国、丹麦和芬兰。

结论： 2020年美国研发投入在GDP中的占比世界排名第五，中国排在世界前10之外。

指标三：制造业研发投入。

根据联合国统计署（2021年）和经济合作与发展组织世界经合组织（2022年）发布的报告，2018年制造业企业研发投入最多的前10个国家或地区分别是：中国、美国、日本、德国、韩国、中国台湾、意大利、英国、土耳其、西班牙和加拿大。

结论： 在制造业领域，2018年，中国企业的研发投入（绝对值）排名第一，美国排名第二。

指标四：每百万人口的研发人数。

世界银行2022年的统计报告显示，2019年，每百万人口研发人数最多的前5个经济大国排名分别是：韩国（第1位）、德国（第11位）、日本（第12位）、美国（第17位）和英国（第22位）。

结论： 2019年，美国每百万人口的研发人数排名第17位，中国虽然是制造业大国，但每百万人口的研发人数占比不高。

指标五：期刊文献发表数量。

世界银行2022年的统计报告显示，2018年，期刊文献发表数量最多的前10个国家分别是：中国、美国、印度、德国、日本、英国、俄罗斯、意大利、韩国、法国。

结论： 2018年，中国的期刊文献发表绝对数量最多，排名第一，美国每百万人口期刊文献发表数量排名第22位，中国作为人口大国，一旦人均，排名就没有那么靠前了。

指标六：商品出口。

世界银行2022年的统计报告显示，2021年，全球商品出口额最多的前10个国家或地区分别是：中国、美国、德国、荷兰、日本、中国香港、韩国、意大利、法国、比利时。

结论： 中国出口的商品具有绝对的优势，出口额居世界第一，美国是世界上第二大商品出口国。

制造业企业的竞争力评价，除了研发和创新能力，还有其他一些维度，比如，国际管理发展学院（International Institute for Management Development，IMD）发布的美国国家竞争力多维度评价模型。

国际管理发展研究院发布的全球国家竞争力评价模型，包括科技基础设施、国际投资、国内经济、财务融资、管理实践、雇佣就业、生产力和效率、教育、财税政策、基础设施、法律环境、健康环境、体制框架、劳工市场、态度和价值观、社会结构、国际贸易、公共财政等20项竞争力评价要素。2022年，美国的综合竞争力在64个国家中排名第十，其薄弱项在于价格、公共财政、国际贸易、社会结构等。

世界经济论坛（World Economic Forum，WEF）在2019年也发布了类似的全球竞争力评价模型。

世界经济论坛的全球竞争力评价模型共包含12个竞争力维度90个指标，这12个维度分别是劳工市场、财务系统、商业动态、创新能力、市场规模、技能、产品市场、基础设施、研究机构、ICT（信息与通信技术）的应用、宏观经济的稳定性、健康环境等，美国的综合竞争力在141个国家或经济体中排名第二，在健康、宏观经济的稳定性和ICT的应用上处于弱项。

德勤发布的2016年全球制造业竞争力指数显示，美国的竞争力体现在科技能力、科技规模、生产力和研究支持方面，美国面临的挑战是高劳工成本、高企业税率和美国境外的投资增加。中国在原材料供应、先进电子和研发支出方面的优势排名第一，但中国面临着创新、经济增长放缓、生产力和监管效率低下的挑战。

中国正在从制造大国向高质量发展的制造强国迈进，希望以上的竞争力评价给制造业从业者带来启发和帮助。

世界经济论坛"灯塔工厂"智能制造评价

随着制造业的快速发展，中国在全球产业链和供应链中扮演的角色越来越重要且关键，此外发展实体经济是中国实现工业强国、世界强国目标的重要保障。2021年12月21日，工信部联合其他七部委共同发布了《"十四五"智能制造发展规划》，引导中国的制造业企业向"智能制造""高端制造"发展，为"第四次工业革命"的大国博弈抢占全球制造业的竞争制高点做出提纲挈领的战略布局。

改革开放以来，珠三角、长三角区域已从过去的"三来一补"的初级制造业聚集区，逐步升级并发展为中国制造业最发达的地区，也成为中国制造业生态最繁荣的地区。以深圳为例，"这里能够让我们在一公里之内找到任何想要的原材料，这是美国、欧洲和世界上任何地方都做不到的，因为那里没有深圳的华强北"。——这是某国外企业创始人的真实表达。深圳在通信、汽车电子、计算机及外围接口、消费类电子、光电、仪器仪表等领域，构建了完整的上下游产业链，打造了全球独一无二的完整而高效的制造产业链。

世界经济论坛和麦肯锡咨询公司曾联合发布过一个《制造业灯塔工厂的评估标准和方法》，这里分享给大家。制造业企业负责人可以对照这个标准自测一下，评估自己企业的制造能力究竟处于哪个位置、哪个阶段、哪个状态。

截至2023年1月，由世界经济论坛评出的全球"灯塔工厂"共有132家。我们看一下世界经济论坛评价"灯塔工厂"的关键绩效指标和具体评价指标要求，如表3.3所示。

表3.3 世界经济论坛"灯塔工厂"评价指标（2023）

评价维度	指标项
生产力	工厂产能产出的增加
	生产效率的提高
	设备综合效率的提高
	产品成本的降低
	运营成本的降低
	质量成本的降低
可持续发展能力	温室气体排放的减少
	浪费的减少
	用水量的减少
	能源效率的提高
敏捷性	库存的减少
	交期的缩短
敏捷性	产品换线时间的缩短
	准时交付率的提升
产品的上市速度	新产品上市时间的缩短
	设计迭代研发周期的缩短
产品的定制化程度	定制化准确性的提高
	批次需求量的减少

世界经济论坛评选出来的"灯塔工厂"可以看作是制造业企业发展前进的指路明灯，它们向同行展示了卓越制造业企业如何从数字化转型中挖掘出新价值，并在以上这些评价指标中有所改善，包括大幅提升资源生产力和效率、提高敏捷度和响应能力、加快新品上市速度、提升客制化水平等。

附录：全球"灯塔工厂"申请流程

一、提交申请问卷

访问全球"灯塔工厂"网络申请问卷（网址：https://weforum.eu.qualtrics.com/jfe/form/SV_6kR84NXGeqmyloN），申请"灯塔工厂"提名，并说明工厂如何运用先进技术以及如何创造价值（预计每年十月中下旬开始）。

二、审核工厂申请

世界经济论坛对组织内部进行审核，以确定申请工厂在数字化转型方面是否足够成熟，是否足以成为强有力的候选"灯塔工厂"。

三、安排实地考察

如果工厂被选中进行实地考察，世界经济论坛考察团队将联系工厂安排现场考察，并向工厂解释如何准备行前报告。

四、准备行前报告

在代表团进行实地考察之前，申请工厂需要按照要求准备实地考察行前报告，提供候选"灯塔工厂"技术运用的更多细节。

五、组织实地考察

世界经济论坛将派考察团队进行为期一天的现场访问，查看技术运用案例，并与核心接待人员进行面谈。

六、完成最终报告

世界经济论坛将向工厂展示最终报告模板，工厂基于考察团队的意见，完善并完成最终报告。

七、专家小组评定

世界经济论坛将从论坛组织的全球专家资源库中随机抽取专家，组成一个由学术界、工业界和技术先驱组成的中立专家小组，对所有申请者进行评估，并选出"灯塔工厂"的候选人。

八、告知评选结果

世界经济论坛将告知专家小组的最终决定。

九、宣布"灯塔工厂"名单

世界经济论坛将会在重要的年会活动上宣布评选出的"灯塔工厂"名单。

第 4 章
不同行业的供应链绩效评价体系范例

咨询公司杨总:"最近我们的市场部很给力,帮我们接了一个大单,客户是一家万亿级的集团公司,对方希望我们帮它设计一套供应链绩效评价体系。黄老师,是你展示才能、创造价值的时候了,我准备派你出去,你可要把握好这个机会哟!"

咨询顾问黄老师:"杨总,非常感谢您的厚爱。但是,派我一员大将恐怕不够,我大致了解了一下他们公司,他们是个多元化的集团公司,很多业务完全不相关,用一套供应链绩效评价体系恐怕不行,我需要支援。我还想找几个不同行业的专家,和我一起为他们量身定制多元化、贴合他们不同业务特点的评价体系。"

咨询顾问周老师:"我也同意你的意见,我就负责消费电子板块,小吴负责新能源板块,小徐负责化工板块,小孙负责大宗商品板块!"

咨询顾问黄老师:"太好了,我就负责大家的集成方案。将不同的子模块衔接起来,形成一个集团公司既统一又定制而且高度协同的方案。客户一定会满意的!"

…………

第 4 章　不同行业的供应链绩效评价体系范例

在实践工作中，不同行业都有不同的特点，即便在同一个行业中，由于商业模式不一致，也会产生不同的供应链管理诉求，所以需要采用针对不同行业、不同管理目标、不同侧重点的供应链绩效评价体系和标准。本章将从高科技制造业、一般制造业、纺织行业和汽车行业四个重点行业，详细解析可供关键行业应用和采纳的模型和体系。

第 1 节　高科技制造业可持续供应链绩效评价模型SPADA

SPADA 模型的概要和意义

SPADA 是 supply chain performance assessment and decision aiding 首字母的缩写，也就是"供应链绩效评价和辅助决策"的简称，是一种评价数字化供应链绩效的可视化智能决策系统，是由本书作者（辛童博士）自主研发设计的一款数字化、量化的多准则指数模型。在开发初始，SPADA（中文音译为：斯巴达）模型主要是用来评价高科技行业的可持续供应链绩效，以数字化、可视化、智能化的辅助决策系统，对大型供应链数据库进行大数据挖掘、深度分析、供应链辅助决策和智能决策，形成数智化的供应链大数据管理中心，为政府监管和企业经营者提供供应链辅助决策和智能决策。SPADA模型不仅可以为工业企业提供供应链绩效评价服务，发布中国的可持续供应链绩效排行榜和供应链指数，还可以建立全国性的供应链数据库和大数据共享平台，帮助政府更好地制定供应链产业链的宏观政策，规划产业链战略方向，引导企业进行供应链创新和变革，从而推动全社会供应链管理向可持续发展模式和高质量发展模式演化。

SPADA模型也有助于企业更好地进行行业研究、市场洞察、竞争分析和供应商管理。通过供应链绩效评估的差异分析，对标行业标杆企业，SPADA模型可以为企业提供变革优化和改进建议，帮助企业通过精细化、智能化的供应链管理进行降本增效，提升供应链的韧性和柔性，确保企业的长期可持续发展，增强企业的核心竞争力。除此之外，SPADA还能够帮助金融机构对供应链风险进行识别和防控，推动供应链金融的创新和变革。

SPADA模型通过对企业的数字化供应链进行KPI的设计、选择、使用和数字化BI的搭建，帮助企业完成供应链的数字化转型和升级，提升供应链管理水平，最终形成协同共赢的供应链生态系统。SPADA模型的技术框架如图4.1所示。

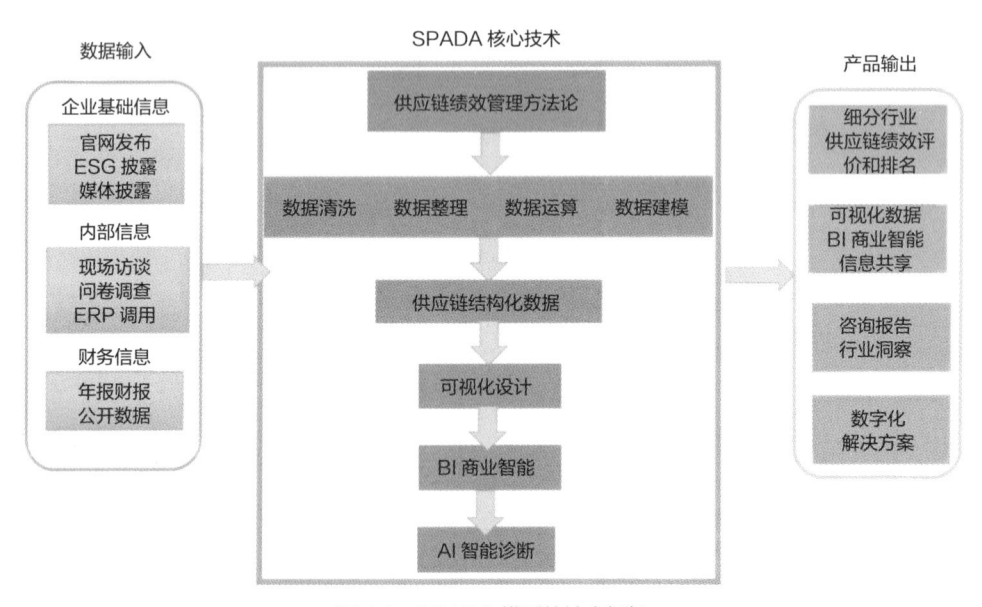

图 4.1 SPADA 模型的技术框架

SPADA模型的核心技术包括供应链绩效管理方法论的管理软技术、可视化、数据挖掘和大数据分析技术等。SPADA模型通过对供应链各类数据，如企业的基础数据、内部运营数据、财务数据等进行采集、分类、汇总和提取，并进行清洗、整理、运算，再用先进的MACBETH算法建模，形成结构化的供应链关键数据，对有效数据、关键指标进行可视化设计，构建BI的分析体系，并进行AI智能诊断。另外，产品的输出形式，包括可持续供应链或供应链内部运营绩效的评价报告和绩效排名，以及可视化的BI管理中台、行业洞察报告、数字化转型解决方案等。

SPADA模型是中国智能制造"十四五"发展规划的重点行业应用、重点软件领域项目，解决供应链、产业链企业的数据资产管理和数据运营创新的问题。鉴于供应链本身就具备业务与信息、数据高度融合的特性，SPADA模型以信息化、数字化和智能化的手段实现政府或企业的管理和服务职能，也符合专精特新的特点，比如专业化（供应链管理）、精细化（精细化管理）、特色化（行业细分）、新颖化（中国独创且前瞻）等。

专业从事供应链管理研究的学者以及从事供应链管理实践的同行都知道，供应链绩效评价是供应链管理的核心，几乎所有的管理活动都是围绕绩效评价和相应的KPI来完成的，特别是在数字化供应链场景下更是如此，所以才有"无衡量莫管理"的说法。此外，不论是做理论研究还是从事管理实践，供应链绩效评价都是一项比较复杂而艰辛的工作，设计一套供应链绩效评价体系好比老师给学生出考卷，既要抓住重点，又要选拔出优秀种子选手，既要有广度，又要有深度，而针对数字化供应链的量化模型，更是难上加难。从这个意义上来说，SPADA模型为供应链管理的学术研究提供了一个参照。从实践角度看，SPADA模型具有实操性，可以落地实施。通过对企业的数字化供应链进行KPI的设计、选择、使用，以及MACBETH算法建模和数字化BI的搭建，SPADA模型可以帮助企业完成供应链数字化转型和升级，将业务流程和运营结果自动化、可视化和智能化，并形成企业的核心竞争力，以实现数据驱动管理，用数据创造价值，提升供应链管理水平，进而形成协同共赢的供应链生态系统，构建可持续发展的商业生态和供应链大数据运营的创新模式。

实践者说

SPADA 模型到底有什么用？

在与企业交流的时候，我经常会听到企业的负责人问我这样一句话——"你做的这个 SPADA 模型有什么用？"

SPADA 模型是一个评价企业供应链可持续发展力的指数模型和绩效评价工具，具有实用价值。大多数中国人秉持实用主义，信仰当下，所以问这样的问题一点也不奇怪。

我要告诉他的第一句话是："SPADA 模型指明了与时代潮流相契合的方向，尤其是对大型、超大型企业而言，这一点就更重要了。"在地缘政治愈演愈烈的时代背景下，需站在历史的高度看问题，中国的企业需要成为中国经济发展进程中的推动者和造就者，而不是逆潮流者。可持续发展在全球范围内已经成为主流趋势，中国政府也将可持续发展作为经济、社会和环境均衡发展的长期战略目标，并采取了切实行动实施可持续发展战略。中国是一个负责任的大国，习近平主席在第七十五届联合国大会一般性辩论上已做出"二氧化碳排放力争于 2030 年前达到峰值，努力争取 2060 年前实现碳中和"的承诺。所以企业负责人需要站在符合历史发展趋势和政治正确的位置来发展企业，瞄准目标和方向，推动企业的健康发展。

可持续发展也是适者生存的竞争战略。我们很多企业研究战略，战略是什么？战略是既要研究自己，也要研究对手，还要研究外部环境；既要生存，也要发展，只有适应环境才能生存，只有战胜竞争对手才能继续发展。我们讲可持续发展和可持续发展的供应链，就是教企业在供应链上如何打败竞争对手，如何保全自己、打击对手，获取竞争优势。当下的供应链已经进入数字化供应链和可持续供应链生态系统的发展阶段，未来将要进入智能化时代，企业的管理者迫切需要一套可操作、可实践的数字化供应链绩效评价系统，对自己的供应链进行自评，帮助企业实时监测、追踪溯源、洞察趋势和防范风险。此外，企业也需要对自己的供应商进行类似的监管和监控，及时发现风险，防患于未然。

"选择大于努力"这句话，我不仅从比我年长的朋友口中听说过，也从比我年轻的伙伴口中听说过。看《资治通鉴》，也会得出同样的结论。所以咱们老祖宗有一句话，叫"男怕入错行，女怕嫁错郎"，人生的重点在于选择正确的方向，企业也是如此。选择什么行业？选择跟谁一起合作？选择将自己的时间花在什么地方？选择做什么样的事业？这些都是策略和决策，"今天的选择和耕耘就是明天的收获和胜利"，今天你将时间花在"可持续发展的供应链"、做可持续发展的伟大事业，明天你就会知道，这就是正确的策略和决策。

此外，"无衡量莫管理"，SPADA模型为企业提供了前进的方向，用KPI来指向目标，企业也需要不断调整指标升级目标，将自己打造成更加卓越的企业，所以还是回到第一性原则，可持续供应链的绩效评价具有实用性。

在我过去20多年从事高科技行业的供应链管理实践过程中，以及在近几年我给企业提供供应链管理咨询和培训服务时，我发现很多企业的管理者和供应链实践者，一是不知道什么是供应链的绩效评价，二是不会对供应链进行绩效评价，常常将对供应商的绩效评价视为自己企业供应链的绩效评价，或者将公司对他们个人的绩效考核视为供应链的绩效评价，还有些人只知道少数几个绩效指标，如采购降本率、库存周转率等，似乎供应链的绩效就只有这几点。其实，这些认知都不全面和完整，所以，我作为一名研究供应链的实践专家和学者，有必要带给大家一些正确的认知，提高大众对供应链绩效的认知能力。

SPADA模型在开发设计过程中，调动了全球最顶尖的高科技企业资源，如苹果、微软、亚马逊、华为、阿里巴巴、联想、富士康、捷普等世界500强供应链专家、CSR智库、利益相关者资源，是由懂企业供应链、懂产业链的实战专家共同合作完成的具有实操价值的实证研究成果。SPADA模型是运用MCDA法、MACBETH构建的绩效评价智能决策模型，实现系统最优的决策算法，是全球高科技领域的首创，也是中国国内的首创。该评价体系和模型具备一定的弹性和动态性，可以根据不同行业、不同企业规模和不同发展阶段的特点进行模型修正和指标调整。SPADA模型的评价指标科学、客观、系统化、数字化、智能化、可采集、可跟踪、直观可视，最大限度地规避了人为偏好的主观判断，实现了精准、精细化的供应链管理。

SPADA模型的实用价值，体现在帮助企业从可持续发展的战略高度对供应链进行全方位评价，精准发现管理弱点，推动企业整体的管理优化和持续改进，促进企业的长期可持续发展。SPADA模型用量化的数据绩效指标推动企业的数字化转型，实现供应链的可视化和智能化应用；SPADA模型通过全方位的绩效评价，加强公司内各部门之间的协同与跨部门的协作，将供应链绩效评价标准传递给产业链上下游生态合作伙伴，加强产业链的协同；SPADA模型还可以对不同行业、不同类型的供应商进行全方位的评价和排名，筛选出战略供应商、优质供应商以及风险供应商，强化合作与共赢；SPADA模型能够呈现上市公司供应链可持续发展力的绩效，将绿色、双碳、节能减排、环境保护和社会责任，以公开透明的方式完美呈现给公众和利益相关者，有利于政府和行业的ESG监管，并满足国际化、全球化的合规要求。

一言以蔽之，大型企业与政府或行业监管机构借助SPADA模型构建的供应链大数据平台（https://www.spadaai.com），相互之间可以实现资源互补、数据共享，从而相互服务，相得益彰。若是企业缺乏对行业、对产业链、对产业链生态圈上下游合作伙伴和竞争对手的洞察，政府或行业监管机构可以调动产业链资源补上此短板，SPADA模型对政府（行业）监管、企业来说是实现双赢的工具，既利于政府（行业）监管，也利于企业的市场研究。

适用范围

SPADA模型1.0版本适用于高科技企业，这里对高科技企业的定义，参考的是科技部、财政部、税务总局发布的《高新技术企业认定管理办法》。其具体包括以下八大领域的制造企业：

（1）电子信息；

（2）生物与新医药；

（3）航空航天；

（4）新材料；

（5）高技术服务；

（6）新能源与节能；

（7）资源与环境；

（8）先进（智能）制造与自动化。

应用场景

除了适用的行业，SPADA模型有八大应用场景，分别如下。

第一个应用场景是供应链绩效评价和排名，由行业主管机构或第三方机构对企业的可持续供应链进行评级和排名管理，类似美国的Gartner供应链百强排名。中国缺少这样的排名体系，SPADA模型可以完成这一使命。比如发布中国高科技等不同行业的可持续供应链绩效评价报告，不同行业的中国可持续供应链百强榜、中国大中型企业可持续供应链绩效排行榜、供应链行业指数，还可以做绿色可持续发展企业认证、企业碳足迹认证资格的认定、白名单和黑名单的企业评选等。

第二个应用场景是供应链自检和供应商评价。大型核心企业可以对自己的供应链进行自检自评，还可以对自己的供应商进行考核、评价和跟踪；对绿色供应商的引入进行风险评估，还可以用来作为行业洞察和竞争对手分析的工具。

第三个应用场景是供应链绩效披露。对于一些上市公司而言，它们需要向利益相关者披露供应链的可持续发展绩效和第三方出具的可持续供应链评估报告，SPADA模型可以提供客观的绩效评价和分析报告。

第四个应用场景是供应链风险评估。供应链金融企业给"标的"企业提供信贷的时候，SPADA模型可以帮助它们对"标的"企业进行风险评估，出具供应链风险评估和决策分析报告，因此可以作为银行、金融机构放贷的决策参考。

第五个应用场景是背景调查和风险评估。证券基金公司、投行在并购时需要对标的企业进行背景调查、供应链评价和风险评估。我们在实践当中发现，很多证券公司的基金经理缺乏对供应链的正确认知，完全不清楚要如何对供应链进行评价，而SPADA模型可以帮助他们在并购时对标企业进行尽职调查，进行可持续供应链绩效评估和风险评估，还可以统计上市公司各行业的供应链指数，出具企业经营风险评估报告。

第六个应用场景是咨询诊断。现在社会上有很多咨询公司，它们的管理顾问在给企业做供应链问题诊断的时候，缺乏一套科学的方法论和工具，绝大部分是凭借主观经验，缺少系统的管理工具的支持。SPADA模型可以帮助咨询公司的专业顾问们对企业的供应链进行诊断，为咨询/资讯公司专业顾问提供方法论的技术支持，为客户提供可持续供应链绩效评价和供应链问题诊断。基于SPADA模型开发的供应链绩效评价系统还可以用来作为企业供应市场的分析报告、商业情报分析和市场洞察。

第七个应用场景是大数据分析。SPADA模型可以为中小微企业服务，帮助它们进行供应链绩效评估和大数据分析，提供管理建议和方案。

第八个应用场景是教学科研、数据追踪和数据建模。科研院校可以用SPADA模型进行学术研究，对可持续供应链绩效进行长期的管理跟踪、分析预测，用供应链大数据进行分析建模等，与国际智库学术交流与合作，申请国家基金项目及联合国资助项目等。

实践者说

供应链绩效评价和排名有什么用？为什么重要？

社会上总是有各种各样的排名、各式各样的排行榜，每行每业都不缺排行榜，为什么大家对排名情有独钟，如此看重各种排行榜单？

第一条，是榜样的作用。排行榜对于进入榜单的企业是一种极大的激励、鞭策和鼓舞，对于企业的声誉、荣誉和企业品牌至关重要，企业会更加努力地保护自己的行业地位并维护自己的荣誉，这对社会的进步、行业的良性竞争和发展具有强大的促进和推动作用。

第二条，是资源配置的作用。在资源有限的条件下，全社会的有限资源只能优先分配给最有价值的企业，帮助它们成长，让它们更强。这不仅是动物世界的生存法则，也是人类社会的生存法则。举例来说，动物世界里的母狮，一胎生多子，如果刚出生的幼狮先天不足，母狮子也会忍痛割爱，放弃它的孩子。为了整个族群的生存和可持续发展，先天弱小、病残幼狮的命运就是被放弃和等待死亡。丛林法则，也是生命体可持续发展的生存法则。

第三条，可以帮助企业自我改善。所谓"知耻而后勇，知弱而图强"。企业通过公开披露的评价标准，可以对照找到自己的差距和不足，然后朝着评价标准的目标和方向进行自我改善，达到相应的行业标准，促使自己不断进步。

评价流程

当高科技企业对可持续供应链绩效有第三方评价需求，想要了解自己企业在高科技行业中的可持续绩效能力和水平时，第三方的咨询顾问团队会请该企业的高管们认识和理解SPADA模型，认真审阅SPADA 1.0系统（参考 https://www.spadaai.com）的评价指标、指标定义、指标的提取和计算方法以及评价标准。通常，对于行业通用标准，只需企业提供SPADA 1.0要求的数据即可，由咨询团队负责采集数据、录入数据，获得评价结果，出具诊断报告，提供改善建议。

在企业自评或评价供应商的可持续供应链（或内部运营）绩效的场景下，企业高管们在审阅SPADA模型的评价指标、评判标准时，需要思考这些指标是否符合公司的目标、要求和价值观，现实中的每家公司都有自己的特殊要求或特定标准。SPADA 1.0采用的是高科技行业的通用标准，如果企业还没建立标准的供应链评价体系，可以直接采用SPADA 1.0的通用指标标准和模板。由于每家企业在不同阶段的发展战略不一样，优先级也不一样，所以每家企业在给自己所在企业和供应商的绩效评价制定标准的时候，可能会要求调整权重，将符合企业阶段性目标和战略重点的指标设置为更高级别的权重分值，以体现公司的价值观和评价标准。

SPADA模型的咨询团队会对定制化的修正需求做进一步的梳理，明确需要更新调整的内容，比如指标、权重等，采用Welphi（https://www.welphi.com）、M-MACBETH（https://www.m-macbeth.com）等工具和方法做出修正调整，以满足企业的评价要求。

接下来就是数据采集的问题。SPADA模型的咨询团队负责向企业采集数据。有一部分数据是内部运营数据，需要向企业发放问卷获得，还有一部分数据是财务数据和公开披露数据，需要通过采集公司的公开信息、财务报表等进行汇总和统计分析获得。如果这两部分数据采集顺利的话，录入SPADA系统后可以实时获得评价结果，或者在数据采集完成后的数小时内，SPADA模型咨询团队就能够提供给企业可持续供应链绩效评价的分值、能力等级以及相应的诊断报告和改善建议等。由于SPADA是量化模型，一切以无争议的客观数据为基础，数据结果的产生会十分高效和简便。

评价体系和评价依据

基于三重底线理论，并结合现有文献和实践验证，高科技行业可持续供应链绩效指数模型SPADA为三层体系的架构，分别从经济、环境、社会和运营这四个维度对企业的可持续绩效进行评价。在这四个维度下，有相应的评价指标和对应的权重，其理论架构如图4.2所示。

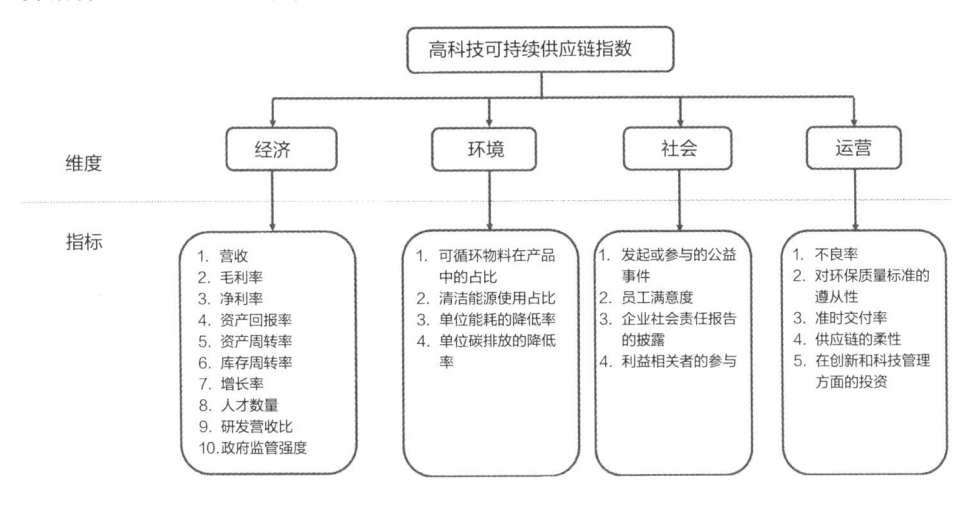

```
                    高科技可持续供应链指数
            ┌──────────┬──────────┬──────────┐
维度       经济        环境        社会        运营
───────────────────────────────────────────────
指标   1.营收       1.可循环物料在产品  1.发起或参加的公益  1.不良率
       2.毛利率         中的占比            事件          2.对环保质量标准的
       3.净利率     2.清洁能源使用占比  2.员工满意度          遵从性
       4.资产回报率 3.单位能耗的降低率  3.企业社会责任报告 3.准时交付率
       5.资产周转率 4.单位碳排放的降低      的披露        4.供应链的柔性
       6.库存周转率     率              4.利益相关者的参与 5.在创新和科技管理
       7.增长率                                              方面的投资
       8.人才数量
       9.研发营收比
       10.政府监管强度
```

图4.2 高科技行业可持续供应链绩效指数模型SPADA的架构

SPADA模型在经济、环境、社会和运营维度下分别有23个指标。在经济维度下有10个指标，包括公司营收、毛利率、净利率、资产回报率、资产周转率、库存周转率、业务增长率、人才的数量、研发占营收额比率、政府监管的强度；在运营维度下有5个指标，分别是产品不良率、环境质量标准的遵从性、准时交付率、供应链的柔性、在创新和科技管理方面的投资率；在环境维度下，有可再生循环物料在产品中的占比、可再生能源的使用占比、单经营收能耗的降低率、单经营收碳排放的降低率这4个指标；在社会维度下，有企业发起或参与的公益事件数、员工满意度、企业社会责任报告的披露、利益相关者的参与这4个指标。不同指标的权重通过MACBETH算法的应用获得。

评价标准

SPADA 1.0版本的可持续供应链绩效评价体系的具体指标定义、权重、评价标准和数据源，如表4.1所示。在实际使用时，可以直接录入M-MACBETH软件或SPADA平台（https://www.spadaai.com）使用。

表4.1 SPADA 1.0评价体系的指标、权重、标准和数据源

评价维度	权重/%	项目	可持续供应链的指标	数据源	优秀 100分水平	不好不坏 60分水平
经济	30	1	公司营收	公司年报	1000亿	10亿
		2	毛利率	公司年报	50%	25%
		3	净利率	公司年报	15%	5%
		4	资产回报率	公司年报	15%	5%
		5	资产周转率	公司年报	1	60%
		6	库存周转率	公司年报	8	4
		7	业务增长率	公司年报	30%	5%
		8	人才的数量	公司年报	10000	2000
		9	研发营收比	公司年报	8%	2%
		10	政府监督的强度	公司年报	强监管	弱监管
环境	25	11	可再生循环物料在产品中的占比	问卷调查和年报	增加	没有增加
		12	可再生能源的使用占比	问卷调查和年报	1%	0%
		13	单位营收能耗的降低率	问卷调查	13.50%	2.70%
		14	单位营收碳排放的降低率	问卷调查	18%	3.60%

续表

评价维度	权重/%	项目	可持续供应链的指标	数据源	优秀 100分水平	不好不坏 60分水平
社会	25	15	发起或参与的公益事件	问卷调查和年报	5	2
		16	员工满意度	问卷调查和年报	90%	80%
		17	企业社会责任报告的披露	年报	是	否
		18	利益相关者的参与	年报	是	否
运营	20	19	产品不良率	问卷调查	0	0.50%
		20	准时交付率	问卷调查	100%	90%
		21	对环保质量标准的遵从	问卷调查和年报	是	否
		22	供应链的柔性（快速响应）	问卷调查	交期的25%	交期的100%
		23	对创新和科技管理方面的投资	问卷调查	2%	0.50%

评价结论

为了更好地对不同企业的可持续供应链绩效做出评估，我们对绩效得分做出以下评级参考，如表4.2所示。

表4.2 SPADA模型在M-MACBETH的评估等级

M-MACBETH/分	评估等级
≥ 100	杰出
90～99	优秀
80～89	良好
70～79	一般
60～69	合格
< 60	差

评价报告

为了帮助企业更好地理解，以某高科技公司X公司为案例，用SPADA模型和M-MACBETH进行评价的结果，如图4.3所示。

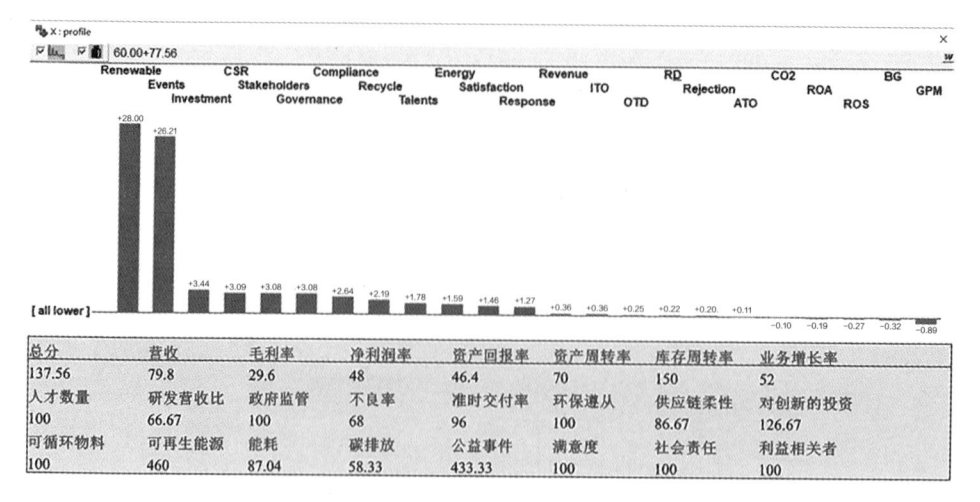

[图表区域显示 X: profile 数据条形图，包含以下标签：Renewable Events、CSR Stakeholders Governance、Compliance Recycle、Energy Talents、Satisfaction、Revenue Response、ITO、RD OTD、Rejection ATO、CO2 ROA、ROS、BG GPM，数值 60.00+77.56，条形数值包括 +28.00、+26.21、+3.44、+3.09、+3.08、+2.64、+2.19、+1.78、+1.59、+1.46、+1.27、+0.36、+0.36、+0.25、+0.22、+0.20、+0.11、−0.10、−0.19、−0.27、−0.32、−0.89]

总分	营收	毛利率	净利润率	资产回报率	资产周转率	库存周转率	业务增长率
137.56	79.8	29.6	48	46.4	70	150	52
人才数量	研发营收比	政府监管	不良率	准时交付率	环保遵从	供应链柔性	对创新的投资
100	66.67	100	68	96	100	86.67	126.67
可循环物料	可再生能源	能耗	碳排放	公益事件	满意度	社会责任	利益相关者
100	460	87.04	58.33	433.33	100	100	100

图 4.3 用 SPADA 模型和 M-MACBETH 对 X 公司可持续供应链绩效的评分结果

图 4.3 中 X 公司的可持续发展力得分为 137.56 分，按照 SPADA 模型的评价标准，X 公司的可持续供应链绩效十分卓越。比如：在可再生能源的使用、对社会的公益活动、库存周转率、对创新的投资方面，X 公司表现极为突出，远超行业平均水平。但是 X 公司在某些领域还有待改善和加强，比如，该公司的毛利率、业务增长率、净利润率以及资产回报率都是有待提高的。X 公司正处于行业生命周期的低谷和转型期，需要获得投资人的青睐和利益相关方的关注，以获得企业新的成长曲线。X 公司需要开发新业务才能获得企业的可持续发展。

SPADA 模型的评分结果得到 X 公司高管们的充分认可，其认为分数真实准确地反映了 X 公司的实际状况。该公司由于卓越的可持续供应链绩效表现，多次受到中国政府和国际组织的嘉奖和表彰，同时该公司也正在进行一系列的升级和转型。

此外，X 公司的高管们认为 SPADA 模型简单易用、可操作性很强，其量化的、可视化的数据指标分值图清晰地指出了 X 公司可持续供应链绩效管理的强、弱项，并告诉他们在哪些方面需要做进一步的改善和提高。SPADA 模型是一套非常科学、有效的数字化供应链的管理工具，可以实现实时监控和辅助决策，还可以用来对供应链绩效进行长期跟踪、风险预测和行业洞察，帮助供应链实践者科学决策。

实践应用

SPADA模型为BI系统提供了基础框架和理论指导，通过指标和模型，企业可以将数据以更加直观和易于理解的方式呈现出来，提高可视化的效果和价值。通过大数据分析和建模，SPADA模型还可以实现AI智能决策，对可持续供应链绩效的各项指标进行实时监控、长期跟踪和趋势分析，对不同企业供应链的可持续绩效、供应商可持续发展力绩效进行排名，同时也对风险进行预测，帮助企业的管理者、采购实践者更好地进行科学决策。

在为企业提供供应链管理咨询服务的实际工作中，本书作者用SPADA模型为4家大型高科技企业进行了可持续供应链绩效评价，通过采集这4家企业的实际运营数据得出各家供应链的可持续发展力分值，并进行了详细分析，如图4.4所示。

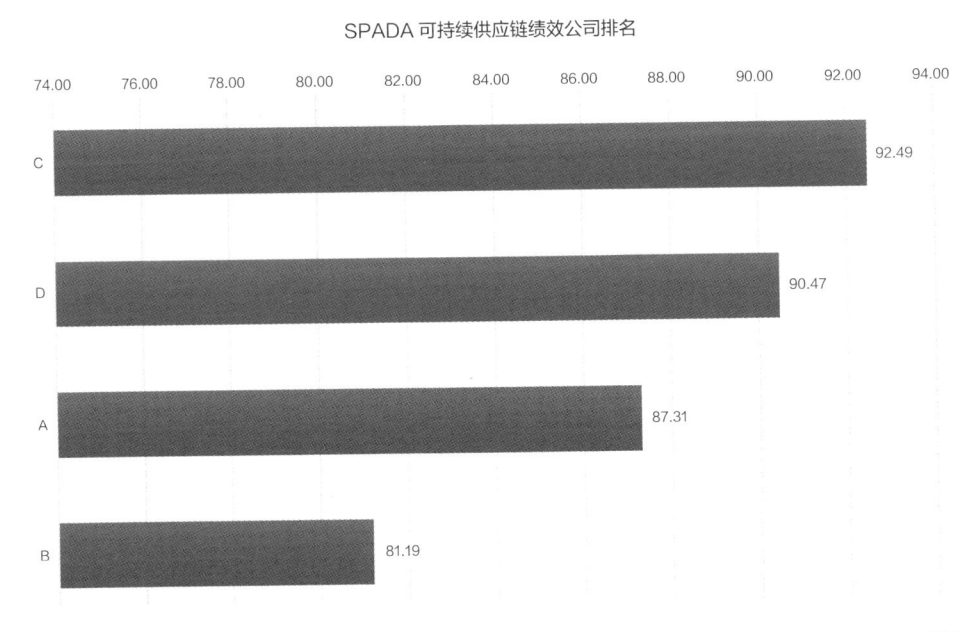

SPADA 可持续供应链绩效公司排名

C	92.49
D	90.47
A	87.31
B	81.19

不同公司 SPADA 绩效排名和比较

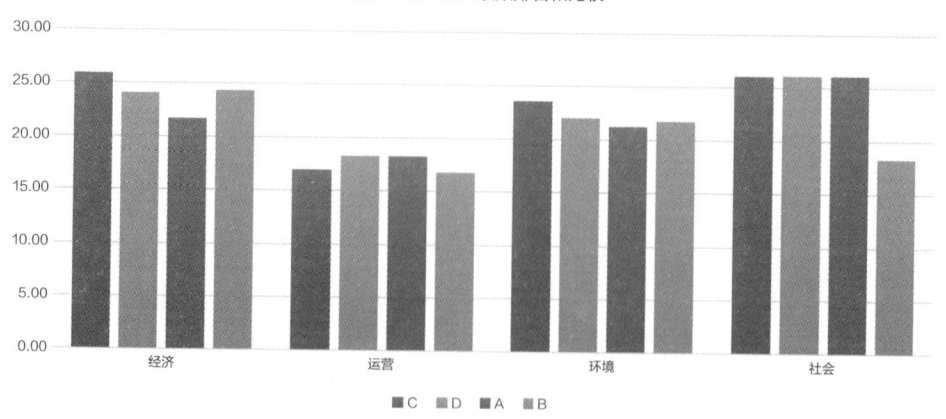

A/B/C/D 公司在不同维度的绩效

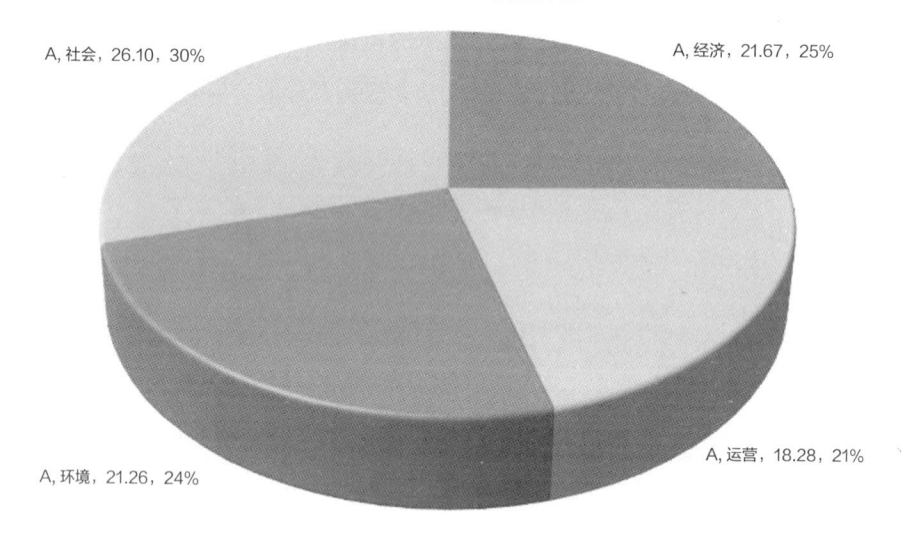

A, 社会, 26.10, 30%
A, 经济, 21.67, 25%
A, 环境, 21.26, 24%
A, 运营, 18.28, 21%

第 4 章 | 不同行业的供应链绩效评价体系范例

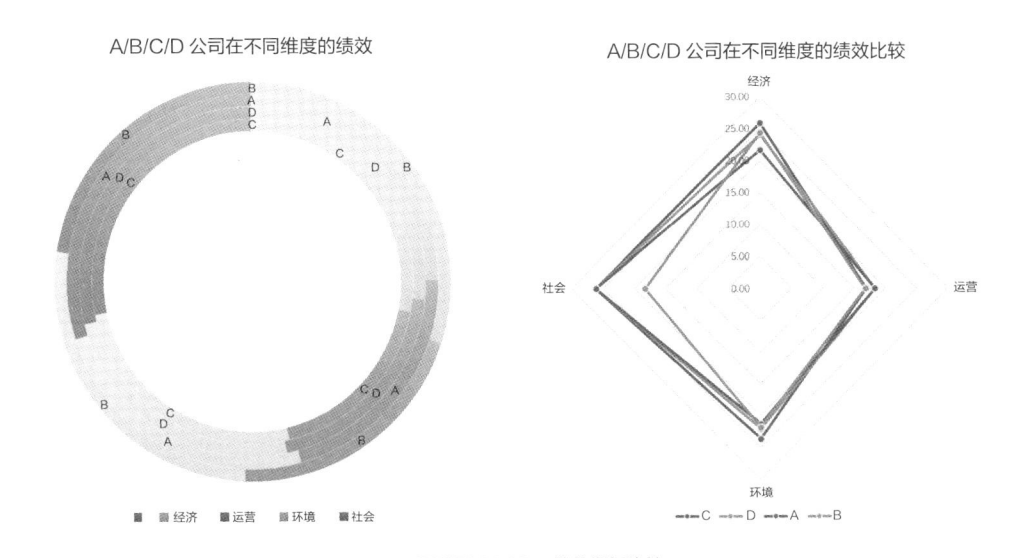

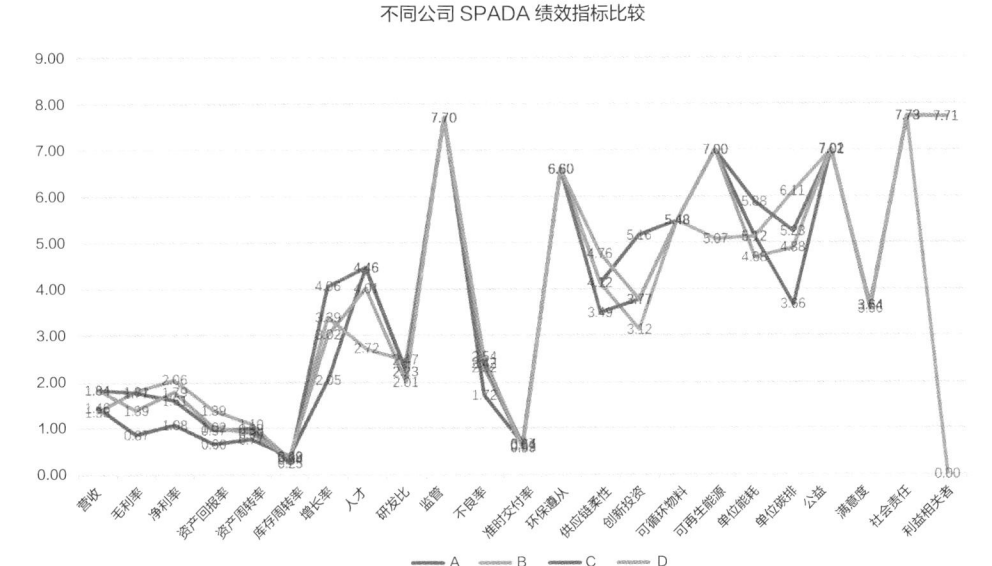

图 4.4 用 SPADA 模型对不同企业可持续供应链绩效评价的可视化呈现

SPADA 模型评测结果是实时的、客观量化的，可以很好地用于数字化供应链的 BI，就管理问题出具诊断报告，提供改善建议，实现了供应链的实时监控、预测、风险防范和辅助决策，从发现问题到跟踪、处理问题，最后解决问题，实现了管理的闭环和持续改善。

203

第2节　一般制造业绿色供应链绩效评价

这里给大家介绍的是国标《GB/T 39257—2020绿色制造　制造企业绿色供应链管理评价规范》（以下简称国标GB/T 39257—2020），这是由国家市场监督管理总局、国家标准化管理委员会于2020年11月19日发布、2021年3月1日正式实施的一个标准，本书对该规范提到的核心内容进行解读，涉及供应链绩效考核更为详细的步骤和流程，读者可以参照考核标准的详细内容，为己所用。

评价主体

该标准的评价主体有企业自我评价、核心企业的采购方或第三方咨询公司组织实施的评价。

企业自评可用于企业绿色供应链的改进或企业自我声明；当评价结论用于对外宣告时，由有评价资格、独立于企业的第三方评价机构进行。

评价流程

图4.5是第三方评价机构对企业的评价流程。

第 4 章 | 不同行业的供应链绩效评价体系范例

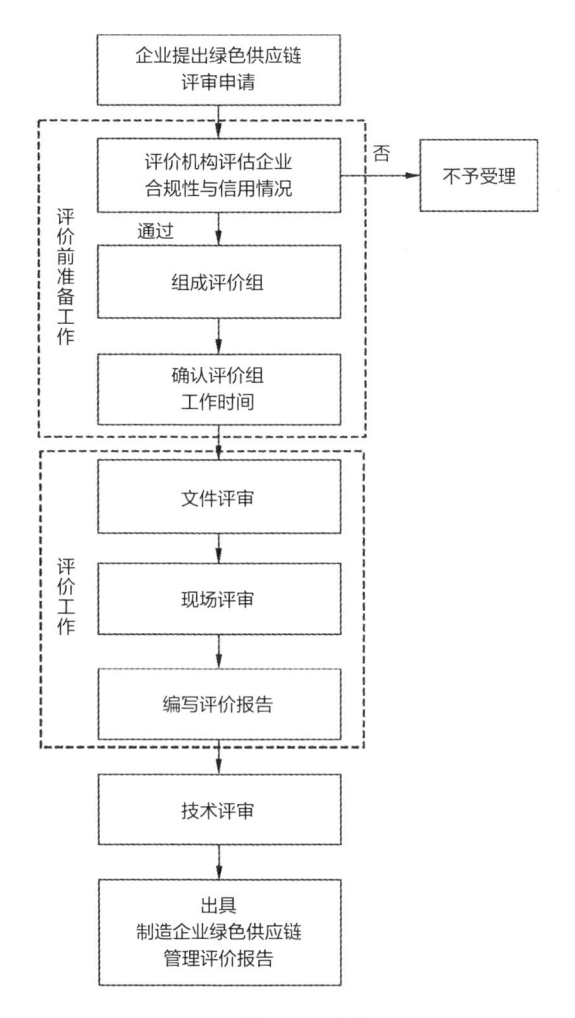

图 4.5 第三方评价流程

图片来源：GB/T 39257—2020

第三方评审的具体工作包括：

（1）查看资质文件、管理文件、报告文件、统计报表、原始记录；

（2）根据实际情况，开展对相关人员的座谈或访谈；

（3）实地调查、抽样调查；

（4）对评价证据进行分析；

（5）评价企业是否满足评价指标要求。

评价体系和评价依据

评价体系的指标项包括必选项和可选项。必选项是企业必须进行评价的标准；可选项根据企业的实际情况选择使用，并做出说明。如表4.3所示。

表4.3 制造企业绿色供应链管理评价指标

序号	一级指标及权重	二级指标	指标说明	评价依据及证明材料
1	战略及目标	绿色发展规划、目标 X101	将绿色发展战略纳入企业规划，制定3~5年供应链绿色提升目标，确定每一年的分目标，如： ● 绿色发展战略规划； ● 绿色供应链提升目标（尽可能量化）	管理文件
2		绿色供应链管理体系 X102	建立绿色供应链管理体系（可与企业现有管理体系整合），建立统一、协调的管理程序文件（或标准），如： ● 产品绿色设计； ● 绿色采购； ● 绿色生产； ● 绿色物流； ● 绿色回收及末端处置； ● 绿色信息管理及披露等	管理体系文件及相关支持性文件
3		机构、职责、资源 X103	建立有效的组织机构（或对现有机构及资源进行整合），满足绿色供应链管理需要。提供必要的人力、财力、设备、信息及知识等资源，以保障机构的有效运行； 明确绿色供应链管理相关部门、人员和职责	管理文件及相关支持性文件
4		持续改进 X104	持续改进绿色供应链管理体系，关注供应商和回收处理企业（包括产品和服务）的绿色持续改进，以满足绿色供应链管理持续改进需要	管理体系文件及运行记录

续 表

序号	一级指标及权重	二级指标	指标说明	评价依据及证明材料
5	绿色设计	产品绿色设计 X201	对产品进行绿色设计或对现有产品进行绿色改进设计。提高产品绿色性（如资源消耗、环境排放、有害物质使用、回收利用性等）；产品满足相关方绿色性要求（来自标准、采购方或其他相关方）	法规、政策、产品标准、相关方要求；设计管理程序和过程文件、产品设计文件、产品说明书等；产品检测或评价报告等
6		工艺绿色设计 X202	对工艺技术、流程及工艺设备进行绿色属性识别和核查，针对重点问题进行工艺优化和改进	相关法规、政策、标准、设计开发文件及其他支持性文件
7		包装绿色设计 X203	对包装物进行减量化、可回收、可降解、无害化设计	相关法规、政策、标准、设计文件及其他支持性文件
8		重点管控物料清单 X204	识别与核查产品及生命周期物料的绿色属性，明确重点管控物料清单及要求，满足法律法规产品相关方及企业绿色制造总体目标要求	相关法规、政策、标准、设计文件；GB/T 39259
9	绿色采购	管理制度及标准 X301	制定系统的绿色供应商选择原则及绿色供应商评估、监督、业绩评价管理程序，形成标准或管理制度文件	GB/T 39258；管理文件
10		绿色采购要求 X302	明确产品/服务绿色采购要求，并有效落实	采购技术要求及过程文件、记录等
11		绿色供应商选择 X303	制定绿色供应商准入条件，对新增供应商进行资格认证，对发生生产变更的供应商重新进行评估，定期对合格供应商进行抽查，以确保供应商符合准入条件	
12		供应商风险评估 X304	对供应商进行风险评估，根据风险评估结果对供应商实施分类管理	
13		供应商审核监督 X305	对合格供应商定期审核监督，推动供应商持续改进	
14		供应商绩效评价 X306	对供应商定期进行绿色绩效评价，如： ● 产品绿色化程度； ● 生产过程绿色化程度； ● 生产变更情况； ● 审核监督与改进； ● 异常事件与整改； ● 管理过程综合评价等	GB/T 39258；管理文件、过程文件和记录等

续 表

序号	一级指标及权重	二级指标	指标说明	评价依据及证明材料
15	绿色采购	应急管理和响应 X307	制订供应商管理应急预案，定期收集供应商合规性信息，检验、测试供应商的产品/服务的符合性，出现异常情况时启动应急管理和响应程序，对异常情况进行有效应对	GB/T 39258；管理文件、过程文件和记录等
16		文件及信息管理 X308	建立并保存绿色采购过程的记录文件，确保采购管理过程的可追溯性	
17		沟通与培训 X309	企业的绿色采购要求要及时传递给供应商，如必要对供应商进行培训或相应指导	
18	绿色生产	生产合规性 X401	企业生产和经营活动符合国家和地方相关政策、法规和标准要求，包括节能减排和环保合规	相关政策、法规和标准；企业节能减排合规的证明；企业执行的法律法规清单；企业环保合规性证明等
19		重点管控物料管理 X402	依据重点管控物料清单及要求，确定生产过程重点管控物料管理程序，并进行有效管理	相关国家、行业标准；企业管理程序文件和记录等
20		污染物排放 X403	检测废气、废水、固体废弃物、温室气体排放以及噪声数据，并满足国家和地方的标准	相关法规、政策及标准；环境监测数据或报告及支持性材料
21		用能设备 X404	不使用国家明令禁止的淘汰设备；使用节能机电推荐目录中的设备	国家节能设备目录和淘汰设备目录；企业重点用能设备台账
22		用能和用水计量系统 X405	建立和健全用能计量系统，监测和记录生产过程中的能源及水资源消耗；定期进行分析，识别企业的节能减排潜力，制订节能减排的计划	GB 17167、GB 24789；企业用能计量设备台账；企业能耗监控记录；管理文件及记录
23		单位产品综合能耗 X406	单位产品综合能耗符合相关国家、行业标准中的限额要求；没有相关标准的，应达到行业平均水平（装备、电子、电器等离散制造业可采用单位产值或单位工业企业增加值指标）	相关国家或行业标准；企业近三年产品综合能耗值
24		用水量控制 X407	开展节水评价工作，且满足行业取水定额要求（如果有）	GB/T 7119、GB/T 18916（所有部分）及相关支持性文件
25	绿色物流	管理制度 X501	企业内部物流和外部（原材料供应商以及产品和回收产品的承运方）物流符合绿色物流要求	企业绿色物流管理文件及有关记录

续 表

序号	一级指标及权重	二级指标	指标说明	评价依据及证明材料
26	绿色物流	物流方案 X502	对物流方案进行优化,满足产品运输的有关绿色性要求(如有),减少运输过程中能源消耗和污染物及噪声排放; 产品及包装物可回收的企业,建立逆向物料渠道和管理程序	(特殊)行业物流要求; 相关管理文件和记录
27		产品运输、储存要求 X503	根据产品特性,如需要,制定保证产品完整性及防止有害物质泄漏的运输、储存要求,如:运输过程特殊要求,仓储环境条件要求(如:温度、湿度、光照等要素)等	相关管理文件和记录
28		运输工具 X504	定期检查运输工具安全状况,防止运输过程中物品丢失、散落及危险品泄漏	运行记录
29	回收利用及末端处置	回收体系 X601	识别产品/包装物回收利用的可能性,以及识别产品/包装物生产过程及运输、使用过程中废品、废弃物或消耗品的回收利用的可能性; 产品及包装物可回收利用的企业,建立生产者责任延伸制度	相关法规、政策或相关国家/行业/产品标准; 企业程序文件、管理流程及相关文件
30		下游企业协同 X602	指导下游企业回收、拆解及再利用,建立产品及包装物回收拆解文件,并传递给下游相关方; 通过培训和现场辅导等方式提高零部件、原材料以及产品的回收率; 防止在回收利用过程中产生二次污染	相关文件和记录
31		无害化处理 X603	对没有再利用价值的废弃物进行无害化处理,有害或危险废弃物应交给有相应资质的组织处理,并保留相关记录	一般固体废弃物处置相关记录; 危险废弃物处置合同、处置单位资质、转移联单等资料
32		回收利用绩效 X604	定期统计产品/包装物回收利用指标,如: ● 产品可回收利用率; ● 实际回收利用率; ● 循环利用材料的使用率; ● 材料利用率; ● 废品率等	相关标准及行业基准数据(如果有); 计算方法等
33		回收利用标识 X605	对可回收利用的产品/材料及包装物进行标识; 对再生利用品和再制造品按规定进行标识	相关标准及企业文件

续 表

序号	一级指标及权重	二级指标	指标说明	评价依据及证明材料
34	绿色信息管理及披露	绿色信息管理 X701	对企业及供应商绿色信息进行规范管理，信息可查询、可追溯，并在供应链系统中有效传递；建立绿色供应链管理信息平台（可与企业信息化系统融合），功能包括： ● 基础信息管理； ● 绿色设计系统； ● 绿色物料管控； ● 绿色供应商管理； ● 绿色生产信息管理； ● 绿色物流和末端处置； ● 绿色信息披露等	GB/T 39256；企业信息化管理系统；管理文件及记录等
35		绿色信息披露 X702	披露企业绿色供应链相关信息，如： ● 绿色发展战略、目标及企业合规性声明； ● 政府及相关管理部门要求定期披露企业的环境排放、能源等数据； ● 产品绿色属性及有害物质使用情况； ● 产品拆解、回收处理及循环利用信息； ● 绿色供应商信息等	GB/T 39256；相关文件及信息披露媒介

注：序号带●的为必选指标，其他为可选指标。

资料来源：GB/T 39257—2020

评分标准

评价标准的满分为100分，对企业的评价综合得分 f 值为各项指标值的总和。

评价体系的各级指标权重和评分标准如表4.4所示。

表4.4 制造企业评价指标的权重、分值和得分依据

序号	一级指标	权重	二级指标	指标要求	评分标准	评价依据及证明材料	符合性说明	得分
1	战略及目标	10%	略					
2	绿色设计	15%	略					

续 表

序号	一级指标	权重	二级指标	指标要求	评分标准	评价依据及证明材料	符合性说明	得分
3	绿色采购	30%	管理制度及标准 X301	略	10分	略	就管理制度及标准、绿色采购要求、供应商风险评估、供应商绩效评价和沟通与培训五项指标，给出简要的符合性说明	
			绿色采购要求 X302		10分			
			绿色供应商选择 X303		15分			
			供应商风险评估 X304		15分			
			供应商审核监督 X305		15分			
			供应商绩效评价 X306		15分			
			应急管理和响应 X307		5分			
			文件及信息管理 X308		10分			
			沟通与培训 X309		5分			
4	绿色生产	15%	略					
5	绿色物流	10%	略					
6	回收利用及末端处置	10%	略					
7	绿色信息管理及披露	10%	绿色信息管理 X701	略	60分	略	略	
			绿色信息披露 X702		40分			
总分								

资料来源：GB/T 39257—2020

评价结论

制造企业绿色供应链绩效评价的结论为合格和不合格，共分为5个等级，如表4.5所示。

表4.5 制造企业绿色供应链绩效的评价结论

评价结论	分级	条件
合格	一级	必选项符合，且 $f \geqslant 90$
	二级	必选项符合，且 $80 \leqslant f < 90$
	三级	必选项符合，且 $70 \leqslant f < 80$
	四级	必选项符合，且 $60 \leqslant f < 70$
不合格	五级	必选项指标缺失或不符合要求；或必选项符合，但 $f < 60$

资料来源：GB/T 39257—2020

211

评价报告

第三方机构提供的制造企业绿色供应链绩效评价报告，一般包括以下内容：

（1）企业产品及工艺过程简述；

（2）供应链管理及其绿色性指标；

（3）评价信息（评价范围、评价数据来源、评价依据和记录等）；

（4）评价方法、指标选取、指标权重和分值、结果解释等其他说明；

（5）数据来源和数据分析说明；

（6）评价结论及说明等；

（7）问题及风险分析；

（8）改进建议等。

第3节 纺织行业绿色供应链绩效评价

该绩效评价指标体系参考工信部2020年4月16日发布的《FZ/T 07005—2020纺织行业绿色供应链管理企业评价指标体系》。

评价主体

由核心企业的采购方或第三方咨询公司组织实施绿色供应链管理水平的自我评估、第三方评估、绿色供应链管理评审、绿色供应链管理潜力分析等。

适用范围

该标准适用于2017年国民经济行业分类（GB/T 4754—2017）中的C17（纺织业）、C18（纺织服装、服饰业）及C28（化学纤维制造业）行业生产企业。

评价流程

该指标体系的指导文件并未列出评价流程，读者可以参考一般制造业绿色供应链绩效的第三方评价机构对企业的评价流程。

评价体系和评价依据

该标准根据纺织行业绿色供应链的特点、法规标准要求及指标的可度量性进行指标选取。根据评价指标的性质，分为定量指标和定性指标两种。定量指标选取有代表性的、能反映"环境保护"和"资源节约"等有关绿色供应链管理目标的指标，综合考评企业实施绿色供应链管理的相关政策文件、资源环境保护政策规定以及行业发展规划选取，用于评价企业对有关政策法规的符合性及其绿色供应链管理的实施情况。定性指标根据国家推行绿色供应链管理的相关政策文件、资源环境保护政策规定以及行业发展规划来选取，用于评价企业对有关政策法规的符合性及其绿色供应链管理的实施情况。

指标体系中定量指标的评价依据是：国家或行业有关政策、法规等文件中已有明确要求的指标，按国家或行业要求的数值执行；对尚无明确要求的，则以我国行业先进水平为评价依据。定性指标的评价依据是：衡量该项指标是否贯彻执行国家有关政策、法规，根据企业实际执行情况给予不同分值。

纺织行业绿色供应链管理企业评价指标体系，分为5个维度26个指标，具体指标如表4.6所示。

表4.6 纺织行业绿色供应链管理企业评价指标体系

一级指标	序号	二级指标			
^	^	名称	最高分值	指标类型	评价标准
绿色供应链管理战略X1（30分）	1	纳入公司发展规划 X_{11}	6	定性	（1）企业内部战略规划中，有绿色供应链管理的内容，得3分 （2）企业公开发布的公司愿景或战略规划中，有绿色供应链管理的内容，得3分
^	2	分年度制定绿色供应链管理目标 X_{12}	6	定性	（1）企业制定绿色供应链管理中长期规划及可量化的年度目标、指标和实施方案，得2分 （2）目标、指标和实施方案实行岗位责任制，得2分 （3）定期进行诊断、检查，分析和识别改进时机，开展绿色供应链管理持续改进工作，得2分
^	3	建立绿色供应链管理制度及标准体系 X_{13}	6	定性	（1）企业具备绿色供应链管理制度文件，包括绿色供应链管理流程、各部门职责分工、奖惩措施等内容，得3分 （2）企业具备绿色供应链管理标准体系，且包括限值要求、核查方法等内容，得3分

续 表

一级指标	序号	二级指标			
^	^	名称	最高分值	指标类型	评价标准
绿色供应链管理战略 X1（30分）	4	设置管理机构和人员 X_{14}	6	定性	（1）企业有负责企业绿色供应链管理相关工作的人员，得3分 （2）企业设有专门负责企业绿色供应链管理实施、考核及奖励的部门，得3分
^	5	建立教育和培训机制 X_{15}	6	定性	（1）企业内部建立年度绿色供应链管理、技术要点培训机制，得3分 （2）企业每年组织开展相关培训，且提供相关记录，一次1分，最高3分
实施绿色供应商管理 X2（27分）	6	有完善的绿色采购制度方案 X_{21}	8	定性	采购制度方案应包含《企业绿色采购指南（试行）》中8个要素内容。 （1）绿色采购目标、标准。 （2）绿色采购流程。 （3）绿色供应商筛选、认定的条件和程序。 （4）绿色采购合同履行过程中的检验和争议处理机制。 （5）绿色采购信息公开的范围、方式、频次等。 （6）绿色采购绩效的评价。 （7）实施产品下架、召回和追溯制度。 （8）实施绿色采购的其他有关内容。每个要素1分，总计8分
^	7	对主要供应商提出绿色要求 X_{22}	7	定性	（1）要求主要供应商建立、实施并保持满足 GB/T 19001 要求的质量管理体系、GB/T 28001 要求的职业健康安全管理体系、GB/T 24001 要求的环境管理体系和 GB/T 23331 要求的能源管理体系。每项0.5分，总计2分 （2）要求供应商进行生态设计，得1分 （3）要求供应商对自身资源能源消耗、污染物排放、有害物质使用等进行有效管理，得1分 （4）要求供应商对其上级供应商的环境绩效、资源能源消耗、有害物质限制使用等方面进行管控，得1分 （5）要求供应商使用绿色物料，减少有害物质使用。优选使用相关生态纺织品认证的供应商，选用的染化料、助剂均需满足 GB/T 18885 的要求，得1分 （6）要求供应商产品易于再生利用、采用绿色包装，得1分
^	8	对供应商进行定期审核 X_{23}	3	定性	（1）对供应商进行分类管理，有对应的管控措施，得1分 （2）按照企业《绿色采购方案》对供应商进行定期审核（提供相关证明材料），得2分

续 表

一级指标	序号	二级指标			
^	^	名称	最高分值	指标类型	评价标准
实施绿色供应商管理 X2（27 分）	9	建立供应商培训和合作机制 X_{24}	5	定性	（1）企业有供应商培训制度和合作机制的文件，每项得 1 分，合计 2 分 （2）每年对供应商进行培训（包括供应商沟通交流会），一次 1 分，最高 3 分
^	10	低风险供应商占比 X_{25}	4	定量	企业具有健全的供应商绩效评估制度。低风险供应商指 3 年内没有出现违规违法情形，在供应商绩效评估中属于中等以上水平，生产工艺、设备属于产业结构调整指导目录鼓励类，对可能存在环保隐患的工艺或设备具备完善的应对措施的供应商 低风险供应商占比：≥ 80%，得 4 分；60%～80%，得 3 分；40%～60%，得 2 分；20%～40%，得 1 分；< 20%，得 0 分
绿色生产 X3（27 分）	11	生产企业遵守国家法律法规 X_{31}	3	定性	企业应依法设立，在建设和实际生产过程中应遵守有关法律、法规、政策和标准。生产企业近 3 年内未发生过质量、安全、环境事故。国家企业信用信息公示系统及地方工商、环保、安监、质检等部门网站，企业没有在近 3 年内受到相关处罚或违规的信息和记录。得 3 分
^	12	着眼产品全生命周期推行绿色设计 X_{32}	4	定性	（1）开发安全无毒害、低毒害的替代物质。 （2）企业的单位产品综合能耗、水资源利用等应达到 GB/T 18916.4、20、21、24、25 等国家现行有关标准 （3）研发新产品应具备符合《绿色设计产品评价技术规范》系列标准中相关要求 （4）使用绿色可再生、易于回收、再利用或易处理的原辅材料及包装材料。采用国际通行的标识标准对产品及原辅材料进行标识，采取有利于产品拆解的设计和工艺，提高产品及原辅材料的再利用率。对生产过程中产生的边角料、不合格产品进行回收再利用 以上每项 1 分，合计 4 分
^	13	使用先进工艺或设备 X_{33}	6	定量	（1）使用国家或行业认可的推荐类工艺/设备（提供相关证明材料），得 1 分 （2）生产设备中具有国家或行业认可的能效、水效等标志的设备占比 ≥ 10%，得 0.5 分，比例每提升 5% 得 0.5 分，最高 4.5 分 （3）参与推广先进工艺或设备，参与国家或行业相关标准编制工作，得 0.5 分

续 表

一级指标	序号	二级指标			
^	^	名称	最高分值	指标类型	评价标准
绿色生产 X3(27分)	14	建立智能化管理体系 X_{34}	3	定性	企业应积极开展智能制造，提高智能化生产水平，将信息化技术在生产、研发、管理、仓储、物流等各环节广泛应用，建立ERP等智能化管理系统，得3分
^	15	建立有害物质控制管理制度 X_{35}	2	定性	（1）生产产品时，应当按照产品有害物质限制使用国家标准或行业标准，采用资源利用率高、易回收处理、有利于环境保护的材料、技术和工艺，限制或者淘汰有害物质在产品中的使用。各种污染物排放指标应符合国家现行有关标准的规定 （2）使用产品包装物时，应当采用无害、易于降解和便于回收利用的材料，遵守包装物使用的国家标准或行业标准 以上每项1分，合计2分
^	16	开展资源化利用与协同创新 X_{36}	4	定性	（1）依据GB/T 29452配备、使用和管理能源、计量器具 （2）和资源利用企业合作，在满足生产要求的前提下将回收材料通过处理重新回到生产环节 （3）对生产过程中产生的废料以及副产品的资源化、无害化利用技术开展攻关，对成熟适用技术推进产业化应用 （4）使用中水回用、逆流水洗等行业节水通用技术，实行能源梯级利用，生产废水分级处理、分质回用 以上每项1分，合计4分
^	17	清洁生产 X_{37}	3	定性	（1）企业按照相关清洁生产标准要求，进行清洁生产绩效评定，得1分 （2）清洁生产通过相关部门组织的清洁生产审核评估备案，得2分
^	18	开展绿色仓储物流 X_{38}	2	定性	（1）采用节能型绿色仓储设施和立体仓储设备，设有废旧纺织产品回收仓库或委托第三方回收废旧纺织品，得1分 （2）厂区内采用低能耗、低排放的电瓶车等运输工具，得1分
绿色销售与回收 X4(6分)	19	加强绿色产品宣传 X_{41}	2	定性	在销售网点或企业网站，设置绿色产品专柜或专区，进行绿色宣传，引导绿色消费，得2分

217

续 表

一级指标	序号	二级指标 名称	最高分值	指标类型	评价标准
绿色销售与回收 X4（6分）	20	回收体系建设 X_{42}	2	定性	（1）对废纱、边角料和废旧产品包装等通过自主回收利用、联合回收利用，危废材料委托有资质单位回收，得1分 （2）鼓励在回收体系中应用大数据、物联网和云计算技术，使回收过程可测量、可报告、可核查，得1分
	21	包装材料回收率 X_{43}	2	定量	产品使用可回收利用的包装材料比例：≥50%，得1分；≥80%，得2分
绿色信息平台建设及信息披露 X5（10分）	22	绿色供应链管理信息系统完善 X_{51}	2	定性	包括以下4个子系统： （1）原辅材料供应商管理信息系统。 （2）绿色物料数据库。 （3）产品溯源系统。 （4）产品回收系统。每个0.5分，共2分
	23	采购及供应商有关信息披露 X_{52}	1	定性	披露企业绿色采购、供应商培训与合作、供应商管理等信息，得1分
	24	生产过程污染物信息披露 X_{53}	4	定性	（1）披露生产过程中污染物排放、温室气体排放、碳足迹，每项1分，共3分 （2）披露资源综合利用效率等信息，例如原辅材料、产品回用率，水资源重复利用率等，得1分
	25	销售回收信息披露 X_{54}	1	定性	（1）披露企业绿色产品宣传情况、绿色产品销售量，得0.5分（绿色设计产品指符合相关绿色标准要求） （2）披露废弃产品回收信息，包括回收和交给处理企业的废弃产品种类、数量和重量、返回率等，得0.5分
	26	发布社会责任报告 X_{55}	2	定性	（1）企业逐年连续发布年度社会责任报告，说明履行利益相关方责任的情况，且公开可获得，得1分 （2）社会责任报告环境责任内容要独立成篇，涵盖企业绿色采购、绿色产品生产与销售、供应商管理、节能减排与环境保护、回收及资源再利用等与绿色供应链建设相关的信息，得1分

资料来源：2020年工信部发布的《纺织行业绿色供应链管理企业评价指标体系》

评分标准

纺织行业绿色供应链管理指数MGSCI的计算公式如下：

MGSCI=X11 +X12 +X13 +X14 +X15 +X21 +X22 +X23 +X24 +X25 +X31 + X32 +X33 +X34 +X35 +X36 +X37 +X38 +X41 +X42 +X43 +X51 +X52 +X53 +X54 + X55

评价结论

经过专家评审小组的评价，绿色供应链管理指数得分：

（1）大于90分（含等于）的纺织行业企业，可认定为"纺织行业五星级绿色供应链管理企业"；

（2）大于85分（含等于）小于90分的企业，可认定为"纺织行业四星级绿色供应链管理企业"；

（3）大于80分（含等于）小于85分的企业，可认定为"纺织行业三星级绿色供应链管理企业"；

（4）大于75分（含等于）小于80分的企业，可认定为"纺织行业二星级绿色供应链管理企业"；

（5）大于70分（含等于）小于75分的企业，可认定为"纺织行业一星级绿色供应链管理企业"。

第 4 节　汽车行业绿色供应链绩效评价

该指标体系参考了工信部于 2019 年 1 月 17 日发布的《汽车行业绿色供应链管理企业评价指标体系》公告文件。

评价主体

在《汽车行业绿色供应链管理企业评价指标体系》公告中，并未指明谁是评价主体。一般来说，可以是企业自评，也可以是核心企业的采购方或第三方咨询公司组织实施评价。

适用范围

该指标体系适用于在中国境内获得《道路机动车辆生产企业及产品公告》资质的 M1 类汽车生产企业及以发动机、变速器、动力蓄电池等零部件产品为主的汽车整机和零部件生产企业，对其进行绿色供应链管理绩效评估。

评价流程

该指标体系的指导文件并未列出评价流程，读者可以参考一般制造业绿色供应链绩效的第三方评价机构对企业的评价流程。

评价体系和评价依据

该指标体系将汽车行业绿色供应链管理企业的评价指标分为 5 个维度，分别为管理战略、绿色采购及供应商管理、绿色生产、绿色消费及回收、绿色信息平台建设及信息披露，在 5 个维度下设有 30 个具体指标。这些指标既有定量指标，也有定性指标。

定量指标选取有代表性的、能反映"环境保护"和"资源节约"等有关绿色供应链管理目标的指标，综合考评企业实施绿色供应链管理的状况和程度。评价依据是：国家或行业有关政策、法规等文件中已有明确要求的指标，按国家或行业要求的标准执行；对尚无明确要求的，则以我国行业先进水平为评价依据。

定性指标根据国家推行绿色供应链管理的相关政策文件、资源环境保护政策规定以及行业发展规划选取，用于评价企业对有关政策法规的符合性及其绿色供应链管理的实施情况。定性指标的评价依据是：衡量该项指标是否贯彻执行国家有关政策、法规，根据企业实际执行情况给予不同分值。

汽车行业绿色供应链管理企业评价指标体系，如表 4.7 所示。

表 4.7　汽车行业绿色供应链管理企业评价指标

一级指标	序号	二级指标			
^	^	名称	最高分值	指标类型	评分标准
管理战略 X1（20 分）	1	企业管理方针中应提出绿色发展理念 X11	4	定性	企业发展战略规划、发展理念等管理方针文件中，包含绿色发展相关内容，得 4 分；根据企业情况，酌情给分
^	2	按年度制定绿色供应链管理目标、实施方案 X12	4	定性	企业制定绿色供应链管理目标、实施方案，得 4 分；根据企业情况，酌情给分

续　表

一级指标	序号	二级指标			
		名称	最高分值	指标类型	评分标准
管理战略 X1（20分）	3	建立绿色供应链管理制度及标准体系 X13	4	定性	企业具备绿色供应链管理制度文件，且包括绿色供应链管理流程、各部门职责分工、奖惩措施等内容，得2分；企业具备绿色供应链管理标准体系，且包括限值要求、核查方法等内容，得2分；根据企业情况，酌情给分
	4	具有专门管理供应链的人员或机构 X14	4	定性	企业具备绿色供应链管理兼职人员或机构，得2分；企业具备绿色供应链管理专职人员或机构，得4分；根据企业情况，酌情给分
	5	建立教育和培训机制 X15	4	定性	企业内部建立年度绿色供应链管理、技术要点培训机制，得2分；每年组织开展1次及以上培训，且提供相关记录，得2分；根据企业情况，酌情给分
绿色采购及供应商管理 X2（25分）	6	现有供应商准入标准及管理中应明确材料数据提供要求，发布并有效实施绿色采购指南 X21	6	定性	对于M1类汽车生产企业，发布并有效实施绿色采购指南，得2分；绿色采购指南中要求上游供应商建立绿色供应链管理体系，得2分；供应商准入管理中要求供应商通过行业信息平台上传材料数据信息，且新能源汽车企业同时满足对电池生产企业实施单独管理，要求供应商提供电池编码溯源、电池拆卸、拆解及贮存等相关信息，得2分。对于汽车总成零部件生产企业，发布并有效实施绿色采购指南，得2分；绿色采购指南中要求上游供应商建立绿色供应链管理体系，得2分；供应商准入管理中要求供应商通过行业信息平台上传材料数据信息，得2分；根据企业情况，酌情给分
	7	通过 ISO 14001 或 GB/T 24001 认证的供应商占比 X22	3	定量	获得《环境管理体系认证》（ISO 14001）或《环境管理体系　要求及使用指南》（GB/T 24001）认证的供应商占比：≥60%，得1分；≥80%，得2分；=100%，得3分。
绿色采购及供应商管理 X2（25分）	8	使用节能环保工艺/设备的供应商占比 X23	4	定量	企业鼓励供应商使用节能环保工艺/设备，使用属于《产业结构调整指导目录》推荐类工艺/设备的供应商数目与全部供应商数目的占比：≥60%，得2分；≥80%，得4分

续 表

一级指标	序号	二级指标			
^	^	名称	最高分值	指标类型	评分标准
绿色采购及供应商管理 X2（25分）	9	具备上游供应商绩效考核机制，综合考虑环境、质量、成本、服务等方面，建立绿色供应商评选制度，对考核结果达到一定标准的供应商授予绿色供应商，并对考核结果较差的供应商开展环境绩效改善 X24	6	定量	评选结果中绿色供应商的占比：≥20%，得2分；≥30%，得4分；针对未达到绿色供应商要求的上游供应商开展环境绩效改善提升，得2分
^	10	供应商定期审核 X25	2	定性	对上游供应商定期开展关于环境绩效（如资源消耗情况、能源消耗情况、污染物排放情况等）、产品一致性等方面的审核，得2分；根据企业情况，酌情给分
^	11	对供应商组织开展绿色供应链培训 X26	4	定性	企业建立供应商的年度绿色供应链培训机制，得2分；每年组织开展1次及以上培训，且提供相关记录，得2分；根据企业情况，酌情给分
绿色生产 X3（15分）	12	汽车绿色设计要求 X31	4	定性	对于M1类汽车生产企业，具备开展绿色设计相应的流程要求、标准体系，如要求开展轻量化、易拆解易回收、整车模块化设计等方面的研究，得2分；在研发阶段应具备符合《绿色设计产品评价技术规范 汽车产品M1类传统能源车》（T/CMIF 17）等相关绿色产品要求的汽车产品，得1分；在节能降耗方面产品应满足《乘用车企业平均燃料消耗量与新能源汽车积分并行管理办法》要求，得1分。对于汽车总成零部件生产企业，具备开展绿色设计相应的流程要求、标准体系，如要求开展轻量化、易拆解易回收、部件模块化设计等方面的研究，得2分；在研发阶段应按照各自领域的绿色设计产品评价技术规范研发绿色产品，得1分；在节能降耗方面应制订节能减排控制方案，得1分

续　表

一级指标	序号	二级指标			
^	^	名称	最高分值	指标类型	评分标准
绿色生产 X3 （15分）	13	使用先进工艺及智能化设备 X32	2	定性	企业应积极开展智能制造，采用先进工艺、先进设备，提高智能化生产水平，得2分；根据企业情况，酌情给分
^	14	有毒有害物质使用要求 X33	3	定量	对于M1类汽车生产企业，汽车产品铅、汞、镉、六价铬、多溴联苯、多溴联苯醚、石棉的使用满足《汽车禁用物质要求》（GB/T 30512）、《乘用车制动系统技术要求及试验方法》（GB 21670）要求，得2分；车内空气质量满足《乘用车内空气质量评价指南》（GB/T 27630）限值要求，得1分。 对于汽车总成零部件生产企业，零部件产品铅、汞、镉、六价铬、多溴联苯、多溴联苯醚、石棉的使用满足《汽车禁用物质要求》（GB/T 30512）、《乘用车制动系统技术要求及试验方法》（GB 21670）要求，得3分
^	15	通过清洁生产审核 X34	2	定性	对于M1类汽车生产企业，按照《涂装行业清洁生产评价指标体系》要求，通过清洁生产审核评估备案，得2分。对于汽车总成零部件生产企业，按照《清洁生产审核评估与验收指南》要求，通过清洁生产审核评估备案，得2分
^	16	再生材料使用比例 X35	2	定量	汽车产品设计考虑再生材料的使用，含有再生材料的汽车零部件，得0.5分/型号，最高2分
^	17	推行绿色物流 X36	2	定性	企业应开展绿色物流研究，制订原材料、零部件、场内物料、汽车产品等高效运输方案，提升能源效率、降低污染物排放，得2分；根据企业情况，酌情给分
绿色消费及回收 X4 （20分）	18	绿色营销 X41	1	定性	具备绿色营销理念，在汽车销售服务环节开展绿色产品宣传，引导绿色消费，得1分；根据企业情况，酌情给分

续 表

一级指标	序号	二级指标			
^	^	名称	最高分值	指标类型	评分标准
绿色消费及回收 X4（20分）	19	包装材料回收率 X42	1	定量	企业采用的包装材料回收比例： ≥ 80%，得 0.5 分； ≥ 90%，得 1 分。 其中，包装材料回收率＝企业上一年度使用的包装材料回收量（kg）/企业上一年度使用的包装材料总量（kg）×100%
^	20	回收体系建设 X43	8	定量/定性	对于 M1 类汽车生产企业，通过自建、委托或联合建设方式在销售区域建设回收网点，回收本企业报废汽车及退役动力蓄电池，销售区域内每个地级市应至少建设一个回收网点，得：回收网点建设覆盖率 ×8 分。最高 8 分；对于汽车总成零部件生产企业，企业为 M1 类汽车生产企业提供报废汽车拆解指导手册编制支持，动力蓄电池生产企业为新能源汽车生产企业提供动力蓄电池编码溯源、拆卸拆解信息，且提供相关证明的，得 8 分；根据企业情况，酌情给分
^	21	报废汽车/产品的规范回收率 X44	4	定量	对于 M1 类汽车生产企业，上一年度本企业回收体系内回收的报废汽车数量与本企业注销量占比，得：占比/40%×4 分，最高 4 分。 对于汽车总成零部件生产企业，废旧零部件规范回收率，得：规范回收率/20%×4 分，最高 4 分
^	22	指导下游企业回收拆解 X45	2	定性	对于 M1 类汽车生产企业，企业按照《报废汽车拆解指导手册编制规范》（GB/T 33460）编制报废汽车回收拆解等相关手册，新能源汽车生产企业需按照相关规范编制动力蓄电池拆解指导手册，并通过行业第三方平台等，向回收拆解企业推送拆解手册等信息的，得 2 分。 对于汽车总成零部件生产企业，为 M1 类汽车生产企业提供拆解信息，如零部件材料、重量、紧固方式、拆解方法及回收利用途径等信息，且提供相关证明的，得 2 分；根据企业情况，酌情给分
^	23	开展汽车再制造 X46	2	定性	企业开展汽车废旧零部件（含动力蓄电池）再制造研究，推广应用汽车零部件再制造产品的，得 2 分；根据企业情况，酌情给分

续 表

一级指标	序号	二级指标 名称	最高分值	指标类型	评分标准
绿色消费及回收X4（20分）	24	汽车或零部件实际回收利用率X47	2	定量	企业生产的产品实际再利用率≥85%，得1分；企业生产的产品实际回收利用率≥95%，得1分
绿色信息平台建设及信息披露X5（20分）	25	具备绿色供应链管理信息平台，实现全产业链汽车材料数据、能源消耗等信息的收集X51	10	定性	企业基于供应链建立绿色数据收集与分析平台，支撑开展供应商的环保管理与监控，得4分；依托平台完成汽车材料数据采集，实现全产业链有害物质管控，得3分；依托平台完成本企业及其供应商的工艺流程、能源资源消耗、污染物排放等信息采集，得3分；根据企业情况，酌情给分
	26	面向社会公众披露企业节能减排信息X52	2	定性	具体包括有毒有害物使用、能源资源利用效率、污染物排放、碳排放减少量、产品回收利用率等信息，得2分；根据企业情况，酌情给分
	27	面向社会公众披露回收网点等信息X53	2	定性	对于M1类汽车生产企业，公开报废汽车回收服务网点及动力蓄电池回收服务网点等信息，得2分。对于汽车总成零部件生产企业，协助汽车生产企业公布拆解手册等相关信息，且提供相关证明，得2分；根据企业情况，酌情给分
	28	面向社会公众披露绿色供应商占比X54	2	定性	企业公开绿色供应商占比信息，得2分
	29	面向社会公众披露与供应商共同开展环境绩效改善的措施及实施成效X55	2	定性	企业公开与供应商共同开展环境绩效改善的措施，得1分；企业公开与供应商共同开展环境绩效改善的实施成效，得1分；根据企业情况，酌情给分
	30	面向社会公众发布企业社会责任报告X56	2	定性	企业发布企业社会责任报告的，得2分

资料来源：2019年工信部发布的《汽车行业绿色供应链管理企业评价指标体系》

评分标准

评价小组可以根据以上评价表中列出的评分标准，本着客观、公正、公平的原则，给被评企业打分赋值，汽车行业绿色供应链管理企业评价指数AGSCI的计算公式如下：

AGSCI=X11+X12+X13+X14+X15+X21+X22+X23+X24+X25+X26+X31+X32+X33+X34+X35+X36+X41+X42+X43+X44+X45+X46+X47+X51+X52+X53+X54+X55+X56

评价结论

经过评价，绿色供应链管理指数得分：

（1）大于90分（含等于）的企业，可认定为"汽车行业五星级绿色供应链管理企业"；

（2）大于85分（含等于）小于90分的企业，可认定为"汽车行业四星级绿色供应链管理企业"；

（3）大于80分（含等于）小于85分的企业，可认定为"汽车行业三星级绿色供应链管理企业"；

（4）大于75分（含等于）小于80分的企业，可认定为"汽车行业二星级绿色供应链管理企业"；

（5）大于70分（含等于）小于75分的企业，可认定为"汽车行业一星级绿色供应链管理企业"。

第 5 章
数字化供应链绩效评价落地方法论

销售部王经理:"张总,我们拿回来的订单很多,但退货也很多,我们要怎么完成今年的业绩目标?"

张总:"是不是我们的生产出现了问题?"

生产部刘经理:"可不是我们部门的原因,生产工艺一直都很稳定,想要的材料供不上,我有什么办法?"

采购部李经理:"供应商都已经合作好多年了,供应的这些材料,品质检验也是合格的,是我们自己产品的研发方案不能满足客户需求……"

张总:"你们到底能不能准确地评估我们目前存在的问题?"

…………

第 5 章 数字化供应链绩效评价落地方法论

本书的前 4 章已经从战略高度、理论基础对数字化供应链绩效评价进行了较为系统和完整的解析，并从理论过渡到实践，围绕数字化供应链绩效评价的构建标准，分解可供不同行业的供应链管理者借鉴的实施模板。为了帮助更多实践者真正掌握数字化供应链绩效评价的精髓，本章主要从一个实践者的视角分享数字化供应链绩效评价的落地实操经验，有案例、有方法、有模型，也有实施步骤，可供企业的数字化供应链管理者借鉴使用。

第 1 节 评估现状

在这个供应链快速反应的时代，客户的需求在快速迭代，"我"的企业该如何"以变应变"，适应新的变化？我们的供应链该如何设计以适应这样的变化？

在企业的内部，我们有人、流程、技术、文化、产品、项目、知识、信息、数据、各种 IT 应用系统等管理要素，企业的领导者、管理者该如何将这些要素巧妙地组合起来，通过恰当的安排和组织，通过所有人的共同努力和高效协同，创造价值？

为了让我们的业务流程更加精益、短小、灵活和迅速，我们需要借助科技的力量，比如：构建数字化的基础架构、数字化的数据平台以及各种数字化的应用系统，让数据在业务流程中快速流动起来。在使用数字化的手段来优化业务流程的实践中，前文提出的"VSGAI"（威士忌）指标构建方法论为我们提供了指标构建和流程分解的重要理论基础；在采用这一方法论之前，我们需要对企业自身的现状有所了解，我们可以从业务现状、技术现状和数据现状三个维度来进行评估。

业务现状的评估

对业务现状的评估，要基于目前的组织架构、管理体系、管理能力和经营状况来进行。在供应链管理中，传统的供应链部门包括计划部门、采购部门、物流仓储部门、供应商管理部门、器件工程部门等，但在创新的供应链管理中，基于中台架构的供应链管理，它会横向拉通品牌策划、设计研发、供应链供应配货、销售策略等环节。在不同的组织架构下，运营模式不同，管理重点不同，供应链绩效的设计方法也有所不同。没有任何两家公司的供应链业务是完全相同的，因此必须准确评估各公司的业务现状，理解每个部门在供应链的各个环节中扮演了什么样的角色，以及它们是如何协同工作以确保供应链高效运作和产品及时交付的，这样我们才能做出正确的供应链绩效评价。业务现状的评估模板如表5.1所示。

表5.1 业务现状评估

Q1	供应链中心包括哪些部门	说明
	供应商管理部	
	器件工程部	
	计划部	
	储运部	
	采购部	
	其他	
Q2	目前公司的采购模式包括哪几种	说明
	框架协议	

续　表

	集中采购	
	本地采购	
	点对点采购	
	网络采购	
	合作采购	
	其他	

Q3	目前与供应链相关的管理制度包括哪些	说明
	供应商管理制度	
	库存管理制度	
	需求管理制度	
	物流管理制度	
	运营计划制度	
	质量管理制度	
	其他	

Q4	目前有哪些供应链KPI	说明
	计划完成率	
	下单及时率	
	交付及时率	
	计划变动率	
	库存周转率	
	库存金额	
	呆滞物料金额	
	呆滞物料报废率	
	累计降价率	
	风险解决率	
	L/T（提前期）缩减率	
	供应商及时交付率	
	整机备料覆盖率	
	其他	

续 表

Q5	目前供应商评价指标包括哪些	说明
	质量指标	
	交付指标	
	成本指标	
	服务指标	
	弹性指标	
	其他指标	

技术现状的评估

技术现状评估就是要确定我们具备什么样的技术能力和资源，是否满足未来企业数字化转型的需要。技术评估可以帮助企业判断数字化转型的实施路径和可行性。如果判断目前企业的技术基础薄弱，无法满足供应链创新和变革的需求，那么我们需要投入IT资源来升级或改造现有系统，以满足企业数字化转型的需求。技术现状的评估模板如表5.2所示。

表5.2 技术现状评估

Q1	目前企业已采用了哪些应用系统		
	ERP（企业资源计划系统）	1. 有	2. 没有
	CRM（客户关系管理系统）	1. 有	2. 没有
	SCM（供应链管理系统）	1. 有	2. 没有
	PLM（产品生命周期研发管理系统）	1. 有	2. 没有
	MES（制造执行系统）	1. 有	2. 没有
	OA（办公自动化系统）	1. 有	2. 没有
	EPM（企业绩效管理系统）	1. 有	2. 没有
	全面预算	1. 有	2. 没有
	费用控制	1. 有	2. 没有
	其他	1. 有	2. 没有
	如有补充请填写		

续表

Q2	目前企业已采用及拟采用的数据相关产品和工具包括		
	大数据治理平台（Hadoop、Spark 等技术）	1. 有	2. 没有
	数据仓库（MPP 等技术）	1. 有	2. 没有
	时序/实时数据库	1. 有	2. 没有
	数据集成工具（ETL）	1. 有	2. 没有
	数据治理工具（元数据治理工具、主数据治理工具等）	1. 有	2. 没有
	数据模型工具（如 ERwin、Rational Rose 等）	1. 有	2. 没有
	数据挖掘工具（SPSS、SAS、机器学习平台等）	1. 有	2. 没有
	商务智能（BI）分析报表工具	1. 有	2. 没有
	如有补充请填写		
Q3	企业拥有哪些数据集成工具		
	Informatica（Infomacica 提供数据集成工具）	1. 有	2. 没有
	Data Stage（IBM 提供的数据集成工具）	1. 有	2. 没有
	Kettle（开源的数据集成工具）	1. 有	2. 没有
	DataX（阿里巴巴提供的数据集成工具）	1. 有	2. 没有
	Talend（法国拓兰提供的数据集成工具）	1. 有	2. 没有
	Flume（Cloudera 提供的日志型收集系统）	1. 有	2. 没有
	Kafka（开源的分布式发布订阅消息系统）	1. 有	2. 没有
	Kalido（Kalido 提供的数据集成工具）	1. 有	2. 没有
	Amazon Kinesis（Amazon 提供的数据集成工具）	1. 有	2. 没有
	SSIS（微软提供的数据集成工具）；BIZTALK（微软提供的数据总线工具）		
Q4	企业拥有哪些数据存储工具		
	Oracle（甲骨文提供的企业级关系型数据库）	1. 有	2. 没有
	SQL Server（微软提供的企业级关系型数据库）	1. 有	2. 没有
	DB2（IBM 提供的企业级关系型数据库）	1. 有	2. 没有
	Access（微软提供的桌面级关系型数据库）	1. 有	2. 没有
	Teradata（Teradata 提供的高性能数据仓库）	1. 有	2. 没有
	SAP Hana（SAP 提供的软硬件一体高性能数据库）	1. 有	2. 没有
	Amazon RDS（Amazon 提供的关系型数据库服务）	1. 有	2. 没有

续 表

	Netezza（IBM 提供的软硬件一体数据仓库）	1. 有	2. 没有
	Oracle Exadata（甲骨文提供的软硬件一体数据仓库）	1. 有	2. 没有
	Vertica（惠普提供的列式数据库）	1. 有	2. 没有
	Cassandra（Facebook 提供的开源分布式非关系型数据库系统）	1. 有	2. 没有
	NoSQL（非关系型数据库）	1. 有	2. 没有
	Cloudera（基于 Hadoop 的大数据管理平台）	1. 有	2. 没有
	Hive（Hadoop 平台上的数据仓库）	1. 有	2. 没有
	MapR（Hadoop 平台上的分布式高可用集群）	1. 有	2. 没有
	Apache HBase（Hadoop 平台上的列式数据库）	1. 有	2. 没有
	Spark（Hadoop 平台上的分布式内存计算引擎）	1. 有	2. 没有
	Storm（Hadoop 平台上的实时计算框架）	1. 有	2. 没有
	Impala（Hadoop 大数据平台的 MPP SQL 查询引擎）	1. 有	2. 没有
	Python（科学计算的一种编程语言）	1. 有	2. 没有
	Splunk（开源的日志分析引擎）	1. 有	2. 没有
	MapReduce（Hadoop 上的分布式运算程序框架）	1. 有	2. 没有
	Apache Pig（Hadoop 上的数据分析引擎）	1. 有	2. 没有
	Hue（Hadoop 上的图形化管理系统）	1. 有	2. 没有
	如有补充请填写		
Q5	企业拥有哪些数据分析工具		
	SAS（SAS 提供的数据分析和数据挖掘软件）	1. 有	2. 没有
	SPSS（IBM 提供的数据分析和数据挖掘软件）	1. 有	2. 没有
	Alteryx（Alteryx 提供的数据融合分析软件）	1. 有	2. 没有
	Mu Sigma（Mu Sigma 提供的数据分析软件）	1. 有	2. 没有
	Mahout（开源的机器学习框架）	1. 有	2. 没有
	Predixion（Greenwave 提供的数据分析软件）	1. 有	2. 没有
	Sociocast（Sociocast 提供的数据预测软件）	1. 有	2. 没有
	Analyzer（微软平台上第三方数据分析工具）；EXCEL（微软提供的数据分析工具）		
Q6	企业拥有哪些报表统计工具		
	Business Objects（SAP 提供的报表工具）	1. 有	2. 没有

续 表

	Cognos（IBM 提供的报表工具）	1. 有	2. 没有
	MicroStrategy（MicroStrategy 提供的报表工具）	1. 有	2. 没有
	Analyzer（微软平台上第三方数据分析工具）；SSRS（微软在 SQL Server 上提供的报表服务工具）		
Q7	企业拥有哪些数据可视化工具		
	Tableau（Tableau 提供的 BI 可视化工具）	1. 有	2. 没有
	Power BI（微软提供的 BI 可视化工具）	1. 有	2. 没有
	Qlik Sense（QlikTech 提供的 BI Web 可视化工具）	1. 有	2. 没有
	Qlik View（QlikTech 提供的本地化可视化工具）	1. 有	2. 没有
	FineBI（帆软提供的数据可视化工具）	1. 有	2. 没有
	Pentaho（Pentaho 提供的数据可视化工具）	1. 有	2. 没有
	SatisfyBI（辰智提供的数据可视化工具）	1. 有	2. 没有
	Analyzer（微软平台上第三方数据分析工具）；Power BI（微软提供的数据可视化工具）；SSRS（微软在 SQL Server 上提供的报表服务工具）		

数据现状的评估

除了业务和技术现状，对企业的数据现状也需要进行评估，评估模板如表 5.3 所示。

表 5.3 数据现状评估

Q1	企业数据总量是					
	1.100GB 以下	2.100GB~1TB	3.1TB~5TB	4.5TB~20TB	5.20TB 以上	6. 难以统计
	请说明难以统计的原因：					
	请填写					
Q2	企业日均数据增量是					
	1.1GB 以下	2.1GB~10GB	3.10GB~50GB	4.50GB~100GB	5.100GB 以上	6. 难以统计
	请说明难以统计的原因：					
	请填写					

续 表

Q3	企业获取或者期望获取哪些类型的数据				
	日志	1. 已经获取	2. 未来5年期望获取	3. 没有计划获取	4. 不清楚
	交易数据	1. 已经获取	2. 未来5年期望获取	3. 没有计划获取	4. 不清楚
	邮件数据	1. 已经获取	2. 未来5年期望获取	3. 没有计划获取	4. 不清楚
	社交媒体数据	1. 已经获取	2. 未来5年期望获取	3. 没有计划获取	4. 不清楚
	传感器数据	1. 已经获取	2. 未来5年期望获取	3. 没有计划获取	4. 不清楚
	开放数据/政府公开数据	1. 已经获取	2. 未来5年期望获取	3. 没有计划获取	4. 不清楚
	地理信息与空间数据	1. 已经获取	2. 未来5年期望获取	3. 没有计划获取	4. 不清楚
	自由格式文本	1. 已经获取	2. 未来5年期望获取	3. 没有计划获取	4. 不清楚
	音频数据	1. 已经获取	2. 未来5年期望获取	3. 没有计划获取	4. 不清楚
	图像/视频数据	1. 已经获取	2. 未来5年期望获取	3. 没有计划获取	4. 不清楚
	其他				
Q4	数据获取的最大障碍是什么				
	资金				
Q5	企业正在共享哪些数据				
	共享方式（获取/给出）	对象（数据来源或去向）	数据内容		业务价值
例：					
	给出				
	获取				
Q6	希望未来共享的数据				
	共享方式（获取/给出）	对象（数据来源或去向）	数据内容		业务价值
例：	给出				
	无规划				

第2节 梳理供应链数字化绩效指标

按照本书第3章"VSGAI"(威士忌)指标方法论的指导,数字化供应链指标体系建设的方法可以总结为三个步骤:①从愿景、战略到目标;②从目标到任务;③从任务到指标。在这三个步骤中,我们要找出数字化供应链的价值点、业务流程,并识别改善点,才能构建完整而清晰的供应链指标体系,真正将指标体系落到实处。

确立管理目标

供应链的核心指标必须能够准确衡量公司对供应链的管理目标,比如成本、可靠性、效率和效益,这些指标可以跟踪监测当前供应链的运作情况,帮助管理者优化供应链活动。为了能够快速理清指标体系的方向,我们参照"VSGAI"(威士忌)模型提供的方法来管理组织的目标和实施步骤。它可以帮助我们快速确立供应链的核心指标。核心业务指标可以从公司的业务目标、业务策略和业务度量等方面考虑。

(1)业务目标:主要从战略和管理层的视角确定目标,原则是切实可行、易理解、可干预、正向有益。

(2)业务策略:为了达成业务目标而采取的策略。

(3)业务度量:评估数据指标变化是否达成业务目标。

举例来说，某企业制定的战略目标是提升客户价值和满意度，基于这一战略，供应链管理部门提出了自己的管理目标，包括：

（1）提升质量良率；

（2）提升准时交付率；

（3）提升新产品导入效率；

（4）提升工程能力；

（5）提升服务能力；

（6）提升成本优势。

从"双碳"目标和社会价值角度，公司对供应链还提出了提升绿色产品比率这一目标。

确定关键业务流程和关键任务

确立核心管理目标后，我们还需要关心关键的业务流程和关键活动，因为这些流程和活动是支撑整个业务的关键节点，供应链的运转情况与这些关键节点密不可分。有了关键流程和活动，就可以寻找它们与目标、指标的关系，明确关联系统对核心指标的贡献程度，并通过指标间的计算关系和维度上的限制条件，进一步计算出相应的衍生指标。

以提升订单准时交付率（简称订"单准交率"）为例，订单准交率是衡量供应链中订单准时交付给客户的比率。为了实现高订单准交率，需要梳理出与该指标相关的关键业务流程和关键活动，如表5.4所示。

表5.4 关键流程与关键活动示例

与订单准交率有关的关键流程与关键活动		
业务流程	关注的内容	关键活动
订单管理流程	建立有效的订单管理流程，包括订单接收、处理和跟踪的流程，确保订单信息准确无误、及时处理订单问题和监控订单进展	快速响应客户订单、准确记录订单信息、与内部和外部利益相关者进行有效的沟通和协调

续 表

与订单准交率有关的关键流程与关键活动		
业务流程	关注的内容	关键活动
库存管理流程	优化库存管理流程，降低库存缺货和库存过剩的风险，并确保及时满足订单需求	准确的需求预测和计划、合理的备货策略和调配、定期的库存盘点和调整，以确保库存充足、准确和按需可用
生产流程	优化生产流程，包括生产计划、生产调度和生产控制等流程，确保按时生产出足够的产品	准确的生产计划和排程、合理的生产资源配置和调度、及时的生产监控和问题解决，以确保生产进度和产品质量达到要求
供应链协同合作	实现供应链各环节的协同合作，如计划管理、采购管理、供应商管理、物流管理和配送等关键环节的协同合作，减少交付延误	与供应商的紧密合作和沟通、物流和运输的有效管理、及时解决供应链协调和配送问题，以确保订单顺利交付给客户
持续改进	通过数据分析和持续改进，发现潜在的问题和改进机会	定期收集和分析订单数据和绩效指标、发现潜在的问题和瓶颈、制订改进计划并落实，以不断提高订单处理和交付的效率和质量

明确定义关键业务流程和活动，并设定相应的衡量指标，可以帮助企业更准确地评估供应链的绩效。通过对关键环节的数据分析和绩效评估，企业可以了解各业务流程和活动的优劣，并做出相应的改进和优化措施，从而提高供应链的整体绩效。

定义指标，多维度拆解

在确认关键业务流程和关键行为后，公司可以从可靠性、效率、敏捷性、成本与资产四个维度来构建供应链指标体系，其涵盖了需求计划、采购、生产、库存管理等多个业务职能域。

跟需求计划职能相关的指标包括订单准交率、新品上市周期、订单交付周期、需求预测准确率等，将这些指标按照集团、事业部、产品、客户等多个维度进行展开，建立销售需求分析、产品订货周期分析主题。

跟采购职能相关的指标，从质量、交付、成本、服务四个方面来构建，如QC（质检合格率）、检验批次合格率、供应商品种齐全度、采购成本节省率、关键物料准时交付率、采购周期等。

跟生产职能相关的指标，包括生产订单准交率、生产周期、产销比、平均成本（成本金额/总生产量）、产能利用率、关键产线利用率、关键产线/工段人效、日计划变更率、报废金额、成品得率、原辅料利用率等。

跟库存管理职能相关的指标，包括库存周转率、库存成本、成品中库存成本、原辅料库存成本、呆滞库存成本、呆滞库存占比、成品呆滞成本、原辅料呆滞成本、呆滞库存清理完成率等，将这些指标按照总公司、工厂、物料、仓库等多个维度展开，建立完整的库存分析主题。

上述指标要支撑不同层级的需求，还需要结合关键业务流程对一些关键运营点进行量化，因此要将指标拆解得更细，进行多维度分析，以满足运营人员对用户和运营内容更加细致的评估，指导下一步的运营策略。

表5.5详细介绍了供应链指标与供应链特性的关系，以及指标的定义和计算方法的规范。

第 5 章 | 数字化供应链绩效评价落地方法论

表 5.5 指标定义示例

供应链特性	经营指标	关键成功要素	层级	编号	指标	KPI 定义和计算方法	衡量周期	所属主题域
可靠性（RL）	客户满意度	高效订单	集团	RL1.1	订单准交率	准交定义： - 按时 - 按量：偏差 ±5% 按订单金额加权平均，订单准交率 = 按时交付订单金额 / 订单总金额	- 每月 - 每年	销售
			事业部	RL2.1	订单准交率		- 每月 - 每年	销售
		生产稳定性	供应链	RL3.1	生产订单准交率	准交定义： - 按时 - 按量：偏差 ±5%，生产订单准交率 = 准时交付的订单数量 / 总生产量 按生产量加权平均，	- 每月 - 每年	生产
		原辅料供应稳定性		RL3.2	关键物料准交率	准交定义： - 按时 - 按量：偏差 ±5% 按订单金额加权平均，关键物料准交率 = 关键物料的准时交付订单金额 / 总金额	- 每月 - 每年	采购
效率（EF）	客户满意度	新品交付	集团	EF1.1	新品上市周期	周期定义：从研发测试申请到第一批次正式量产	每月	销售
		供应链交付周期	集团	EF1.2	订单交付周期	周期定义：销售 / 客户下单到工厂发货 - 按订单量加权平均	每月	销售
			供应链	EF2.2.1	生产周期	周期定义：计划下生产单到生产质检完成 - 按生产数量加权平均	每月	生产
				EF2.2.2	采购周期	周期定义：物料计划下需求到材料送货完成质检 - 按采购金额加权平均	每月	采购

243

续 表

供应链特性	经营指标	关键成功要素	层级	编号	指标	KPI定义和计算方法	衡量周期	所属主题域
敏捷性（AG）	收入	产销比	集团	AG1.1	产销比	按量：总销量/总产量 按金额：总销额/总生产成本	每月	生产、销售
		需求预测	集团	AG1.2	需求预测准确率	各事业部准确率按事业部销售额加权平均	每月	销售
			事业部	AG2.2	需求预测准确率	偏差率=abs（实际销售量－预测量）/预测量×100% 按销售金额加权平均 若偏差率>1，则准确率为0	每月	销售
	成本	产能		AG1.3	产能利用率	各线利用率按实际产出量加权平均	每月	生产
			供应链	AG2.3.1	关键产线利用率	产线实际产出量/设备产能总量	每月	生产
				AG2.3.2	关键产线/工段人效	关键产线人数=sum（总产量/每工时单位产量）×标准人员配置/（实际员工人数×总出勤工时） 人库量×工时/量 例：总产量50000，速度每小时4000，标准配置8个人×8小时，实际7个人12小时=50000/4000×8/（7×12）	每月	生产
				AG3.3	日计划变更率	日计划变更率=（月度当天变更的标准工单个数/月度标准工单的总数）×100% 变更包含未上线、新增、状态变化、日期及数量变化	每月	生产

244

续 表

供应链特性	经营指标	关键成功要素	层级	编号	指标	KPI 定义和计算方法	衡量周期	所属主题域
成本与资产（CO）	成本	现金流周转	集团	CO1.1	库存周转率	库存周转率 = 周期销售成本 / 周期平均成本	每月	库存
				CO2.1	库存成本	库存成本是指期末库存的加权成本，包括成品、半成品和原辅料的库存	每月	库存
				CO3.1.1	成品库存成本	成品库存成本是指期末成品库存的加权成本	每月	库存
				CO3.1.2	原辅料库存成本	原辅料库存成本是指期末原辅料库存的加权成本	每月	库存
				CO2.2	呆滞库存成本	呆滞库存成本是指最后一次异动时间超过180天的物料的库存加权成本，包括成品、半成品和原辅料	每月	库存
			供应链	CO2.3	呆滞库存占比	呆滞库存占比 = 呆滞库存成本 / 总库存成本 × 100%	每月	库存
				CO3.2.1	成品呆滞库存占比	成品呆滞库存成本是指最后一次异动时间超过180天的成品库存加权成本 成品呆滞库存占比 = 成品呆滞库存成本 / 成品总库存成本 × 100%	每月	库存
				CO3.3.1	原辅料呆滞库存成本	原辅料呆滞库存成本是指最后一次异动时间超过180天的原辅料库存加权成本	每月	库存
				CO3.2.2	原辅料呆滞库存占比	原辅料呆滞库存占比 = 原辅料呆滞库存成本 / 原辅料总库存成本 × 100%	每月	库存
				CO3.3.2	呆滞库存清理完成率	呆滞库存清理完成率 = 已完成清理金额 / 总呆滞库存金额 × 100%	每月	库存
	费用		供应链	CO1.2	报废金额	报废金额 = 当月总报废成本	每月	生产
				CO1.3	成品得率	成品得率 = 实际产出量 / 计划量 按计划量加权平均	每月	生产
				CO1.4	原辅料利用率	原辅料利用率 = 原辅料用量（半成品实际产出按 BOM[①] 拆解）/ 领用量 只跟踪关键原辅料	每月	生产

① BOM：物料清单

第3节 绩效方案管理及评价标准

数字化供应链绩效评价是实现企业供应链战略的重要手段，同时也是实现企业数字化转型的重要途径。要判断目前的供应链运行状态如何，效率高不高，必须要有一个锚定的对标阈值，设定各项指标的评价标准和权重，才能够基于规则自动生成绩效结果。

供应链数字化绩效方案管理包括：

（1）绩效体系的组织设置：在构建供应链绩效考核管理办法时，需要先建立一个绩效考核组织，确认参与考核的相关人员，共同讨论确认标准化的指标体系和绩效评分制度（包括供应商绩效评分制度和各部门的评分制度），根据预期的评估结果建立评级制度，编制统一的线上绩效评估模板。

（2）绩效方案管理。录入供应商的基本信息，依据不同的产品类别和供应链管理要求来制定不同的评估周期、评分标准，制定绩效模板和绩效等级。

（3）绩效评估。系统根据ERP和SRM中的数据，按照设定的规则，按T+1天（即取当前日期前1天的数据）的方式自动生成相关的评估指标。通过供应链看板监控供应链的执行过程，对绩效的结果进行评分。

（4）绩效应用。根据绩效的结果和绩效管理制度，对供应商和供应链团队进行奖惩（本章以供应商考核为例），比如重新评定供应商的级别，并针对考核过程中出现的问题进行过程改进和培训支持，以提高供应商绩效。具体步骤如图5.1所示。

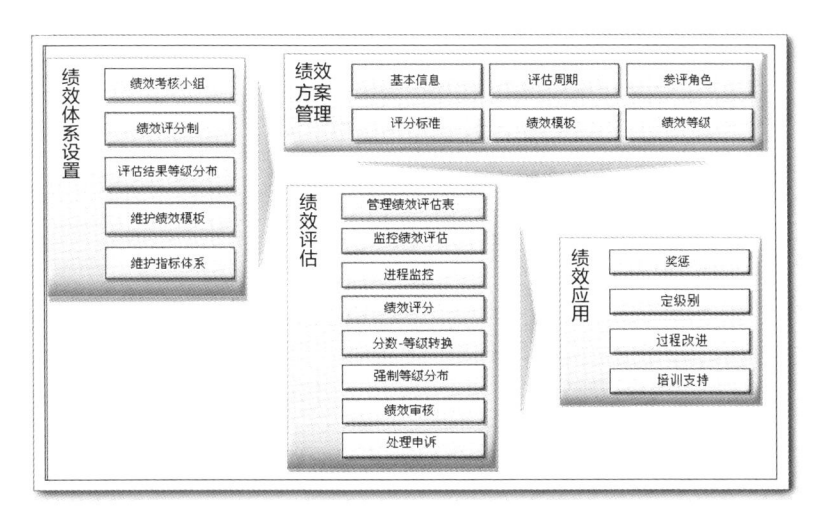

图 5.1 供应链数字化绩效评价流程

建立供应链绩效考核小组

在绩效管理过程中，往往存在考核领导小组成员不明确、分工不清晰等问题，因此必须要建立一个统一的绩效考核小组，分别针对具有不同考核对象、适用范围与内容的绩效管理活动来进行考评与绩效的跟进。考核小组成员可以由多个部门的领导或相关负责人担任，每个人在考核过程中的角色也各不相同。

在数字化供应链管理中，需要在SRM或HR系统中建立相应的角色和岗位，对人员按照职责和权限进行分配；在制订绩效管理方案时，则应当按组织、按其对应的职责和权限进行管理。绩效考核小组应当选择具有供应链管理经验和专业知识的成员，他们应该了解供应链绩效指标和评估方法。这个组织可以采用矩阵式架构，由各部门的人员抽调一位关键用户参与。

在确定供应链绩效考核小组后，需要指定小组负责人：确定一位负责人来协调小组工作和监督进度。由小组负责人来制订供应链绩效考核小组的工作计划，明确每个任务的时间表和责任人。

建立绩效评分标准

在供应链绩效考评过程中，需要确定供应链的各项指标内容与权重，并以量化分值的方式来体现。量化和等级评分标准的建立，就是将对供应链各项指标的描述性评估，转为具体量化数值的过程。

在数字化供应链评价系统建立的需求调研阶段，要先确定我们企业供应链当前管理的重心是什么，会有哪些关键影响因素，再确定需要哪些衡量和追踪的指标，然后再确立与之相关的各项指标及其权重。对应的指标梳理及定义参照本章第2节。

系统允许有多个等级评分标准，不同的指标，可以有不同的评分标准。如对于工作完成效果来说，可以设定"卓越""优秀""合格"等多级评分标准，而对某些需要以工作的次数为考评内容的，则可另行设置"频繁""经常""偶尔""从不"等评分标准。每个评分标准的名称、评估分的名称、可选的评估分数量与分值都可以由绩效评估小组来进行设定，如图5.2所示。

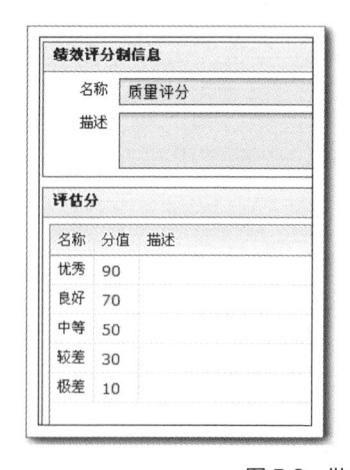

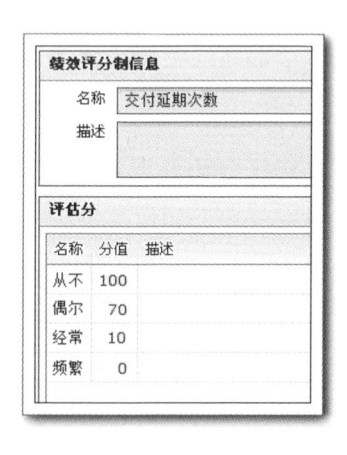

图 5.2 供应链评分标准设置

上述指标值的设定应参照企业的供应链战略对应的关键绩效指标标准，权重应根据指标项的重要性和对供应链战略目标的贡献程度来确定。在对绩效指标进行维护时，应参照统一的等级评分标准，在进行评估时，就可以按照这种标准，通过选择选项的方式，来对被评估对象进行评估与打分，如图5.3所示。

绩效指标								
评估方向	指标类别	指标编码	指标名称	适用类型	指标权重	指标类型		
业绩	目标管理	IN20100324000029	采购计划达成率	员工个人	20	公式计算	修改	删除
内部学习	基础管理	IN20100324000026	沟通能力	员工个人	10	选择评估分	修改	删除
		IN20100324000027	协调能力	员工个人	10	选择评估分	修改	删除

新建　引用指标

重点工作					
重点工作项目	达成目标	指标权重	数据来源	评估方法	绩效评分制
新供应商寻源	100	60		输入评估分	

新建

关键事件			
关键事件	事件说明	加减分	
客户投诉率	由工作不当造成的客户投诉	10	修改　删除

图 5.3　供应链绩效评估

在对评估结果进行查询、统计与绘制报表时，除了需要了解被考评对象的具体分值外，往往还可通过对分值的分布等级的划分与描述，将相应的分数纳入各等级中，以形象而简洁的等级名称来呈现被评估对象的绩效结果。将抽象的分值以更为直观形象的等级分布表现出来，可以方便管理人员了解被考评对象的考评结果，并进行统计分析。如采用从"优秀"到"不及格"的五级分布法对供应商进行评价，系统根据各等级设定的分数段，自动按照这种等级分布规则，计算出被考评对象的实际分数，判定其是属于"优秀"、"良好"抑或"及格"的评价结果。进行统计时，也可按分布等级来进行汇总统计与分析，从而清晰地了解到本次绩效考评中达到"优秀"（或其他等级）的供应商数量及明细等。

在数字化供应链绩效管理系统中设置绩效方案时，可选用已维护好的分布等级，评估结束后，系统将自动按此标准显示各被评估对象的分数等级分布。

绩效方案管理

绩效管理组织者，根据绩效管理体系的指标清单和绩效政策制订相应的绩效方案，并控制方案的启动与关闭，以开始或结束一项绩效考评活动。在绩效方案启动期内，方案设计中涉及的供应商或人员将根据系统的提示参与企业的绩效管理过程。

绩效考核方案的制订，是从绩效体系中引入所需的考核要素，按照企业实际的考核办法在数字化供应链评价系统中制订绩效考核的操作规则。简单来说，绩效考核方案就是规则的设置，包括需要考核哪些人员，何时进行考核，考核哪些指标，考核的结果如何处理等工作。

数字化供应链绩效管理系统的主要功能包括方案定义、评估周期、方案角色、方案模板、方案组别、被考核对象、考核关系、绩效文档。

一、绩效计划的制订

制订绩效计划是绩效管理的起点，只有制订了切合实际、满足组织发展需要的绩效计划，才能对绩效评估、绩效跟踪进行有效的支撑。

二、绩效计划的监控

监控绩效计划可以帮助企业发现问题，可以评估整体计划和各子项计划的进展和绩效的实时表现。在监控的同时，可以对相应的供应商或考核参与人员发送具体的事务提醒。

三、绩效计划的实施

即根据绩效评价结果和考核执行过程中的偏差，实现对绩效计划的修正。在计划实施阶段，可以根据实际情况的不同，及时修正绩效计划，切实保证绩效计划的可实施性。

第 4 节　数据集成及开发

供应链要集成的主数据包括组织、客户供应商、物料、库存地点等，业务数据包括 S & OP（sales & operation planning，销售与运营）计划、物料需求计划、采购计划、采购订单、出入库单、库存明细等。这些要集成的数据主要来自 ERP、MES 和 WMS，有些数据存在于线下的 Excel 台账里。为保证数字化供应链的数据完整、可靠和准确，集成接口设计应该满足以下几个方面的要求。

集成原则

为保证合理可靠地完成接口开发要求，集成接口设计应该满足以下几个方面的要求。

（1）数据一致性，即保持系统间共享数据一致。保证系统间的数据交互正确、完整，使系统能够稳定运行。

（2）数据同步的周期性，满足系统对接口数据更新周期的要求。由接口提供实时、定时的数据更新。对于定时更新的接口数据，需要满足其他系统对更新周期的需求。

（3）数据安全性，即对数据接口进行访问控制、对数据加密，保证数据传输的安全性以及数据存储的安全性。屏蔽系统内部的处理逻辑和数据结构，减少接口变动对系统造成的影响。

（4）接口闭环管理。对接口数据进行监控和管理，及时发现系统间接口数据的异常情况，保障接口数据的准确发送和接收。

（5）先进性与可实施性的平衡。在考虑接口方案先进性的同时，要兼顾与系统存在交互的周边业务系统的实际建设情况和采用的技术架构，以及项目建设进度的要求，采用不同的接口策略，保证接口方案的可实施能力。例如，对于有些遗留系统，可能是传统封闭的技术架构，甚至已经没有厂商维护，因此需要以支持沿用接口表的方式实现系统间的互连。

（6）可扩展性。考虑接口的可扩展能力，即在相关系统进行技术架构改造，满足开放的技术架构要求后，接口方案能够从传统方式向理想的方式过渡。在接口交互数据格式上也要考虑到灵活、可扩展。

（7）一致性。接口和业务流程的命名必须清晰明了，遵循合理一致的命名规范。

（8）事务性。系统接口设计要求采用事务性设计，以保证交易的完整性。交易成功则提交，交易失败则回滚到原来状态。

（9）粒度合理性。应该根据业务含义完整性、性能、可重用性以及管理难度这几个要素，合理划分业务流程和系统接口的粒度。应该保证业务流程和系统接口具备一定的业务含义，具备良好的性能、可重用性与可管理性。

（10）可监控性。接口在设计时要考虑到后期维护监控的要求，接口和业务流程实现应该考虑出错处理和安全机制，应该具备完善的日志和监控手段。

数据采集

数据接入遵循数据管控体系的标准规范进行数据采集、转换、模型设计和开发，完成数据分层设计和存储，完成数据集市和数据应用服务，通过大数据分析和可视化平台进行数据应用和数据展示。依托现有数据资源扩展数据范围，根据项目需要采用必要的数据获取方式，对不同来源及异构数据进行集成和整合。针对不同数据源的传输方式、更新情况、数据结构等内容分析数据来源。

数字化供应链项目所涉及的数据源，不仅仅是业务系统数据，如ERP、SRM、WMS等，还包括在供应链部门线下的台账和一些手工整理的数据以及来自IoT的数据。其中：业务系统的数据都是结构化数据，这些数据可能是同构，也可能是异构的数据源，因此我们的数据采集必须支持同构和异构数据源之间的数据交互和同步；线下的台账和手工整理的数据，需要通过数据上报，以RPA（机器人流程自动化）自动采集的方式将非结构化数据转成结构化数据，以保证数据的准确性和可用性；IoT的数据，则要通过实时流的数据接口，将它接入数据湖中，以供我们进行加工和使用。

因此，我们要按照数据源的要求提供数据集成方式，满足可靠、高效数据的集成。针对不同类型数据采取不同的数据集成方式，并通过自助式的配置，降低用户使用门槛，让操作更便捷高效。

目前常用的数据源连接方式有：数据库直连的数据集成方式和WebService[1]接口服务访问方式。具体采集方式根据实际情况进行。

（1）数据库直连的方式。如果业务系统可以开放数据库接口，则可以通过传统的ETL[2]工具，如Kettle、SSIS、Informatica等，或者数据中台提供的离线/实时开发功能从业务系统中获取数据。

（2）WebService服务访问方式。如果业务系统提供WebService服务方式共享资源数据，也可以使用WebService方式连接业务系统获取数据。WebService的优点是接口通用，可以提供Json\XML等多种格式，以满足灵活的需求；缺

---

[1] WebService是一种基于Web的服务，它使用Web（HTTP）方式接收和响应外部系统的某种请求，从而实现远程调用。

[2] ETL是extract-transform-loading的缩写，用于将数据从源系统抽取（extract）、转换（transform）和加载（loading）后整合到目标系统，如数据仓库或数据集市中。

点是传输的数据量有限。当数据量很大时，需要进行数据分页等操作。大量的数据传输会加大网络负荷，降低网络传输速度，严重影响系统性能。

在ETL包或WebService接口开发完成后，需要加入ETL的调度平台或数据中台的任务计划，以配置不同的运行时间和调度周期。

第一次进行数据接入时需要考虑历史数据接入、增量数据的接入策略，并且根据不同数据的使用时效，明确增量数据接入策略是采用实时/准实时接入，还是批量接入的方式。

历史数据接入是指将业务系统历史数据一次性加载到数据湖/数据仓库。如果采用数据库直连，需要先做好数据开发工作，在数据上线前进行初始化，将整表一次性导入；如果采用WebService，则源业务系统遵循接口规范，数据落地成文本文件，大表按月拆分，数据集成平台将数据文件一次性加载到数据湖/数据仓库中进行整合加工。

增量数据接入方案依据数据应用需求分为实时/准实时接入、定时批量接入。对于实时性要求较高的数据应用需求，数据接入方式为实时/准实时方式。实时/准实时是源系统通过开发接口的方式实时地将数据推送至中间件或者大数据平台，大数据平台对实时接口数据进行处理，一方面将实时加工的数据推送到展示平台进行实时展示，另一方面将实时数据归档到大数据平台。定时批量接入方案针对离线分析等实时性要求不高的应用。大数据平台将数据文件按照一定周期（小时、日、周等）加载到数据平台中进行整合加工，或者对于非核心系统或有备份库的系统，直接按照一定周期（小时、日、周）从数据库读取增量数据，加载到大数据平台进行整合加工。

数据仓库建模

在数据仓库建模过程中，我们参照数据仓库领域权威专家拉尔夫·金博尔（Ralph Kimball）的方法论，在他提出的标准的四阶段建模过程基础上，对其建模方法进行了补充。我们认为供应链管理数据建模由以下五个阶段构成（以供应链管理为例）。

一、选取要建模的业务处理过程

选取时参照的标准是业务处理过程，而非部门或职能，例如采购的业务处理过程可以选取物料需求计划、采购计划、采购订单等作为业务处理过程。

二、确定分析指标及其定义

找出能够直观地反映业务活动和绩效的重要指标，对衡量业务处理过程的绩效和效果进行指标定义。要明确这些指标哪些属于原子指标，哪些属于衍生指标。

关键指标的定义应该包括业务术语、技术术语和管理术语。（可直接引用本章第2节《定义指标，多维度拆解》中的成果。）

三、数据源探查并定义事务处理的粒度

供应链的各项指标均来自不同的数据源，数据探查是确认各项指标数据来源必不可少的工作。通常，在项目实施过程中，最有效的方法是根据业务处理的过程对数据源进行探查。

数据探查的结果可以为数据仓库的建模提供依据。在一个标准的数据仓库中，所有的表都可分为事实表（fact table）和维度表（dimension table），事实表是用来存储业务事实的表格，它通常包含了与业务过程相关的数值型数据，例如金额、数量等。事实表的每一行代表一个特定的业务事实，而每一列则是与该事实相关的度量或指标。事实表通常包含一个或多个外键，用于与维度表建立关联。

数据源探查后必须确定最细的粒度。粒度定义意味着对各事实表行中的内容给出明确的说明，例如采购业务处理的最小粒度可以定义为每一张采购订单、每一笔到货的入库单等。

四、选定用于每个事实表行的维度

数据仓库中的另一种表就是维度表,它包含了与事实表中的业务事实相关的维度属性,例如时间、地点、产品、供应商、物料、库存地点等。维度表的每一行代表一个唯一的维度值,而每一列则代表与该维度相关的属性。维度表通常包含一个主键,用于与事实表建立关联。业务人员需要将与事实表相关的常见维度,包含日期、组织架构、供应商、物料、库存地点和状态等,都一一描述并定义出来。

五、确定用于形成每个事实表行的数字型事实以及这些事实和指标间的关系

明显属于不同粒度的事实必须放在单独的事实表中,典型的事实表是诸如需求数量、采购计划数量(金额)或者采购订单数量(金额)这样的可累加数值度量或库存金额这样的半累加数值度量。

事实数据是多样的,但不是所有的事实度量都是指标。指标只是能够衡量业务结果和绩效的度量。同样,也并不是只有指标重要,对于数据分析而言,往往需要先通过指标对供应链绩效进行评估,再穿透到不同维度的事实分析存在的问题。

数据建模的主要目标是建立企业级数据模型,系统、全面地描述企业经营管理活动过程中所需要的数据。所有联机事务处理(on-line transaction processing,OLTP)和联机分析处理(on-line analysis processing,OLAP)系统的数据架构设计和数据模型设计都应该满足企业数据模型的要求。一般的企业数据模型包括概念数据模型和逻辑数据模型。

数据模型按照数据库设计规范、遵照数据库设计三范式对整个收集到的用户视图和整理过的数据元素进行数据表设计,分为基础、业务两大部分进行。业务数据表与基础表以及关联数据表之间通过主、外键进行链接,形成数据关系模型,也就是通常所说的E-R关系图。以下是对概念数据模型和逻辑数据模型的介绍。

概念数据模型

概念数据模型是用户对业务整体认识和理性分析的成果，它用于统一不同应用系统间的数据模型概念，以避免数据实体与业务概念不一致、重复设计、冗余矛盾的现象。它在细节上完善实体，从而为建立完整的逻辑数据模型奠定框架基础。概念数据模型可以有效地提高企业各业务系统设计开发的规范性，规避可能的数据孤岛等风险。

概念建模阶段的目标是：用理想的方式，从业务角度对存储的数据进行结构化，得到可靠的、业务驱动的数据结构，以减少近期、中期和远期维护数据仓库各层的逻辑结构和物理结构的成本。

考虑到不同业务的概念数据模型服务主体和生命周期存在差异，在规划模型时应遵循如下原则。

一、全面性原则

全面覆盖业务，包括过去、现在、将来可能会发生的业务工作，它不受当前部门和系统的分割限制，是一个统一的有机体。基于此原则，应让唯一的概念数据库标准评审发布机构来保证此模型的连续性和一致性，同时，不同的业务部门所使用的基础概念模型（组织、产品、客户、区域、事件等）应保持一致。

二、稳定性原则

为保证概念数据模型标准的稳定性，应将实体与规则分离，突出业务核心实体的描述。概念数据模型只与企业经营基本模式有关，不随一般营销目标的变化而变化。基于此原则，模型用实体表达关联，以突出业务核心实体的描述。为保证模型的稳定，适应管理业务的变化，凡是多对多的实体关系，均引入一个关联管理实体将多对多拆分为两个一对多关系。

概念数据模型一般采用简略的实体—关系图（又称E-R图）的形式进行表达，但实体只有名称，不包含属性。因涉及具体业务实体及其之间的逻辑，所以在规范化的时候，难以一次性发现全部的业务实体，为此我们引入"主题域"的概念来缩小实体关系辐射的范围。主题域是按业务的自然分类体现出的整个业务概貌，而主题域的逐级分解是沿着主题域的自然分类，对业务进行梳理细化，从而对业务实体不断细化。简化的E-R图如图5.4所示。

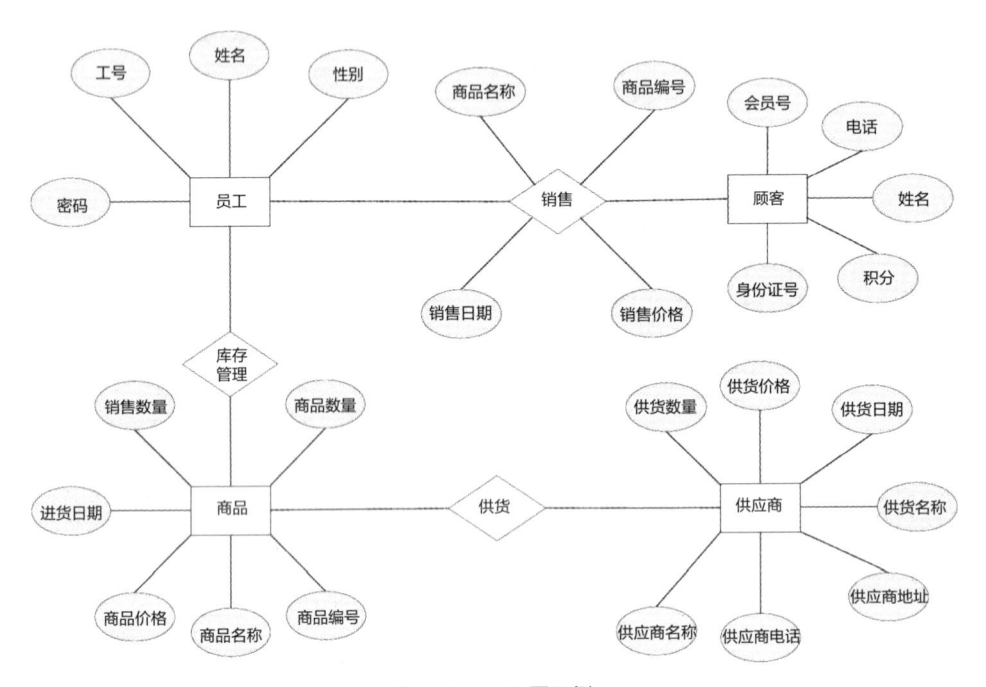

图5.4　E-R图示例

逻辑数据模型

逻辑数据模型对任何企业元数据来说都是相当重要的。事实上，逻辑数据模型是建立一个企业级元数据管理最终目标的第一步。这一步的实现方式主要是将类似ERwin中的模型信息纳入元数据管理中。

在逻辑数据模型设计时，要先根据业务需求进行数据探查，从而识别和定义数据仓库的维度表和事实表。维度用于描述供应链的业务对象及其基本属性，包括时间维度、组织维度、供应商维度、物料维度、库存地点等维度属性，也用于分析和描述供应链的各项交易数据。事实表是记录供应链业务流程中的事件和度量数据的表，包含供应链成本、可靠性、效率和效益的度量数据，如物料需求数量、计划数量（金额）、采购数量（金额）、实际到货数量（金额）、阶梯价格、降价金额等。逻辑数据模型如图5.5所示。

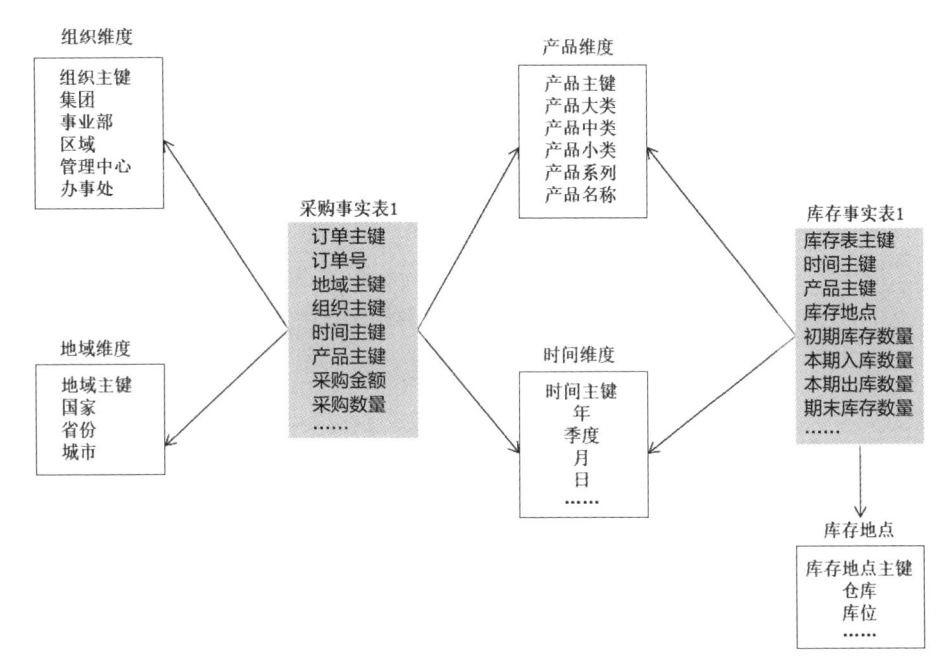

图 5.5 逻辑数据模型示例

确定逻辑数据模型更重要的一步，是建立维度表和事实表之间的关系。通常，事实表与多个维度表相关联，可以使用外键或共享主键来建立关系，这样可以提供丰富的分析视角和灵活的查询能力。

第 5 节 绩效评价指标发布与可视化

在现代的供应链管理中,数据驱动的绩效管理正逐渐成为企业管理的重要趋势。数据驱动的绩效管理基于客观的数据指标和分析,使评估更加准确和科学,现在越来越多的企业采用 BI 系统来进行供应链的数据分析和指标发布。

对于供应链管理人员来说,BI 系统可以将绩效考核结果与其他关键业务数据进行关联和分析,比如:通过收集、分析和利用大量的销售数据、生产数据、库存数据等,基于历史数据和相关因素建立预测模型,通过算法和分析技术来预测未来的需求和供应情况。

通过 BI 系统和数据可视化,供应链团队、供应商可以更好地沟通和共享数据,提高数据的可读性和易于理解性。通过数据可视化,数据变得更生动,更具有吸引力,更易于分享和解释给他人。这些技术工具的应用将大大提升企业在供应链上的管理能力。

绩效评估

绩效评估是对于考核周期内各个部门各项考核指标的一个综合评价过程,系统通过年度、季度、月度绩效计划,结合日常绩效考评工作的结果,来开展不同周期的绩效考评工作。具体包括:

（1）按年度、季度、月度来进行绩效计划的考评；

（2）通过数字化绩效系统自动按规则生成各项指标的计算结果；

（3）参与评估的部门可结合系统日常考评生成的结果进行在线修正；

（4）系统支持各个考评责任部门对各自分管的指标进行修正评分，并维护评分说明，从而进行绩效的反馈；

（5）系统支持根据修正的评估结果生成供应商及各考核部门的总体评估结果。

在绩效评估中，最难的是如何确定各项指标的权重，不同的部门和利益相关者可能对供应链绩效有不同的关注点和目标。确定权重时，需要协调各方的利益和优先级，确保评估能够全面地反映供应链整体绩效。比如：一些指标可能直接关系到客户满意度和公司利润，而其他指标可能对于控制成本和降低风险更为重要。权重的确定需要考虑到指标的重要性和对业务目标的影响。同时我们还需要评估数据的质量和准确性，确保权重基于可靠的数据。供应链绩效指标之间可能存在关联性，某些指标对于整体绩效的影响可能更大。权重确定时，需要考虑指标之间的关联性，并根据其对绩效的重要性进行权衡。

权重的确定可以参照辛童老师推荐的M-MACBETH软件工具，并可能需要根据数据做一些试验和调整，但通过有效的沟通和协调，可以获得一个平衡和适合的评估体系。

提供有价值的数据可视化

在很多项目的实施过程中，有些数据可视化只是片面追求视觉的冲击效果，忽视了可视化最本质的目标，那就是有效传达信息。视觉效果可提升可视化的观感与用户体验感，但最终还是需要确保可视化最本质的目标——有效传达信息得以实现。

在设计供应链管理看板时，首先就要体现出供应链的管理价值，其次是要能够通过看板发现供应链的问题，通过层层钻取的方式去找出改善点，再通过调整业务流程、业务活动和工作任务，改善供应链的绩效。

因此在进行供应链的可视化设计时，应当关注如下几个方面。

（1）明确供应链的管理重心，并选择合适的指标。确定供应链可视化展示的内容，这些内容必须是与公司的供应链战略目标相关的，如要解决的具体问题或需求是什么，与哪些业务相关，选择哪些指标有助于我们对供应链的运行情况和绩效情况进行评价。

（2）信息层级清晰。确保看板的信息层级清晰有序，以便用户能够直观地理解数据。可以将不同的信息分为一级看板、二级看板、三级看板……在每一层看板上可以通过布局、颜色、大小等方式进行区分，以帮助用户直观地获取关键信息。

（3）数据的完整性和准确性。可视化应该准确地呈现供应链业务运行中的数据信息，避免有误导性的图形或图表。数据的完整性和准确性是可视化的基础，将完整准确的数据转化成易于理解的图形，可以突出数据传达的含义。

（4）可读性和明确性。可视化应该具备良好的可读性，例如合适的图表、正确的比例和比例尺、一致的颜色和标签等。图形和图表的元素应该明确无误地表达信息，能够轻松理解图示的含义。

（5）突出重点。可视化应该能够明确地呈现数据的重点和关键信息，避免过多无关的元素。通过合适的图形和视觉元素来强调关键数据，帮助用户快速准确地获取信息。

（6）注重用户交互。为了增强用户体验，提供更灵活的数据探索能力，可以考虑为看板增加交互功能，如筛选、过滤、互动、钻取、弹窗等。这样，用户可以根据自己的需要进行个性化的数据分析和操作。

综上所述，应避免可视化追求视觉效果而忽视传达信息的情况。要构建优秀的可视化评估，应该注重平衡视觉效果和信息传达，确保视觉效果可以支持数据的理解和决策。

多元化的界面展示

借助 BI 系统或 APP 和小程序技术的支持，绩效评价指标的发布可以通过多元化界面进行展示，支持可视化大屏、PC 端、APP 客户端、微信小程序等不同的工作场景展示。

针对不同的用户对象，可以定制不同的个性化界面，比如：外部供应商可以通过系统查询自己的绩效表现、到货情况、质量情况；可以为他们提供简便的报表跳转向导，找到每一笔订单和发货记录；对于供应链系统的管理者，可以支持跨供应链部门、跨主题的关联分析，将系统多个独立的分析报表串联起来形成分析流程。

通过自助式 BI 工具，用户可以自定义多个数据报表和图表，灵活地查询参数配置，将报告发布在特定的浏览界面。通过实时监控指标数据变化，用户准确定位出现偏差的相关指标数据，及时反映经营数据情况，发现问题、解决问题。

即时反馈机制

数据可视化的目的不仅仅是发布数据，还是要让供应商、供应链团队和相关部门的负责人及时地对数据做出响应。

绩效发布的结果，可以让供应链的管理者找到供应链中的瓶颈和改进机会。BI 系统提供的数据维度越丰富，提供的数据越及时，他们就越能利用数据的分析能力，优化供应链流程、库存管理策略和供应商选择，以提高供应链效率和降低成本。

同时，供应商也可以通过绩效看板看到各自产品和服务的表现，还可以看到当前的市场需求和用户反馈。根据分析结果，他们可以改进产品功能、优化服务流程，以满足用户需求和提高产品质量。

在绩效评价系统中还应当设定预警阈值，当达到触发条件时，系统自动推送定时报告、数据预警到邮件或者手机端，并发起问题处理流程，要求各业务部门或供应商提供问题的具体解决方案，处理问题并关闭问题。

第 6 章
数字化供应链绩效评价体系的最佳实践

张总:"公司花了这么多钱,上了这么多系统,为什么管理没有改善?数字化转型的成果在哪里?"

IT部宋经理:"业务部门提出的需求我们IT部门都满足了,数据中台、BI都上了,这个要业务部门提需求才行呀!"

供应链李经理:"需求我们也提不出来,现在的数据不是太少,而是太多,不知道如何下手呀!"

IT部宋经理:"数字化建设是一个长期过程,需要咨询顾问、业务梳理、数据开发、数据建模、数据治理、数据分析和可视化,需要各部门配合才能实施落地,太难了!"

…………

第6章 数字化供应链绩效评价体系的最佳实践

第1节 数字化供应链的关键技术

数字化供应链采用了一系列的信息技术和数字化手段,以提高供应链的运行效率,降低成本,提升供应链的透明度并增强企业的决策能力。供应链部门通过数字化的手段,将供应链生态中的合作伙伴、人员、数据和系统有效地连接在一起。

目前数字化供应链常用的技术包括:

(1)物联网。通过物联网技术,将传感器、设备和原材料、产品连接起来,将发货、运输、入库、仓储、加工、出货等各环节的数据进行实时采集,实现了供应链全过程的实时追踪和监控,提高数据的准确性和完整性。

(2)自动化和机器人技术。自动化和机器人技术可以帮助提高供应链中的操作效率和操作准确性。例如,自动化仓储系统和物流机器人的使用,可以实现高效准确的货物存储和分拣,减少人为错误和提高配送速度。

(3)区块链。区块链技术可以帮助提高供应链的透明度、可追溯性和安全性。通过区块链技术,可以实现供应链信息的共享和验证,减少中间环节和人为干预,提高交易的透明度和效率。

(4)云计算。利用云计算技术,可以实现供应链数据的存储、处理和共享。云计算可以提供弹性和可扩展的计算资源,帮助供应链管理者更好地管理和分析数据,并减少IT基础设施的投入和管理成本。

(5)大数据和分析。利用大数据技术可以对供应链中产生的大量数据进行收集、存储、分析和挖掘。通过对数据的分析和挖掘，可以识别潜在异常，发现趋势和模式，以及进行需求预测和优化决策。

（6）人工智能和机器学习。应用人工智能和机器学习技术可以解决供应链中的复杂问题，如需求预测、库存优化、运输路线规划等，还可以提高供应链的效率和准确性。

A企业是一家PCB板的制造企业，所有的自动化产线均采用了机器人和AGV小车。整个车间除巡检人员外，已完全实现了无人化。他们对上述这些先进技术进行了组合运用。通过IoT设备，可以采集各个工序段的运行数据，可以准确、及时地收集和监控供应链各环节的数据，实现了业务全流程数据的互联互通。当售后服务人员收到关于产品问题的反馈时，均可以进行溯源。通过扫描问题产品的条码，可以了解产品的生产时间、生产的产线和班次、原材料的供应商和批次，以及质检员的具体信息等细节。为了能够对供应链整体运行效能进行优化，通过BI系统企业管理人员建立了全面的供应链指标体系，为运营决策提供了全面的数据支撑。他们可以通过分析这些数据及时了解客户对产品的需求，并且通过反映出的不同物料和产品的库存水平，分析各类产品的交付周期和运输成本等关键信息，这些关键信息可以帮助企业的决策者对供应链绩效做出正确评价。

数字化供应链绩效评价系统构建的评价模型、数据分析、可视化展示，以及关于报告的发布和解读，可以帮助管理者预测供应链需求波动，制订合理的库存策略和生产计划，在市场变化时做出相应的调整，从而有效地做出决策，优化供应链流程，提高效率和响应能力，降低企业的风险。

龙头企业的"柳暗花明"：详解数字化供应链绩效项目实施的关键步骤

下面以某企业的数字化供应链绩效评价项目为例，为大家详细介绍该项目的实施步骤以及项目实施落地后给该企业带来的管理成效。

某企业是行业龙头企业,长期处于市场份额第一的地位,但近年来随着市场竞争的加剧,该企业开始慢慢走下坡路,被追随者赶超并远远地甩在了后面。为了能够发现并诊断出存在的问题,该企业启动了数字化供应链绩效评价的项目,希望通过该项目的导入,帮助企业查出问题。

一、实施前的准备

在项目正式开始之前,项目实施方对该企业所在行业进行了充分的宏观分析和研究。通过公司官网和公开财务报告,项目实施方对该企业在行业中的地位,以及核心业务、商业模式和经营情况等进行了深入的了解。为了能够让项目的参与者充分理解数字化供应链绩效评价给企业带来的价值,明确本次项目的目标,项目实施方在该公司变革委员会的主导下与各部门进行了两次项目宣讲。

第一次宣讲,项目实施方结合同行业其他企业的案例进行了讲解,让该公司团队了解到数字化供应链绩效评价包括哪些内容,能给企业、部门和个人带来什么样的价值和益处,发现差距后应该如何进行改善。

第二次宣讲,项目实施方针对项目的目标、实施范围和项目周期,需要各部门在哪些阶段做哪些配合进行了讲解。还在这次宣讲会议上发放了调研问卷,邀请各部门的关键用户进行问答和反馈。

通过这两次宣讲,企业团队成员确定了数字化供应链绩效评价项目的目标和期望结果,明确了项目的范围和重点,这些都有助于项目的系统规划和落实执行,并确保项目与业务目标相一致。此外,各业务部门也开始收集汇总目前工作中存在的问题,将线下的工作表单和分析报表进行整理,为下一阶段做准备;技术部门则开始准备软件硬件环境、与供应链相关的业务系统模块清单和数据字典。

二、成立项目管理组织，召开项目启动会

项目开始后，项目实施方与企业共同组建了一个数字化供应链绩效项目的管理团队，负责具体的项目管理和推动工作。项目实施方由项目经理、供应链业务专家、数据分析师、数据开发工程师等8名专业人员组成。为了能够协调各方的资源，项目实施方要求该企业的高层管理者参与到项目中来，该企业确认由分管供应链的副总经理担任项目管理委员会主席，供应链部门的总监担任项目经理，各部门的关键用户和IT技术人员作为项目组成员，共同参与项目的落地实施，并根据项目需求和实施进度进行合理的人员配置和资源调拨。

三、项目调研与访谈

项目调研从该企业的领导层开始，因为高层管理者对企业的战略决策具有重要的影响力，他们的意见和建议对供应链绩效指标的规划和设计具有决定性的作用。

1. 与高层的访谈

在与集团领导的访谈过程中，企业高管会提出公司的战略目标以及对供应链管理的期望和要求，给项目定下基调，为供应链绩效评价指明一个方向。对企业高管调研的另一个目标就是赢得企业领导对项目的支持，因为大多数企业领导的支持仅停留在口头上，缺乏有效的持续性行动支持。项目实施方希望通过对企业高管的访谈，与之建立信任关系，为后续的工作做好铺垫。

2. 与业务部门的访谈

与业务部门的访谈主要是了解业务现状，在项目准备阶段发放的问卷会起到关键性的作用。问卷可以使调研变得更加系统。在访谈阶段，项目实施方可以从行业视角、数据分析视角和管理提升的视角来解读业务部门对自身业务的理解和洞察。

3. 调研记录的整理

对于调研记录，项目实施方应力求做到"当日事当日毕"，在调研当天整

理完访谈记录。这样就不会漏掉任何重要信息和数据，可以真实、准确无误地记录被访谈者的意见和建议，以便于后续分析和总结。

4. 相关业务文件的提供

项目实施方还需要整理归档文件的示例模板，根据在项目准备阶段提出的要求，结合访谈的内容，为该企业业务人员制订文档提交计划，要求该企业将各自部门的统计分析报表、日常向领导汇报的PPT等材料按照双方约定的时间整理给项目实施方。

四、指标分析与数据源探查

在收集完所需的资料以后，项目实施方需要对该企业的指标进行分析，确保这些管理指标与企业的战略目标紧密对齐，选取的KPI能够直接或间接地反映企业战略目标的实现情况和供应链的运行情况。

在选择指标的时候，项目实施方需要确认这些指标是可度量、可比较、可操作的，与业务活动关联性强并可长期持续地衡量和监控供应链的绩效；在对业务指标进行分析时，项目实施方需要确认：分析的对象是谁，要从哪些角度进行分析，目标值是多少，如何进行比较，出现差异时应当反馈给谁。

通过这些分析，项目实施方提供了一份初步梳理的指标清单给业务部门，由业务部门的关键用户来确定指标的名称、定义、计算方法、适用范围等业务属性。同时，项目实施方需要跟IT部门配合，对数据源进行探查，需要分析这些指标来源于在哪个业务系统中，来自一个业务系统还是多个业务系统，具体来源于哪个模块、哪个表、哪些字段，取值有哪些限定条件，如果没有业务系统的数据来源，应当如何处理。

五、蓝图设计与方案评审

蓝图设计就是根据需求分析的结果，确定绩效评价系统的功能和模块划分。详细定义每个指标的输入、输出和处理逻辑，描述功能之间的路径依赖关系、指标与数据之间的路径依赖关系以及数据模型与数据集成之间的路径依赖关系。

在蓝图中还需要设计可视化报表和分析报表的需求和布局，确定需要展示的报表类型和指标。设计报表和分析的界面及交互方式，确保数据更加直观和易于理解，提高用户的友好性和易用性。在设计完成后，邀请甲方人员共同参与方案的评审并达成一致。

六、数据集成与开发

数据集成和开发是数据管理和数据分析的基础工作，它确保数据的准确性、完整性和一致性，为后续的数据分析和业务决策提供可靠的基础。

数据集成的主要工作是：根据蓝图设计阶段确认的内容，从各个数据源中采集和提取数据。这可能涉及不同的数据源，如数据库、文件、API等。数据提取可能需要使用ETL（提取、转换、加载）工具或编写脚本来完成。

数据的转换和清洗是该阶段的重要工作，通过数据格式转换、数据字段映射、数据合并、数据清洗和去重等工作，确保数据的准确性和一致性。随着数据治理体系的成熟和完善，越来越多的企业把数据治理的相关工作也加入数据集成中，从制度、流程和规范上保证数据的质量。

七、模型开发

供应链的模型建立必须站在供应链的业务流程视角，在搭建模型时要强调分析流程活动的效率、质量和成本，识别流程改进机会。通过对业务部门的需求调研，项目实施方确定该企业目前需要进行的数据分析有：订单的需求预测、物料需求分析、产能分析、库存分析、物料齐套性分析、供应商绩效分析等，这就需要项目实施方对分析主题及对应的模型进行设计。对于模型分析，项目实施方采取了三步走的方法。

第一步：明确问题。在需求调研和访谈的基础上，梳理目前在供应链管理中存在的问题，并进行提炼。

第二步：对问题进行量化。若要准确描述问题，就必须对问题进行量化，量化问题就需要抽象出具体的业务指标，思考这些指标要和谁去比较。

第三步：对业务指标进行拆解。拆解可以从目标出发、深入分析指标的构成。既可以按指标的构成来进行拆解，也可以从业务流程进行拆解。拆解以后，就会得到原子指标、衍生指标及其相关的维度。

基于以上步骤完成模型设计，就可以清晰描述指标与指标间的关系、指标与维度间的关系。

八、数据可视化开发

数据可视化开发，即项目实施方采用原型设计法，在真实数据对接之前，先将要呈现的指标、分析方法、展示效果、用户交互等在系统中完成最初版本的设计。

原型设计法能够让关键用户更早地参与系统的设计和开发过程，更早地了解目前的设计是否满足企业的需求。项目实施方和用户之间可以通过原型进行交互，提供反馈和建议，从而确保系统能够满足其实际需求，减少后续开发和修改的工作量和成本，降低项目的风险。原型设计的内容在得到项目组和业务的关键用户确认后，就可以使用BI可视化工具进行数据接入、数据建模和报表开发了。

九、关键用户确认与权限分配

在数字化供应链绩效项目中，权限的管理是非常重要的，项目实施方遵循最小权限原则，即用户只能拥有其工作所需的最小权限，避免过度授权和数据泄露的风险。

在权限分配之前，项目实施方设计了用户的权限矩阵，包括：

（1）角色权限分配。根据用户的角色和职责，将权限分配给不同的角色。

（2）功能权限分配。根据用户需要使用的功能，将功能权限分配给不同的用户或角色，包括是否可以将数据导出、数据修改、报表设计等功能权限分配给相应的用户或角色。

（3）数据权限分配。根据用户需要访问的数据范围，将数据权限分配给不同的用户或角色。项目实施方根据每个用户负责的不同部门、地区、产品、供应商等维度来进行数据权限的划分，确保用户只能访问其负责的数据。

十、系统测试

系统测试分为SIT测试（集成测试）和UAT（用户测试）。

测试内容包括：

（1）数据源测试。对数据源进行测试，包括验证数据源的连接和访问权限是否正常，数据源是否能够按需提供数据，数据源的数据质量是否满足需求等。

（2）数据一致性测试。对数据在不同系统和环境中的一致性进行测试，确保数据在各个环节中保持一致。测试可以通过对比不同系统或环境中的数据进行校验，发现和解决数据不一致的问题。

（3）数据质量测试。对数据质量进行测试，包括验证数据的准确性、完整性、一致性、唯一性、有效性等。测试可以通过对数据进行统计分析、对比校验、逻辑校验等方式进行。

（4）数据可用性和性能测试。对数据的可用性和性能进行测试，包括验证数据的查询和访问速度是否满足需求，数据的容量和并发性能是否正常等。

（5）数据安全和隐私测试。对数据的安全性和隐私性进行测试，确保数据在传输和存储过程中的安全和保密。测试可以包括对数据传输通道的加密、访问权限的控制、数据脱敏和匿名化等。

通过对数据的全面测试，可以提高数据的质量和可靠性，确保供应链系统的准确性和可信度。

标杆企业对标、归因分析和管理改善

供应链绩效评价系统的开发上线，只是完成了整个数字化供应链绩效评价系统的第一步，接下来更重要的就是进行供应链绩效指标的对标管理。

供应链指标的对标管理是将企业的供应链指标与行业内或同类企业的指标进行比较和对标，以评估企业的绩效水平，并找到改进的机会和方向。对标管理可以帮助企业评估自身在供应链绩效方面的水平，了解与行业内其他企业或同类企业相比的优势和劣势。通过与优秀企业的比较，可以发现自身的不足之处以及可以改进的空间，并找到提升绩效的方向，从而制订相应的改进措施和策略。

但是在对供应链进行改进之前，先要进行归因分析，通过对比不同供应链环节、不同供应商、不同地区等的绩效差距，找出影响绩效差距的主要因素，再对比行业内的优秀企业在供应链管理方面采取的方案和实践活动，分析是在哪些地方与他们有差距，他们有哪些优秀的经验可以借鉴。通过与行业内领先企业的比较，企业可以学习领先者的成功经验和最佳实践，借鉴其成功的策略和方法，从而提升企业的供应链绩效和竞争力。

前文中实施数字化供应链绩效评价项目的案例企业，曾经是该行业的领头羊，毛利率在5年前大约是27%，市场占有率也达到市场第一，但是短短5年，该企业的市场份额就掉到第三的位置，毛利率下降的同时，其现金流也越来越紧张。

项目咨询团队的行业专家分析了当期年度该企业发布的财务报表关键指标，如表6.1和表6.2所示。

表 6.1　某企业关键财务指标

年份	第一年	第二年	第三年	第四年	第五年
毛利率 /%	27	28	15	15	14
总资产周转率	1.18	0.65	0.65	0.69	0.62

研究分析发现：近5年来，该企业毛利率下降的同时，其总资产周转率也逐年下降。

表 6.2 某企业关键营运指标

年份	第一年	第二年	第三年	第四年	第五年
应收账款周转率 /（次 / 年）	5.96	6.16	4.34	3.54	3.22
存货周转率 /（次 / 年）	3.66	1.49	1.4	1.63	1.52
流动资产周转率 /（次 / 年）	1.32	0.75	0.81	0.85	0.78
应收账款占总资产比率 /%	1	6	11	13	14
存货占总资产比率 /%	24	41	40	39	42

项目咨询团队的行业专家进一步分析该企业最重要的几个营运指标数据的情况：应收账款、存货和流动资产的周转率都在降低。与此同时，它的竞争对手 A 企业却一举占据了市场第一的份额，项目咨询团队的行业专家们对竞争对手 A 企业的营运指标进行了比较，如表 6.3 所示。

表 6.3 竞争对手 A 企业关键营运指标

年份	第一年	第二年	第三年	第四年	第五年
应收账款周转率 /（次 / 年）	3.22	9.95	3.74	3.63	3.51
存货周转率 /（次 / 年）	1.52	3.27	3.59	3.87	4.75
流动资产周转率 /（次 / 年）	1.53	1.15	0.92	0.95	0.78
应收账款占总资产比率 /%	14	10	8	12	14
存货占总资产比率 /%	38	41	21	22	19

项目咨询团队的专家们通过比较发现，这两家企业的几项指标十分接近，但在存货周转率这个指标上，竞争对手 A 企业已经远远地把该案例企业抛到了后面。

作为高科技公司，案例企业生产的电子类产品，生命周期很短，产品迭代快，存货周转率太低的话，不仅容易造成资金占用，而且产成品很容易因技术过时而沦为呆滞品，因此，存货周转率对于高科技行业的电子产品企业来说尤为重要。

项目咨询团队的专家们发现该公司的绩效指标有如下发展态势：

（1）毛利率逐年下降，存货周转率也逐年下降，市场占有率逐年下降；

（2）产品退返率逐年上升，应收账款的周转率逐年下降；

（3）竞争对手的市场份额增大，但毛利率也在下降。

通过项目咨询团队提供的分析报告，该企业对自身的经营状况进行了深刻的反思和总结，认为造成当前困境的主要原因是：

（1）未能及时开拓线上销售渠道，被竞争对手抢占了先机，导致产品销售不畅，进而导致库存积压。

（2）由于前两年市场前景好，在增加产能的情况下，没有及时把控产品质量，导致退货或返修，进而导致库存积压。

（3）技术创新不足，电子产品的创新除了来源于自己的创新外，还有来自供应商的技术创新。过于稳定的供应商管理体系，导致整个供应链的竞争和创新不足。

在意识到存在的问题后，该企业及时进行了调整：

（1）积极拓展线上销售渠道，加强与京东、1号店等垂直电商平台的合作，同时加大市场推广力度，对滞销产品进行大幅促销，以帮助提高产品销售数量，增加库存周转率。

（2）进行MES系统的建设，加强对物联网技术的应用，对有质量问题的产品进行溯源，找到具体的车间、产线、对应料号和供应商。

（3）建立供应商绩效管理体系，对供应商进行360度绩效管理，并积极推进新材料、新技术供应商的寻源管理。

通过上述举措，案例企业优化了供应链管理，退货率从8%降低到了3.9%，库存周转率从1.52提升到了3.48，虽然与竞争对手相比仍有差距，但已大大提高了产品质量，降低了库存资金的占用，加快了公司从生产到销售的周期，增强了企业在市场上的竞争力，改善了自身的困境。而后，该企业从危机中崛起，在一定程度上实现了可持续发展。

第2节 案例分享：可视化助力数字化智能生产

高管决策层的指标体系和可视化看板

某石化企业是一家集石油加工、石油化工、煤化工、天然气化工、盐化工为一体，配套齐全的大型炼油、化工、化纤联合企业。该企业主要生产汽油、航煤、柴油、沥青、聚乙烯、聚丙烯、聚氯乙烯、合成橡胶、合成纤维、丙烯腈、丁辛醇、烧碱、苯类等牌号的120多种石油化工产品，累计加工原油3亿多吨，生产乙烯2000万吨，完成工业总产值15000亿元。

该企业化工板块涉及的高管决策层指标体系包括销售、财务、生产运营、供应链、设备、人力、党建、审计、风控等13个主题域，项目实施方与该企业管理团队共梳理了2700个指标，为决策层、管理层、执行层提供了13个可视化看板和相关的分析报告。

一、数字化指标体系为该石化企业带来的实际价值

对于决策层来说，企业的领导者应该将管理聚焦在管理短板和薄弱环节，重点突破，持续提升专业管理水平。因此在充分调研、内部认证和专家指导后，该企业在建立指标体系时聚焦于生产经营指标、财务指标和节能降耗指标。

围绕生产经营指标，深化信息化应用。该企业积极推进数字化、智能化转型升级，组织构建安全生产报警分级管理体系，对安全环保、工艺质量等

关键指标实现全覆盖监控。2022年，公司装置报警数量同比下降。同时，开发市场价格走势与物料库存、产品边际贡献关联模型，为生产经营分析决策提供数据支撑，吨乙烯原料成本排名同比提升。

围绕财务指标，强化价值引领。该石化公司持续开展全员成本目标管理，试点开展战略成本分析，按重点业务场景建立全价值链成本动因分析；运用保函新模式，达到"一地备案、八地通用"的新效果，降低原油通关资金成本；优化存贷结构，增加利息收入。

围绕节能降耗指标，强化推进绿色低碳。该企业积极落实"双碳"行动方案，抓实碳盘查、碳配额管理，完成全流程碳足迹核算，在炼化企业中率先发布柴油产品碳标签；推动加热炉改造，炉热效率同比提升0.19个百分点；组织开展"能效倍增"节能行动，实施电机能效提升等改造，2022年综合能源消费量同比下降1.59%，燃动能耗同比下降4.54%，碳排放量同比下降2.69%。

二、面向决策层的指标体系

该石化企业面向决策层的指标体系示例，如表6.4所示。

表6.4 面向决策层的指标体系

业务主题	指标名称	指标释义	计算公式/逻辑	数据责任部门
财务	ROCE[a]	已动用资本回报率，用来衡量企业运用资本的能力	当期息税前利润÷当期平均已动用资本	财务部
财务	销售收入	通过产品销售或提供劳务所获得的货币收入	直接获取	财务部
财务	利润总额	通过经营活动为企业带来的收益	营业利润+营业外收入-营业外支出	财务部
财务	占用资本	为企业经营者投入且与业务相关的允许计提投资回报的资产	营运资本+固定资产净值	财务部
财务	利息	货币在一定时期内的使用成本，包括存款利息、贷款利息和各种债券发生的利息	直接获取	财务部
财务	EBIT[a]	息税前利润，指支付利息和所得税之前的利润	净利润+所得税+利息	财务部

---

a ROCE，即return on capital employed的缩写，意思是已动用资本回报率。

续 表

业务主题	指标名称	指标释义	计算公式/逻辑	数据责任部门
财务	营运资本	企业在经营中可供运用、周转的流动资金净额	流动资产 – 流动负债	财务部
财务	固定资产净值	固定资产原始价值减去已提折旧后的净额	固定资产原值 – 累计折旧	财务部
财务	新增投资总额	为提高企业生产能力，为产业升级进行固定资产投资的资金总量	直接取值	财务部
运营	乙烯产量	乙烯是石油化工最基本的原料之一，其产量是衡量一个企业石油化工水平的重要标志	直接取值	计划经营部
运营	主要化工产品产量	国家化工企业产品统计目录中包括的24种化工产品的产量	直接取值	计划经营部
运营	主要化工产品产销率	本年累计已销售出去的主要化工产品数量与本年累计生产的主要化工产品数量的比率	主要化工产品销售量/主要化工产品生产量	计划经营部
运营	主要化工产品市场份额	本企业生产的主要化工产品占全国市场的份额	本企业主要化工产品销售量/全国主要化工产品的产量	计划经营部
运营	装置运营时间	自本次投入运行至停工大修之间的累计运行时间	当前日期（停工大修日期）– 投入运行日期	计划经营部
运营	设备利用率	设备实际使用时间除以设备总可用时间，是反映生产设备在数量、时间、能力等方面利用程度的指标	设备实际使用时间/设备总可用时间	计划经营部
运营	工艺维护成本	直接与工艺过程有关的各种费用的总和	原材料费用 + 燃料费用 + 动力费用 + 工具、治具消耗	计划经营部
运营	大修成本	为恢复固定资产性能，更换核心部件，进行全面维修使用的成本	直接获取	计划经营部
运营	维修成本	为保证装置的正常运转和使用的成本	直接获取	计划经营部
运营	主要原料库存量	国家化工企业产品统计目录中包括的主要原料的库存量	直接获取	计划经营部
运营	主要化工成品库存量	国家化工企业产品统计目录中包括的主要化工产品的成品库存量	直接获取	计划经营部
运营	主要半成品库存量	国家化工企业产品统计目录中包括的与主要化工产品相关的半成品的库存量	直接获取	计划经营部

---

a EBIT，即 earnings before interest and tax 的缩写，意思是息税前利润。

续 表

业务主题	指标名称	指标释义	计算公式/逻辑	数据责任部门
成长	用工总数	企业在一定期间实际使用的劳动力总数	直接获取	人力资源部
成长	减员总数	出于各种原因造成的固定职工人数减少的数量	直接获取	人力资源部
成长	专业技术人员占比	专业技术人员占总员工数的比例	专业技术人数/总人数	人力资源部
成长	全日制本科以上技术人员比例	全日制本科以上人数占专业技术人数的比例	全日制本科以上技术人员/专业技术人员	人力资源部
成长	员工满意度	企业全体员工的总体满意程度	直接获取	人力资源部
成长	员工流动率	在统计期间离职员工占总人数的比例	员工离职数/(期初员工数+本期增加员工数)	人力资源部
成长	员工培训时长	对员工进行专业技能和岗位职责培训的时长	直接获取	人力资源部
客户	客户满意度	产品或服务对客户需求的实现程度	直接获取	客户服务部
客户	产品质量	产品满足规定需求和潜在需求所具备的功能、性能指标和技术特性	直接获取	客户服务部
客户	客户投诉指标	客户对产品或服务不满意产生投诉的数量	直接获取	客户服务部
客户	及时递送指标	对客户投诉实际处理数量占投诉总数量的比率	投诉客户数/总客户数	客户服务部
客户	客户增长数量	在统计期间新客户的增加数量	本期客户数-上期客户数	客户服务部

三、该石化企业可视化看板示例

该石化企业的管理驾驶舱提供了一个综合视图，如图6.1和图6.2所示。该系统将企业的经营、财务、人力和流程数据整合在一起，通过实时数据更新，提供最新的业务数据和指标，帮助企业的领导层全面了解企业的运营状况；并通过监控预警，设置关键绩效指标的阈值和预警机制，当指标超出设定范围时，系统会自动发出警报，帮助管理者及时发现问题并采取相应的措施。

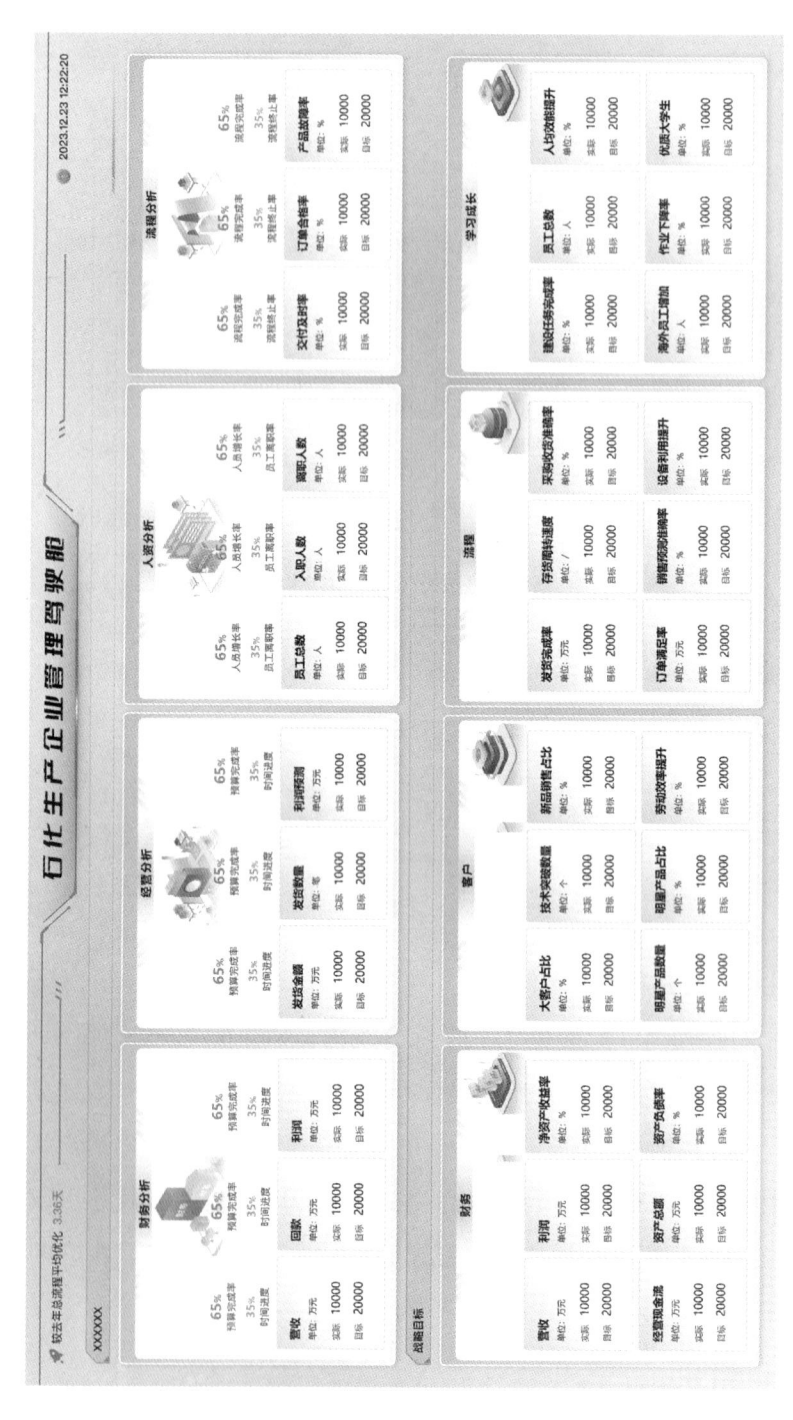

图 6.1 面向决策层的管理可视化看板

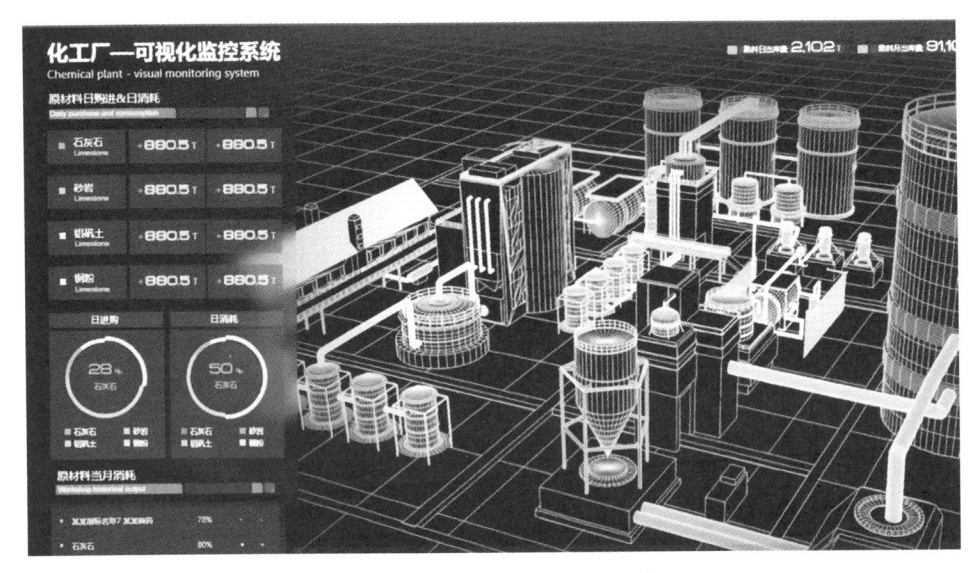

图 6.2　面向生产装置的可视化看板

供应链运营层面的指标体系和可视化

某智能科技公司是国内领先的智联网硬件产品及解决方案提供商、国家高新技术企业、国家专精特新"小巨人"企业。公司以"成就客户，创造更智能未来"为使命，致力于为产业数智化发展提供强大的硬件底座，全面推动智联网场景化应用。公司构建了基于多场景的产品定义，多形态的产品研发，柔性制造与供应链，数智化、信息化管理体系等核心能力。

该企业基于自主研发和新技术[①]的应用，不断优化产品结构，完善产品方案。产品覆盖行业终端（如 OPS、云桌面、PC 等）、ICT 基础设施（如交换机、服务器等）和工业物联网（如工控主板、整机、工业平板等）三大业务板块。产品及方案广泛应用于智慧教育、智慧办公、智慧医疗、智慧交通、智慧物流、工业自动化、机器人、边缘计算、网络安全和数据中心等行业领域。

---

① OPS（Open Pluggable Specification）是一种计算模块插件格式，可用于为平板显示器增加计算能力。

一、某智能科技公司的供应链管理特点

该企业打造了电子制造业的极速供应链，它的供应链管理具有以下特点。

（1）数据驱动。该企业的供应链管理以数据为基础，采集、分析和应用大量的供应链数据。通过数据分析和智能算法，可以实时监测和预测供应链环节中的各种数据，包括库存水平、交货周期、需求预测等，从而提高运营效率、优化供应链决策。

（2）协同与可见性。该企业的供应链管理实现了供应链各环节的协同和可见性。通过供应链管理系统和BI可视化平台，不同环节的参与者可以实时共享和查看供应链信息，包括供应商、制造商、物流公司、分销商等，减少信息延迟和误差，提高协同效率和响应速度。

（3）预测和优化。该企业的供应链管理利用数据分析和智能算法，可以进行供应链的预测和优化。通过对历史数据、市场趋势和需求预测的分析，可以进行供需平衡的优化，并采取相应的措施，包括库存管理、生产调度、运输计划等，实现最小化成本、最大化效率。

（4）弹性和灵活性。该企业的供应链管理注重供应链的弹性和灵活性。在面对市场需求变化、供应链中断或风险事件时，可以通过智能动态调整和优化供应链策略，实现快速响应和灵活调配资源。

（5）创新和持续改进。该企业的供应链管理鼓励创新和持续改进。通过引入新技术和新方法，如物联网、人工智能、区块链等，不断改进供应链管理的效率、可靠性和可持续性。

二、该智能科技企业的供应链指标

该企业的供应链部门根据自己的管理特点，从库存、计划、风险呆滞、交付、成本、品质、BOM管理等7个业务主题构建了供应链指标体系，如表6.5所示。

表6.5 面向供应链的指标体系业务属性

业务主题	指标名称	指标释义	计算公式/逻辑	数据责任部门
库存	库存周转率	库存周转率是在某一时间段内库存货物周转的次数，反映库存周转快慢程度	销售额×(1-价差率)/[(期初库存金额+期末库存金额)/2]	仓储物流部
	库存金额	账面上记录的库存商品余额	货品单价 × 货品数量	仓储物流部
计划	订单交付达成率	变动数量与计划数量的比率	实际交付订单数量/计划交付订单数量	PMC（物控部）
	主计划变动率	变动数量与计划数量的比率	（提前七天计划排产数量+延后七天排产数量）/两周内排产数量	PMC
	预测订单准确率	评估预测结果与实际订单之间的一致程度，用于衡量预测结果的可靠性	1-abs（工单数量-预测数量）/预测数量 × 100%	PMC
	整机备料覆盖率	预测备料与来单的比率	预测扣减总数量/来单总数量 × 100%	PMC
	下单及时率	请购下单及时情况	延期导致排程调整次数（停线工时统计）	PMC
风险呆滞	呆滞物料报废率	物料报废金额与销售额的比率	报废金额/销售额	PMC
	风险呆滞金额	风险呆滞情况	风险物料数量 × 单价	PMC
交付	供应商交付及时率	供应商准时交货的比例	AVG（当周要货准时交货的总数量/当周要货的总数量）	采购部
	供应商首次达交满足率	每周要货发布后，供应商首次上传系统的交期是否满足占比情况	月度每周首次解决项次总和/月度每周首次项次总和	采购部
	风险解决率	已解决物料风险占比总风险的项次	已解决物料风险项次/总物料风险项次 × 100%（计划外需求风险项除外）	采购部
	L/T缩减率	各种品牌材料L/T的变化走向	系统新的基础L/T ÷ 系统旧的基础L/T	采购部

续 表

业务主题	指标名称	指标释义	计算公式/逻辑	数据责任部门
成本	累计降价率	当月入库物料的单价，与年初基准价对比，在相同数量下，金额变动对比情况	当月降价金额/（当月降价金额+当月总入库金额）	采购部
成本	平均降价率	当年入库物料的单价，与年初基准价对比，在相同数量下，金额变动对比情况	当年总降价金额/（当年的降价金额+当年总入库金额）	采购部
成本	累计降价金额	当月入库物料的单价，与年初基准价对比，在相同数量下，金额变动累计数据	（基准价–入库单价）×入库数量	采购部
品质	供应商年审完成率	当年年度稽核完成情况统计	实际年审数量/计划年审总数	采购部
品质	供应商绩效考核	SQE、采购、器件、供管、模具、包装、结构提供考核分数	按供应商绩效考核评估细则计算	采购部
BOM管理	BOM综合独供率	综合独供率=BOM中电子料独供数/BOM中所有主料数	综合独供率=BOM中电子料独供数/BOM中所有主料数 BOM独供率=单个BOM中电子料独供数/单个BOM中所有主料数	研发部
BOM管理	优选率	BOM中物料项次展开，统计×××的数量/所有BOM应用某类物料项次的数量	优选物料（A，B）/所在BOM的所有项次（查找编号）	研发部
BOM管理	国产化率	BOM中物料项次展开，统计×××的数量/所有BOM应用某类物料项次的数量	BOM中物料项次展开，统计×××的数量/所有BOM应用某类物料项次的数量 国产物料（A，B）/所在BOM的所有项次（查找编号）	研发部
BOM管理	BOM独供率	BOM中物料项次展开，统计单个或所有BOM独供物料的数量/单个BOM应用所有主替物料项次总量	BOM独供率=单个BOM中电子料独供数/单个BOM中所有主替料项次总量；（剔除3开头的物料）	研发部

上述的指标名称、定义、计算方法、统计口径由供应链部门主导，而指标对应的数据来源、频率、分析维度、指标管理部门、指标管理人员等由IT部门进行主导，其技术属性如表6.6所示。

表6.6　面向供应链的指标体系技术属性

业务主题	指标名称	分析维度	数据来源	频率	管理部门	管理人员
库存	库存周转率	按时间（年/季/月）、按物料	SAP	月/季/年	平台计划部	×××
库存	库存金额	按时间（年/季/月）、按工厂、按物料类别、按库龄、按客户	SAP	实时	平台计划部	×××
计划	订单交付达成率	按客户、按工厂、按时间（年/月/周）	SAP	每月	平台计划部	×××
计划	主计划变动率	按工厂、按时间（年/月/周）	APS	每周	平台计划部	×××
计划	预测订单准确率	按工厂、按时间（年/月/周）	APS	每周	平台计划部	×××
计划	整机备料覆盖率	按工厂、按时间（年/月）	SAP	每月	平台计划部	×××
计划	下单及时率	按工厂	手工线下统计	每周	平台计划部	×××
风险呆滞	呆滞物料报废率	按产品线	手工线下统计	每周	平台计划部	×××
风险呆滞	风险呆滞金额	按产品线	手工线下统计	每周	平台计划部	×××
交付	供应商交付及时率	按供应商、按时间（年/月）	SAP	每月	采购部	×××
交付	供应商首次达交满足率	按供应商、按时间（年/周/月）	SAP	每周	采购部	×××
交付	风险解决率	按供应商、按时间（年/周/月）	SAP	每周	采购部	×××
交付	L/T缩减率	按时间（年/季）	SAP	季度	采购部	×××
成本	累计降价率	按品类	SAP	每天	供应商管理部	×××
成本	平均降价率	按品类	SAP	每天	供应商管理部	×××
成本	累计降价金额					
品质	供应商年审完成率	按供应商、按品类	SAP	每天	供应商管理部	×××
品质	供应商绩效考核	质量、交期、成本、服务配合	SRM	每月	供应商管理部	×××

续 表

业务主题	指标名称	分析维度	数据来源	频率	管理部门	管理人员
BOM 管理	BOM 综合独供率	区域、物料大类、物料小类、时间维度（年/月/周）	SAP，其他人工标准表、器件分类表	每天	器件工程部	×××
	优选率	区域、物料大类、物料小类、时间维度（年/月/周）	TGM	每周	器件工程部	×××
	国产化率	区域、物料大类、物料小类、时间维度（年/月/周）	TGM	每周	器件工程部	×××
	BOM 独供率	区域、物料大类、物料小类、时间维度（年/月/周）	TGM，SAP，其他人工标准表、器件分类表	每天	器件工程部	×××

三、该智能科技企业的供应链可视化看板

1.采购流程可视化看板

采购流程可视化看板主要分析供应链采购环节的流程效率，通过可视化看板，可以清晰地展示采购流程中每个环节的耗时情况，识别出从需求计划到供应商寻源，再到采购订单、收货入库等全流程，分析造成时间延误或瓶颈的环节，进而优化流程，提高效率。通过该看板，还可以从不同的采购方式、采购批次来分析供应链的整体效率和运作水平，最大限度地优化供应链效率。如图 6.3 所示。

2.供应链运行情况看板

供应链运行情况看板主要分析目前未交付订单、逾期采购订单的数量和逾期天数，识别供应链管理中存在的风险，通过订单的履行周期和库存周转天数，分析企业的库存周转速度，及时采取措施减少库存积压，提高资金周转率，优化供应链运作效率。供应链运行情况看板还分析了在订单制、库存制和计划制下不同的物料满足率及响应周期，进一步为供应链决策提供了分析依据。如图 6.4 所示。

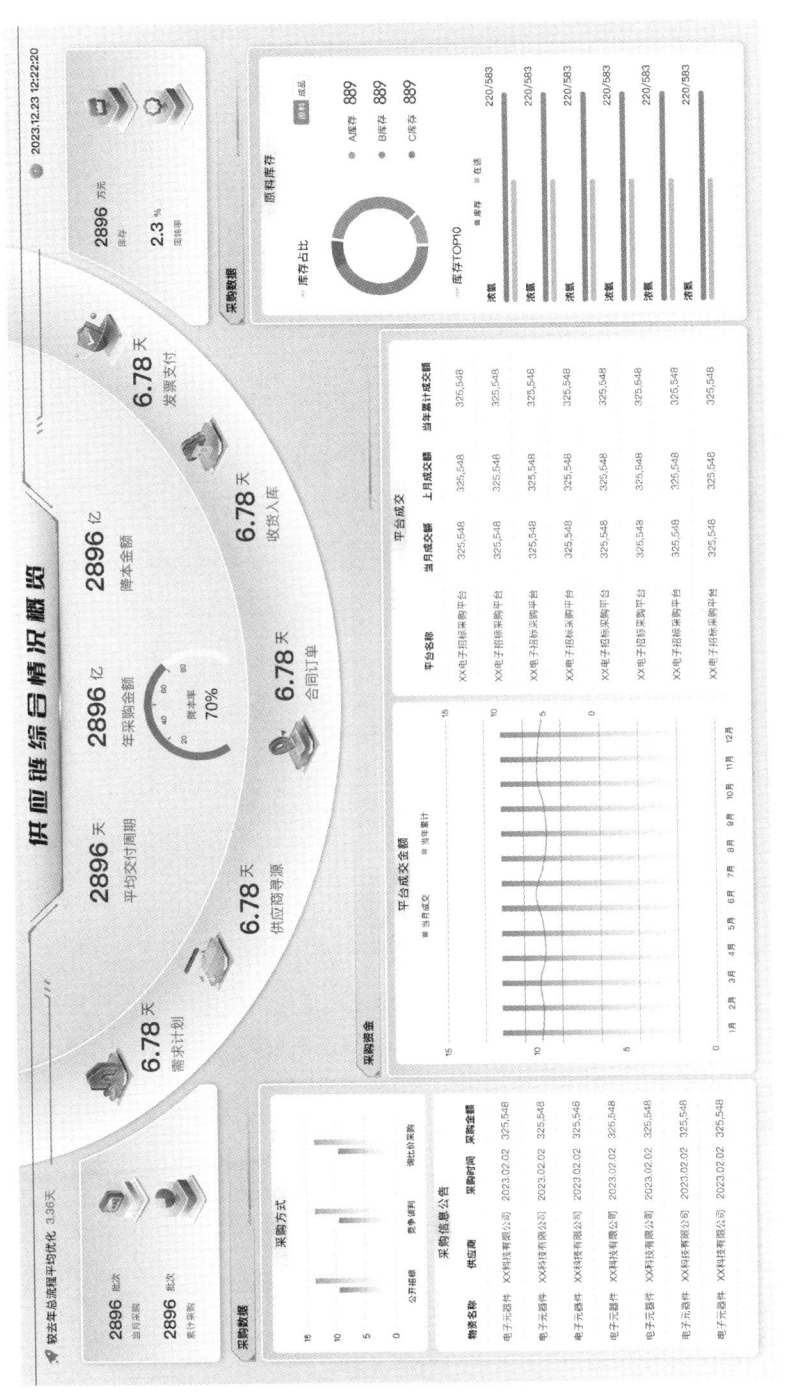

第 6 章 | 数字化供应链绩效评价体系的最佳实践

图 6.3 采购流程可视化看板

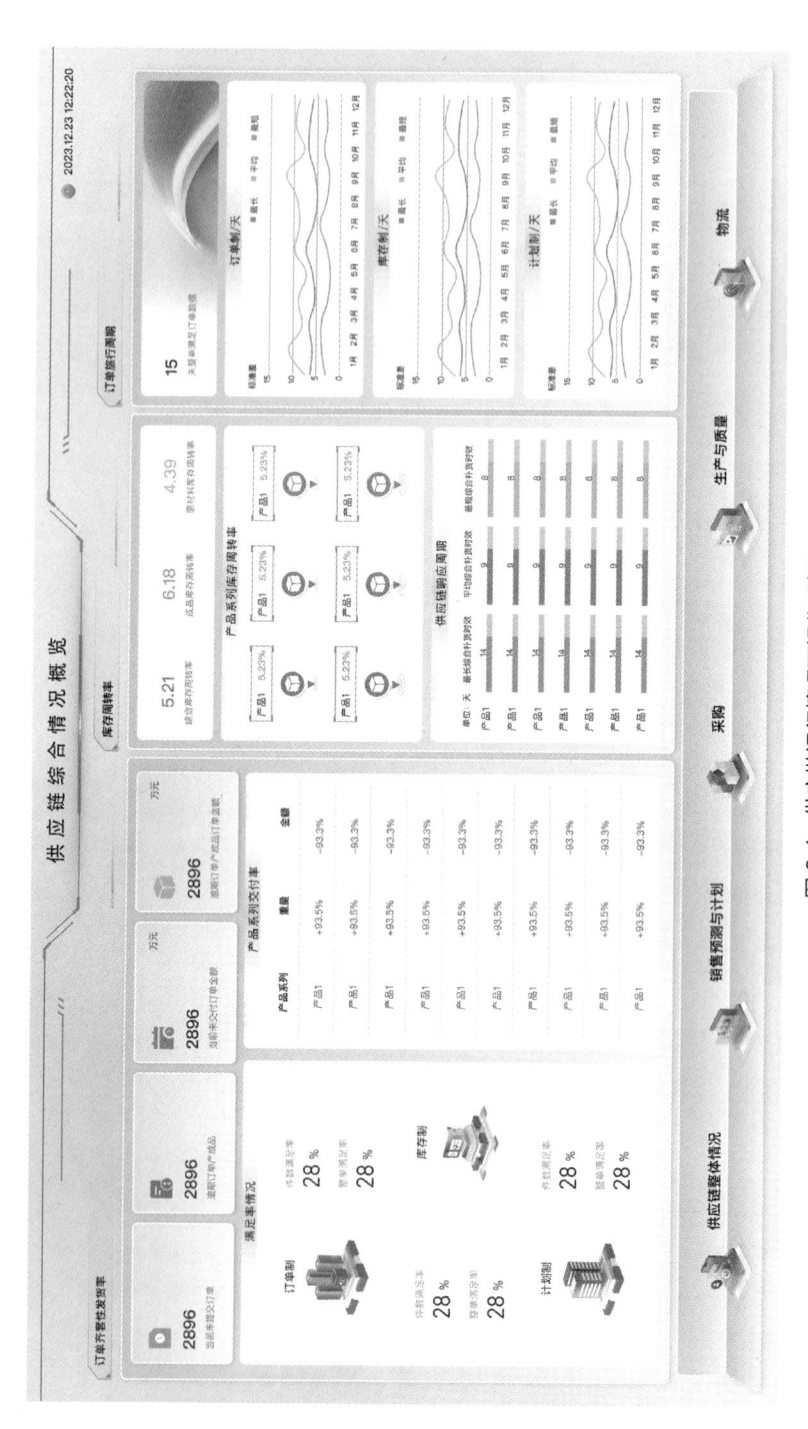

图 6.4 供应链运行情况可视化看板

3.库存可视化分析看板

库存的可视化分析看板主要是分析目前有哪些不同的物料库存、分布在哪些地点、目前的销售和采购情况以及对应的出入库情况，还可以分析目前物料品类库存的前五以及目前的库存分布和库龄情况等。如图6.5所示。

该企业通过智能供应链项目的实施，综合考虑供应链的整体要求、需求预测、库存优化、采购计划和供应商合作等因素，可以协调采购与库存之间的平衡，从而缩短供应链的交付周期、降低成本，并确保组织的持续运营，有效帮助企业提升供应链的效率、灵活性和竞争力。

通过本章提供的方法论和案例介绍，我们可以发现数字化供应链绩效评价是一个系统性工程，它需要考虑和分析供应链各个环节的绩效，综合评估整个供应链的表现。它既需要对多个绩效指标进行综合考量，分析指标之间的相互影响，也需要获取和整合各个环节的数据和信息，以支持绩效评估的分析和决策，从而最终发现供应链中的问题和改进机会，并提供决策依据。

未来数字化供应链的发展将会更加结合物联网和传感技术的应用，借助先进的技术手段，如大数据、机器学习、AI大模型等，在绿色可持续供应链的推动下，加快实现供应链管理的精细化、科学化、智能化和可持续性发展。

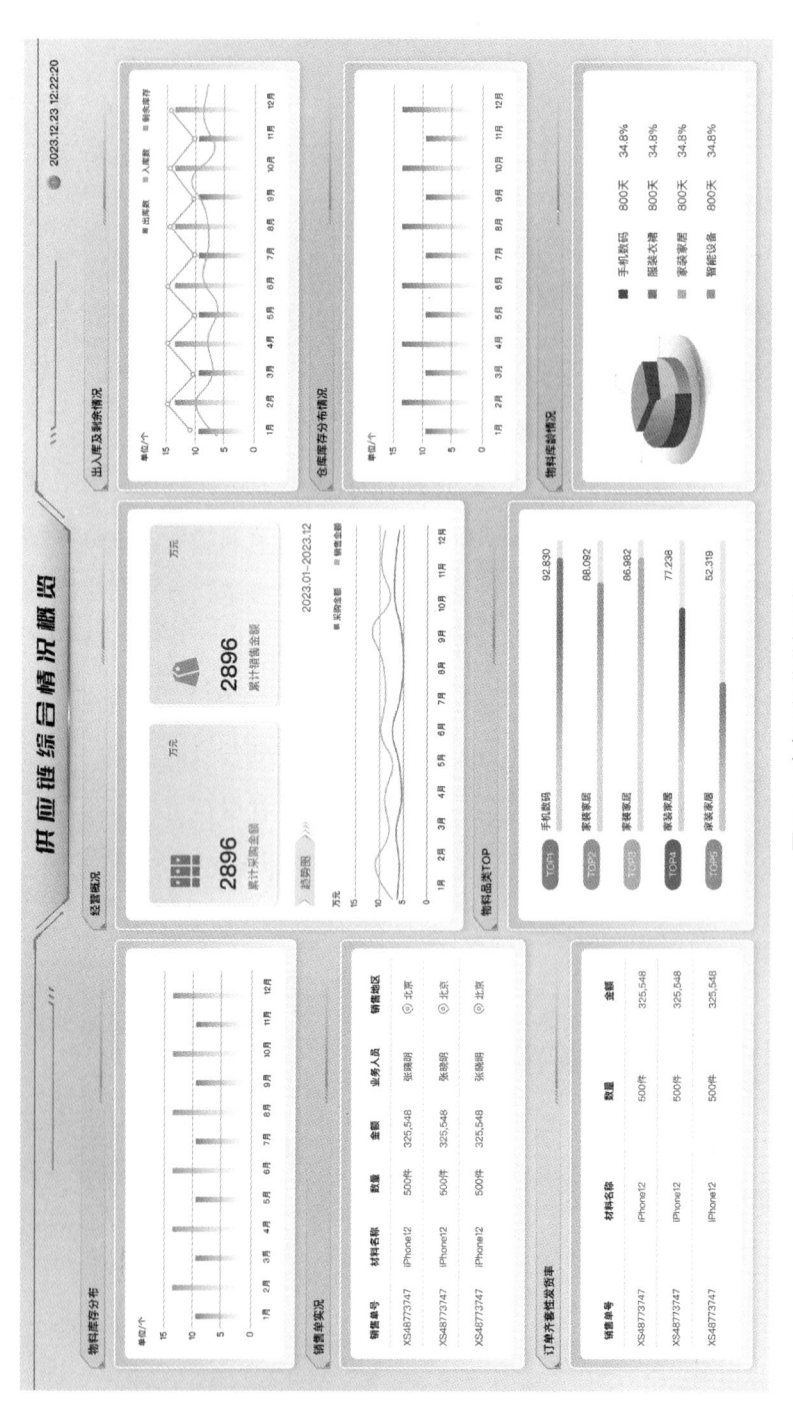

图 6.5 库存可视化分析看板

致　谢

这本关于数字化供应链绩效评价的书酝酿已久，迟迟未能落笔，写深了怕失去读者，成为象牙塔的研究之作，写浅了又怕无法体现供应链绩效评价的价值和意义。在思考良久之后，我逐渐将思绪聚焦，最终整理成书。感谢读者对我的长期支持，感谢一直鼓励我的朋友们。

尤其要感谢我的导师葡萄牙里斯本大学学院卡多索·格瑞乐·特蕾莎（Cardoso Grilo Teresa）教授和中国电子科技大学经济与管理学院陈旭教授，还要感谢电子科技大学经济与管理学院潘景铭教授，东南大学赵林度教授，南开大学陈萍老师，成都信息工程大学张利华老师。

我也非常感谢我做实证研究时来自业界、学界以及利益相关方的23位专家团队给我的大力支持，包括吕建中博士、翁卫兵博士、邓恒进博士、罗忠诚博士、印少荣博士，陈凯博士、雷丕贵博士、郑国辉博士、李葰桦博士、赵红梅博士，以及付水、金宇、李雅丽、林波、林真福、王建贺、汪红星、徐梁、杨本立、曾云龙、张泉、张松、朱瑾（按姓氏首字母排序）。

感谢所有与我们合作的客户，感谢陈聪老师带领的数字化供应链项目实施团队，是你们的最佳实践为本书提供了丰富的素材和案例。

也感谢蓝狮子文化创意股份有限公司和浙江大学出版社。与浙江大学出版社再次合作，离不开聪明可爱的编辑小姐姐们的参与和付出。

感谢所有曾对本书提出意见和给予过帮助的人，希望能够真正帮到从事数字化和智能化供应链的同行们！

参考文献

[1] Acquaye A, Feng K, Oppon E, et al. Measuring the environmental sustainability performance of global supply chains: A multi-regional input-output analysis for carbon, sulphur oxide and water footprints[J]. Journal of environmental management, 2017, 187: 571-585.

[2] Ahi P, Searcy C. An analysis of metrics used to measure performance in green and sustainable supply chains[J]. Journal of Cleaner Production, 2015, 86: 360-377.

[3] De Almeida Santos D, Luiz Gonçalves Quelhas O, Francisco Simões Gomes C, et al. Proposal for a maturity model in sustainability in the supply chain[J]. Sustainability, 2020, 12(22): 9655.

[4] Douglas S. Thomas applied economics office engineering laboratory. Annual report on U.S. manufacturing industry statistics[R/OL]. (2022-10-18) [2023-11-15].https://nvlpubs.nist.gov/nistpubs/ams/NIST.AMS.100-49.pdf

[5] European Committee for Standardization. Environmental management-life cycle assessment-principles and framework[S/OL]. (2006-07-31) [2023-12-31]. https://www.cscses.com/uploads/2016328/20160328110518251825.pdf.

[6] Flores-Sigüenza P, Marmolejo-Saucedo J A, Niembro-Garcia J, et al. A systematic literature review of quantitative models for sustainable supply chain management[J]. Mathematical Biosciences and Engineering, 2021, 18(3): 2206-2229.

[7] Graça P, Camarinha-Matos L M. Performance indicators for collaborative business ecosystems—Literature review and trends[J]. Technological Forecasting and Social Change, 2017, 116: 237-255.

[8] Gartner. How to improve supply chain effectiveness through supply chain benchmarking[EB/OL]. (2021-09-30) [2023-10-30]. https://www.gartner.com/en/supply-chain/trends/supply-chain-effectiveness.

[9] Gartner. Gartner Announces Rankings of the 2023 Global Supply Chain Top 25[EB/OL]. (2023-05-24) [2023-12-01]. https://www.gartner.com/en/newsroom/press-releases/2023-05-24-gartner-announces-rankings-of-the-2023-global-supply-chain-top-25.

[10] GRI. Our mission and history[EB/OL]. (2022-10-01)[2023-11-01]https://www.globalreporting.org/about-gri/mission-history/.

[11] Hassini E, Surti C, Searcy C. A literature review and a case study of sustainable supply chains with a focus on metrics[J]. International Journal of Production Economics, 2012, 140(1): 69-82.

[12] ISO. ISO 26000:2010(en) guidance on soical responsibility.[S/OL] (2010-11-01).https://www.iso.org/obp/ui/#iso:std:iso:26000:ed-1:v1:en.

[13] Mirela-Oana P. Performance Evaluation: Literature review and time evoluiion[J]. Annals of Faculty of Economics, University of Oradea, Faculty of Economics, 2012, 1(1): 753-758.

[14] Millar M. Global supply chain ecosystems: Strategies for competitive advantage in a complex, connected world[M]. Kogan Page Publishers, 2015.

[15] Neri A, Cagno E, Lepri M, et al. A triple bottom line balanced set of key performance indicators to measure the sustainability performance of industrial supply chains[J]. Sustainable Production and Consumption, 2021, 26: 648-691.

[16] Rosado J O, Relvas S. Integral supply chain performance management

system design and implementation[C]//2015 International Conference on Industrial Engineering and Systems Management (IESM). IEEE, 2015: 788-802.

[17] Saeed M A, Kersten W. Supply chain sustainability performance indicators: A content analysis based on published standards and guidelines[J]. Logistics Research, 2017, 10(1): Art.-Nr. 12.

[18] Taticchi P, Garengo P, Nudurupati S S, et al. A review of decision-support tools and performance measurement and sustainable supply chain management[J]. International Journal of Production Research, 2015, 53(21): 6473-6494.

[19] ASCM. 2023年十大供应链趋势[EB/OL].（2023-01-30）[2023-4-17]. https://www.ascm.org/making-an-impact/research/top-supply-chain-trends-in-2023/.

[20] 埃森哲.重塑增长 2023埃森哲中国企业数字化转型指数[R/OL].(2023-09-13)[2023-12-02].https://www.accenture.com/content/dam/accenture/final/accenture-com/document-2/Reinvent-for-Growth-Accenture-China-Digital-Transformation-Index-2023-CN.pdf#zoom=50.

[21] GrowingIO. 指标体系与数据采集[EB/OL]. (2020-06-03) [2023-12-01]. https://www.growingio.com/ebook/38.

[22] 国家市场监督管理总局，国家标准化管理委员会.中华人民共和国国家标准GB/T 23050—2022：信息化和工业化融合管理体系 供应链数字化管理指南[S]. 北京：中国标准出版社, 2022.

[23] 国家市场监督管理总局，国家标准化管理委员会.中华人民共和国国家标准GB/T 39257—2020：绿色制造 制造企业绿色供应链管理评价规范[S]. 北京：中国标准出版社，2020.

[24] 广东省绿色供应链协会. 绿色供应链管理评价导则——绿色供应链指数: T/GDGSCA 001—2019[S]. 广州：广东省绿色供应链协会, 2019.

[25] 国家市场监督管理总局，国家标准化管理委员会. 中华人民共和国国家标准 GB/T 23050-2022：信息化和工业化融合管理体系　供应链数字化管理指南 [S]. 北京：中国标准出版社, 2022.

[26] 联合国贸易和发展会议. 关于实体报告为实现可持续发展目标所作贡献的核心指标指南[R/OL]. https://unctad.org/system/files/official-document/diae2019d1_ch.pdf, 2019.

[27] 林文凤. S公司的绿色供应商评价与选择研究[D]. 厦门：厦门大学, 2018.

[28] 麦肯锡. 2023年技术趋势展望[J]. McKinsey Insights, 2023(7).

[29] 孟昭青. 可持续供应链的发展[J]. 上海质量, 2021(4).

[30] Kimball R, Ross M. 数据仓库工具箱：维度建模的完全指南[M]. 2版. 北京：电子工业出版社, 2003.

[31] SPSSAU. 2023全国大学生数学建模竞赛｜常用模型及算法整理[EB/OL].（2023-09-05）[2023-11-30]. https://mp.weixin.qq.com/s/_cDgAZq-Ret4AAofGtumQg.

[32] SPSSAU. 论文评价指标体系｜权重计算方法相关内容[EB/OL].（2023-11-07）[2023-11-30]. https://mp.weixin.qq.com/s/V0DpKGyDY1Mqg0liweK_vg.

[33] 辛童. 供应链绩效评价和辅助决策系统SPADA——一种评价供应链绩效的多准则指数模型[EB/OL]. (2023-09-04)[2023-11-30]. https://mp.weixin.qq.com/s?__biz=MzU0OTQ4ODU1Ng==&mid=2247487889&idx=1&sn=d69673377a513dba100e80863f95d994&chksm=fbae4352ccd9ca44d39da0b3203f238b7d8596d12b81238bf147eabfdd691ea5f047f155b8a2&payreadticket=HBTjf2UopezbNFXt-etLZLdcbQRZiloe3w3Z_722ZekYiFq_Rl.

[34] 辛童. 采购与供应链管理：苹果、华为等供应链实践者[M].北京：化学工业出版社, 2018.

[35] 中华人民共和国工业和信息化部.中华人民共和国纺织行业标准 FZ/T 07005—2020：纺织行业绿色供应链管理企业评价指标体系[S].北京:中国标准出版社,2020.